CW01637003

THE *Fake* WEDDING DEAL

Kitty Harper

FSC
www.fsc.org
MIX
Papier aus verantwortungsvollen Quellen
Paper from responsible sources
FSC® C105338

1. Auflage,

Kitty Harper
c/o easy-shop
K. Mothes
Schloßstraße 20
06869 Coswig (Anhalt)
Email:kitty@kitty-harper.de
Web: https://www.kitty-harper.de

Lektorat: Lektorat Buchstabenpuzzle, Bianca Karwatt

Covergestaltung: Renee Rott, Dream Design, https://stock.adobe.com/de/
Bildnachweise: stock.adobe.com, AdobeStock_208238935, AdobeStock_277637491, @qimono, pixabay

Verwendete Schriftarten: Linux Libertine, Times New Roman, Trajan 3 Pro, Arial, Cinzel Decorative, qillsey_einstein, Benedict

Herstellung und Druck über tolino media GmbH & Co. KG, München.
Printed in Germany

THE *Fake* WEDDING DEAL

Kitty Harper

Über den Autor:

Kitty Harper ist das Pseudonym einer jungen Mutter, die gerne in sinnliche Erotik abtaucht, ohne dabei vulgär zu weden. Manchmal ein wenig SM, manchmal aber auch starke Frauen, die den Herren der Schöpfung zeigen, wo es langgeht. Kitty hofft, dass ihr genauso viel Spaß an ihren Geschichten habt, wie sie selbst.

Wer möchte, kann mir auf Facebook folgen: https://www.facebook.com/Kitty.Harper.Autor/

Web: https://www.kitty-harper.de

Newsletter: https://www.kitty-harper.de/newsletter/

Kapitel 1

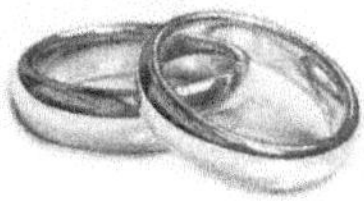

LACEY

Schweiß perlte auf meiner Stirn. Der Puls donnerte wie eine Horde Wildpferde durch mein Ohr. Von meinem galoppierenden Herzschlag wollte ich gar nicht erst reden. Den versuchte ich seit Beginn des Abends vehement zu ignorieren. Ich hätte eine Ladung Betablocker einwerfen sollen, bevor ich herkam. Aber nein, Lacey Roberts wollte eine knallharte Enthüllungsjournalistin sein und jetzt saß ich sowas von in der Patsche.

Michael, mein Chefredakteur, hätte mich eigenhändig an den Schreibtisch gefesselt, wenn er geahnt hätte, was ich heute Abend plante. Aber zumindest im Belügen meines Bosses legte ich eine gewisse Abgebrühtheit an den Tag. Und ich nahm an, gut genug im Betrügen beim Kartenspiel zu sein, um mich an dem runden Tisch durchzumogeln. Wider Erwarten bot das elegante Abendkleid kaum Möglichkeiten, meine Tricks vorzubereiten, und ich ging jede Wette ein, zumindest einer der am Tisch sitzenden Herren betrog ebenfalls. Wenn ich richtig gezählt hatte, befanden sich fünf Asse im Spiel. Fünf Asse! Herrje. Und ich dachte schon, ich konnte gut schummeln.

»Ihr Einsatz, Ms. R.«

Ich sah kurz von meinem nicht zu gebrauchenden Blatt auf. Viel zu niedrig. Normalerweise würde ich bei diesem Blatt sehen wollen, aber diese Gruppe pokerte wie die Weltmeister. Vier Herren, alle maskiert, genau wie ich. Sie trugen schwarze Smokings und einheitliche Masken. Nur anhand der unterschiedlichen Haarfarbe und Frisur konnte ich sie auseinanderhalten. Zu meiner Linken saß Mr. P, dunkelhaarig mit leicht angegrauten Schläfen. Ich schätzte ihn auf maximal Ende vierzig. Seine sportliche Figur ließ erahnen, dass er großen Wert auf körperliche Fitness legte. Rechts von mir, Mr. K. Rundlich, schütteres Haar, beginnende Glatze. Er schien mir noch der ehrlichste Spieler in der Runde. Demzufolge schrumpfte auch sein Bargeldhaufen entsprechend. Mir gegenüber saß Mr. A. Lange, schlaksige Gestalt, seine Krawatte war genauso dünn wie sein Lächeln. Ihm schob ich die Falschspielerei zu. Und dann gab es noch Mr. H. Sportlich, Mitte dreißig, kantiges Kinn mit Fünf-Tage-Bart und unglaublich faszinierenden Augen. Ich blinzelte und begegnete seinem stechenden Blick. Er fixierte mich seit geraumer Weile.

Das Blatt war gut, aber nicht gut genug. Ich wusste das und dennoch stieg ich nicht aus. Beim Pokern ging es nur ums Bluffen. Die Chancen, dass einer der Herren ein höheres Blatt besaß, war äußerst gering. Natürlich hätte ich mich mit einem Flush oder einem Royal Flush viel sicherer gefühlt, aber vier Gleiche war gut … ziemlich gut sogar. Trotzdem, so wie er mich ansah, könnte sich dahinter ein Royal verstecken. Allerdings war Mr. H in den letzten Runden nicht derjenige gewesen, der mit drei Assen ankam, wo ich schon zwei auf der Hand hatte. Normal hätte ich Mr. A auffliegen lassen, aber ich war nicht hier, um Betrüger beim illegalen Pokern zu entlarven. Nein, ich wollte wissen, wer sich hinter den Masken verbarg und das konnte ich nur, wenn sie mich wieder mitspielen ließen.

»Ms. R, entweder Sie erhöhen oder Sie steigen aus.« Der Dealer warf einen Blick auf meinen kümmerlichen Haufen Bargeld. Michael glaubte, ich befände mich auf einer Gala und würde sein Geld für ein Abendkleid ausgeben. Nicht damit pokern. Nach meiner Vorstellung würde ich den Tisch mit einem ansehnlichen Sümmchen verlassen und nicht aussteigen müssen … ich seufzte.

»Ich kann nicht erhöhen, es sei denn, Sie geben mir Kredit?« Ich warf einen koketten Augenaufschlag zum Dealer. Der junge Mann seufzte und zückte bereits zwei Chips im Wert von zweitausend Dollar. Er schob sie mir samt Quittung zu. Hastig unterschrieb ich und warf die Chips auf den Haufen in der Mitte.

H lächelte süffisant. »Sie haben nichts, oder?« Lässig schob er zwei weitere blaue Chips auf den Haufen. Zehntausend Dollar. Himmelherrgott noch mal. Die Männer spielten in einer anderen Liga als ich. Ihre finanziellen Mittel schienen grenzenlos.

»Das geht Sie gar nichts an«, zischte ich und schielte erneut zur Bank. Der Dealer schüttelte vielsagend den

Kopf. Ich sollte es lassen, er hatte recht, aber ich wollte sehen. Unbedingt. Mit einer lässigen Handbewegung forderte ich ihn auf, mir drei weitere Chips zu geben. Diesmal in Blau. Fünfzehntausend Dollar, macht siebzehntausend im Minus. Zitternd schloss ich die Augen und schob die Chips auf den Haufen.

H. lachte. »Ms. R, Sie sind eine äußerst gewievte Spielerin. Sie sollten wissen, wann es besser ist, aufzuhören.« H lehnte sich genüsslich nach hinten und beobachtete mich mit dem lauernden Blick eines Katers, der wusste, dass er bereits gewonnen hatte.

Genervt atmete ich ein. Ich hasste selbstgerechte Arschlöcher. »Und ich will sehen.«

H schmunzelte. »Ich zeige Ihnen mein Blatt, aber nur, wenn Sie aufhören, die Bank auszunehmen und sich noch weiter in die Scheiße reinzureiten.«

Ich horchte auf. »Und was wollen Sie dafür?«

H zuckte mit den Schultern. Die Luft prickelte. Angespannt hielt jeder im Raum den Atem an. Mein Herzschlag beschleunigte, was physisch gesehen praktisch nicht mehr möglich war. H sah mich an. Langsam ließ er seinen Blick über meinen Körper gleiten, streichelte über meinen Hals. Meine Haut kribbelte, als würden eintausend winzige Füßchen darüber trippeln. Ein wohliger Schauer rann mir über die Wirbelsäule. Unwillkürlich rieb ich mir den Nacken. Er schnalzte mit der Zunge und ich ließ die Hand wieder sinken, hob das Kinn und blieb an dem tiefen Blau seiner Iris kleben. Als hätte er seinen Augapfel mit diesem seltsamen Fliegenpapier ausgestattet. Das Zeug, woran die Insekten hängen blieben und jämmerlich verreckten. Ich schluckte beklommen.

Sein Blick wanderte weiter, umschmeichelte mein Dekolletee und versank zwischen meinen Brüsten. Ohne etwas dagegen unternehmen zu können, erbebte ich. Heiße Wellen der Lust schwappten über meinen Körper. Ich hatte Mühe, dem Drang zu widerstehen, die Hände vor der Brust zu falten. Mein Atem beschleunigte und ich atmete tief ein, so dass meine Brüste gegen den seidigen Spitzenstoff meines roten Abendkleides gedrückt wurden. Mr. H schürte die Lippen. Seine Augen umspielten meine Nippel, die sich unwillkürlich unter der Berührung aufrichteten und schmerzhaft erregt gegen die markante Maserung der Spitze drückten. Spitze sah wirklich toll auf sonnengebräunter Haut aus. Nur deshalb wählte ich dieses Kleid. Aber entgegen der landläufigen Meinung war der Stoff nicht weich. Er umschmeichelte zwar meine Kurven wie eine zweite Haut, drückte aber an diversen Stellen, die weichere Stoffe gewöhnt waren. Und da das Kleid über einen tiefen Rückenausschnitt verfügte, verzichtete ich auf einen BH. Sehr zur Freude der anwesenden Herren, Mr. H sei extra erwähnt. Er schien sich regelrecht an meinen Brüsten festzusaugen. Ich erschauerte und gab dem Drang schließlich doch nach. Hastig verschränkte ich die Arme vor der Brust. Der Bann brach.

»Nein, einfach nur nein.«

Mr. H neigte den Kopf zur Seite. »Sie wissen ja noch gar nicht, worauf ich hinaus will, Ms. R.«

Ich schüttelte mich innerlich. Mr. H konnte noch so gut aussehen, ich würde auf gar keinen Fall mit ihm schlafen. Andererseits würde er dann vielleicht die Maske abnehmen ... hastig verscheuchte ich den Gedanken aus meinem Kopf. Soweit kommt's noch. Michael Holland war ein Spießer und er würde niemals eine Story abdrucken, für die ich mich ausgezogen hatte. »Ach nein?«

Mr. H reckte das Kinn. »Nein.« Langsam beugte er sich vor und legte seine fünf Karten verdeckt auf den Tisch, eine nach der anderen. Ich starrte wie benommen auf seine perfekt manikürten Finger. Lang und schlank, makellos. Aber auch kräftig. Sie ließen keinen Zweifel aufkommen, dass Mr. H Sport trieb. Mein Blick bewegte sich weiter hinauf. Unter dem Sakko verbargen sich adrige Unterarme. Der Stoff spannte leicht. Natürlich saß der Anzug perfekt, eine Maßanfertigung, denn seine breiten Schultern passten wohl kaum in Ware von der Stange. Dennoch spannte der Stoff, als ob er zeigen wollte, was er zu bieten hatte, nicht zu offensichtlich, aber man sollte es sehen. Die Damen sollten es sehen. Schockiert sah ich weg. Nein, in dieser Richtung durften meine Gedanken nicht abdriften.

Unwillkürlich begegnete ich seinem Blick. Er lächelte, so als ob meine Musterung ihm nicht entgangen war. Innerlich seufzte ich auf. An meinem Pokerface musste ich noch arbeiten, zumindest außerhalb des Pokerns.

»Was wollen Sie dann?«

Mr. H neigte den Kopf. »Sie.«

Ich schluckte beklommen. »Mich? Sie sagten, kein Sex.«

H bewegte leicht das Kinn. »Auch wenn ich es sehr bedauern werde, kein Sex. Ein Angebot. Sie hören es sich an. Wenn Sie annehmen, zahle ich Ihre Spielschulden und noch Einiges mehr. Fünf Minuten Ihrer Zeit, Ms. R.«

Ich hob die Augenbraue. Das war's? Er wollte nur mit mir reden? Okay. Ich atmete tief durch. »Und dafür zeigen Sie mir, was Sie haben?«

H deutete auf mein Blatt. »Wir beide und dann werden wir sehen, wer gewonnen hat. Sie könnten den Tisch als reiche Frau verlassen.«

Ich zog die Augenbrauen zusammen. »Wer sagt Ihnen, dass ich nicht reich bin und nur gerade einen kleinen, unbedeutenden Kredit brauche, um Ihnen das blasierte Grinsen aus dem Gesicht zu wischen?« Neben mir schnappte jemand nach Luft. Ich ignorierte ihn. Mr. Hs Lächeln fokussierte meine gesamte Aufmerksamkeit auf ihn.

»Nennen Sie es Intuition.«

»Ha!«, machte ich. Mr. H ließ sich zu einem genüsslichen Grinsen hinreißen.

»Also, was ist? Nehmen Sie an?«

Ich zuckte mit den Schultern. »Natürlich. Wie könnte ich einem solchen Angebot widerstehen?« Meine Serie war ein gutes Blatt, nicht überragend, aber ... brauchbar. Er müsste schon einen Flush oder einen Royal Flush anbieten und das war so wahrscheinlich wie Schnee im Juli. An der Westküste. Und außerdem hatte ich nichts mehr zu verlieren. Meine Schulden zwangen mich zudem in eine schlechtere Position. Ich musste seinen Vorschlag annehmen und der Dreckskerl wusste es. Nun gut, wenn ich dadurch erfuhr, wer hier illegal pokerte, war es mir nur recht und billig.

H hob die Ecke der rechts außen liegenden Karte an. »Gleichzeitig?«

Ich schmunzelte. »Gerne. Sie sind ein gewievter Spieler.« Ich griff ebenfalls nach meiner links außen liegenden Karte und suchte Blickkontakt.

»Ganz meinerseits. Auf drei.« H zählte an und gemeinsam drehten wir die erste Karte um. Ich hatte eine Herz fünf, H ein Kreuz-Ass. Verdammt. Ich schluckte.

Gleichzeitig griffen wir nach der nächsten Karte und drehten um. Herz sechs für mich, Kreuz König für H. Heißer und kalter Schweiß brach mir aus. Ein Royal stand immer noch auf dem Tisch, alles war möglich. Ich sah auf. H. lächelte süffisant.

»Herz, ich bin beeindruckt.« Hofierte er mich etwa? Unwillkürlich knirschte ich mit den Zähnen und öffnete sofort leicht den Mund. Wäre meine Mom hier, würde sie mir die Ohren langziehen. Diese lästige Angewohnheit hatte ich doch längst aufgegeben.

Ich wollte eine saftige Bemerkung erwidern, schluckte sie aber herunter. An diesem Tisch standen Manieren an erster Stelle. Wollte ich wieder eingeladen werden, musste ich mich als ernstzunehmende Gegnerin beweisen. Und die fluchten nicht. »Weiter«, gab ich von mir, konnte meinen Unwillen jedoch nicht gänzlich verbergen. H neigte gönnerhaft den Kopf.

»Wie die Dame wünscht.« Er griff nach der dritten Karte und wartete auf meine Reaktion. Vorsichtig lupfte er die Ecke, ich tat es ihm gleich. Gemeinsam drehten wir um und mir sackte das Herz in den Magen. Kreuz Dame für ihn, Herz sieben für mich.

H lächelte. »Was wird das? Ein Full House? Wollen wir nachsehen?«

Mittlerweile zitterte ich vor unterdrückter Anspannung. Gemeinsam griffen wir nach Karte Nummer vier. Ich wartete gar nicht erst auf seine Reaktion und drehte um. Herz acht für mich. Ich atmete aus und starrte auf seinen Kreuz-Buben.

»Verarschen Sie mich?«

H leckte sich die Lippen. »Das würde mir nicht im Traum einfallen. Wir können gleich gehen, wenn Sie es wünschen. Ich muss nicht sehen, was Sie haben, wenn Sie sich geschlagen geben.«

Ich verengte die Augen zu Schlitzen. »Niemals. Nun will ich sehen.«

H lachte auf. »Sie sind eine ungeduldige Frau, Ms. R. Aber gut, ich würde lügen, wenn ich nicht auch sehen wollte. Zeigen Sie mir, was Sie haben.« Die unterschwellige sexuelle Anspannung entging mir nicht. Dazu brauchte er nicht erneut in meinen Ausschnitt starren. Ich konnte ihm regelrecht ansehen, dass er mir am liebsten das Kleid von den Brüsten geschoben hätte, doch daraus würde nichts werden.

»Kein Sex.« Ich brauchte diese Rückversicherung einfach.

H lachte auf. »Angst, dass ich meine Meinung ändere?«

Ich schluckte beklommen und drehte meine letzte Karte um. Herz neun. Ein Raunen ging durch die anwesenden Herren, deren Existenz ich in den letzten Minuten schlicht vergessen hatte. H neigte leicht den Kopf. »Straight Flush. Ich bin beeindruckt.« Langsam und genüsslich drehte er seine letzte Karte um. Kreuz zehn. Wie gebannt starrte ich auf die Karte. Ich bekam die Glückwünsche der Herren um mich herum gar nicht mit, selbst als man mir gratulierte, dass ich hervorragend gespielt hatte, starrte ich noch immer auf die Karte. Verloren. Dieser Misterkerl hatte tatsächlich einen Royal Flush. Ich biss mir auf die Unterlippe. Das war ... unmöglich. Im Kopf ging ich die Karten durch, was sich im Spiel befand und zählte. Mir wollte beim besten Willen nicht einfallen, wie er das gemacht hatte.

Eine Berührung an meiner Schulter ließ mich aufsehen. H war von seinem Platz aufgestanden und neben mich getreten. Er reichte mir seinen Arm. »Darf ich meinen Preis einfordern, Ms. R.?« Er lächelte. Unsicher schluckte ich. Offensichtlich musste ich ihn anstarren wie das sprichwörtliche Kaninchen vor der Schlange, so dass er sich genötigt sah, eine beruhigende Bemerkung hinzuzufügen. »Keine Sorge, ich bin ein Ehrenmann und stehe zu meinem Wort. Kein Sex.«

Meine Zähne gruben sich in die rot geschminkte Unterlippe, nur damit ich nicht wieder mit dem Knirschen anfing. Vorsichtig erhob ich mich und legte gehorsam meine Hand in seine Armbeuge. H drehte uns um und führte mich langsam in den großen Salon, wo wir vor Beginn der Pokerpartie einen Drink genommen hatten. »Wie sicher sind Sie sich da?«

»Ziemlich sicher, Ms. R. Und nun kommen Sie. Mir gehören fünf Minuten Ihrer kostbaren Zeit.«

Mit klopfendem Herzen ließ ich mich von ihm in den Nebenraum und von da aus in eines der unzähligen Privatzimmer des Clubs führen. Dies war keiner jener geheimen Clubs, die den Mitgliedern neben Bars und erotischen Aufführungen auch Playrooms zur Verfügung stellten. In so einen Club hätten mich keine zehn Pferde bekommen. Ich wollte zwar Enthüllungsgeschichten schreiben, aber so verzweifelt war ich nun auch wieder nicht. Sex sells, aber nicht mit mir. Der Royal Dragon gehörte einem reichen New Yorker Playboy, der, so wurde gemunkelt, neben Millionen aus Immobiliengeschäften seiner Familie auch illegales Glücksspiel betrieb. Grundsätzlich störte sich niemand daran, wenn sich Millionäre um ein paar hunderttausend Dollar pro Abend erleichterten. Schließlich konnten sie mit ihrem Geld machen, was sie wollten. Nein, ich wollte nur Timothy Brooks Machenschaften enthüllen und ganz zufällig denen ein Gesicht verleihen, die sich daran beteiligten. Illegales Glücksspiel zerstörte unzählige Arbeitsplätze, Menschen litten, und wurden in Armut gedrängt. Sollten sie doch mit ihrem Geld lieber eine Suppenküche unterstützen, einen Fond für Waisen einrichten oder Veteranen mit Hightechprothesen ausstatten, statt in dunklen Hinterzimmern Mafia zu spielen. Das störte mich. Weil mein Vater einer jener Menschen war, die durch illegales

Glücksspiel beinahe alles verloren hatte. Weil er mit den Reichen mithalten wollte und es natürlich nicht konnte. Deshalb war ich hier, deshalb setzte ich mein Leben aufs Spiel. Nicht für eine gute Story, nein, für meinen Vater. Und all jene Väter, die ihre Familie ins Unglück stürzten, weil sie nicht vom Spielen lassen konnten.

H legte seine schlanken Finger mit den perfekt manikürten Nägeln auf den Türgriff und öffnete leise die Tür für mich. Mit einer einladenden Geste beugte er sich zur Seite. »Ms. R, darf ich bitten?«

Obwohl noch nichts passiert war, zitterte ich am ganzen Körper. Mit ihm alleine zu sein, behagte mir überhaupt nicht. Egal wie hoch das Risiko war, wie brisant die Story auch sein mochte, ich achtete akribisch darauf, mich immer in der Öffentlichkeit zu bewegen. Ob ich nun einen Informanten traf oder – so wie jetzt – undercover ermittelte. Niemals ließ ich mich darauf ein, mit einem Mann allein zu sein. Ein ängstlicher Schauer erfasste mich. Dennoch schritt ich mit einem einstudierten Lächeln an ihm vorüber, als ob es nichts Normaleres auf der Welt gäbe, bei einem Pokerspiel zu verlieren und zu denken, die Schuld nicht mit körpernahen Dienstleistungen einlösen zu müssen. Ehrenmann, dass ich nicht lache. Männer waren doch alle gleich. Sie wollten Sex, immer nur wollten sie eine Frau demütigen und erniedrigen. Als gebranntes Kind scheute ich das Feuer, doch heute nicht. Um seine Ängste zu besiegen, stellte man sich ihnen am besten frontal in den Weg, oder? Ich atmete tief durch und schritt in den Raum. Wenn ich mich da mal nicht täuschte.

Kapitel 2

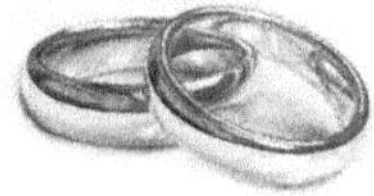

HUNTER

»Bitte, nehmen Sie Platz.«

Hunter führte Ms. R zu dem schwarzen, barocken Ledersofa. Auf sechs geschwungenen Beinen thronte ein wahres Ledermonster. Florale, goldene Elemente verliehen dem Möbel eine pompöse Erscheinung. Schnörkel ringelten sich über die Kopfstütze, setzten ihren Streifzug über die Seiten hinunter zur Polsterfläche fort und wiederholten sich in den opulenten Füßen. Das protzige Teil widersprach gänzlich seinem Geschmack, doch als Ms. R sich elegant auf der Polsterkante niederließ und die langen Beine übereinanderschlug, setzte sie die Geschmacklosigkeit des Einrichtungsgegenstandes perfekt in Szene. Nur ihre Erscheinung verlieh dem Raum einen Hauch Extravaganz.

Der geschlitzte rote Stoff fiel ihr über die Knie und entblößte wohlgeformte Waden, die in geschnürten Riemchensandalen mündeten. Hunter schluckte. Diese Frau verkörperte pure Sünde und wenn sie nicht gerade dieses scharfe Mundwerk besäße und sich in einer äußerst prekären Lage befände, er hätte sie glatt um ein Date gebeten. So allerdings brauchte er sie. An seiner Seite. Und sie brauchte ihn – vielmehr sein Geld.

Hunter gönnte sich noch einen langen Blick über ihren verführerischen Körper, bevor er sich räusperte und die Hände in den Taschen seiner Stoffhose versteckte. Den Teufel würde er tun und sich neben sie setzen. Auch ohne einen genaueren Blick in ihre schönen Augen zu werfen, entnahm er ihrer gespielt lässigen Haltung, dass sie sich fürchtete. Davor, dass er vorhin gelogen hatte und sie nur in dieses Zimmer gelockt hatte, um die Spielschulden anderweitig einzutreiben. Hunter sah sich genötigt, ihre Annahme zurechtzurücken, bevor er ihr sein Angebot offenbarte.

»Ms. R, bevor ich Ihnen mein Angebot unterbreite, seien Sie versichert, dass ich nicht vorhabe, Ihnen auf dieser Ungeheuerlichkeit zu nahe zu kommen.« Angewidert hob er die Augenbraue und maß das Sofa mit deutlicher Abneigung.

Ihre von dezenter Schminke umrahmten Augen weiteten sich leicht. Langsam drehte sie den schlanken Hals und gab ein ziemlich undamenhaftes Schnauben von sich. Das Geräusch entlockte ihm ein Schmunzeln. Sie teilte seine Meinung, eindeutig. »Das ist wirklich ein schreckliches Sofa.« Ihr Hals dehnte sich leicht, als sie das Ausmaß der Katastrophe zu erfassen versuchte. »Entsetzlich. Wer kauft sich denn sowas?« Ihre Schultern sanken leicht herunter. Die Anspannung, die sie wie eine kurz vor dem Schuss angezogene Bogensehne wirken ließ, ebbte ab.

Hunter nickte zufrieden. Leise räusperte er sich, woraufhin Ms. R den Kopf wieder in seine Richtung drehte. Fragend hob sie eine dunkle Augenbraue. Es tat ihm wirklich außerordentlich leid, sie erneut aus der Fassung bringen zu müssen, aber seine Zeit verrann. Ihm blieben nur noch wenige Minuten ihrer teuer erkauften Zeit. »Mein Angebot, Ms. R«, begann er sacht. Unwillkürlich versteifte sie sich. Ihr scharfer Blick nahm ihn ins Visier. Hinter dem kräftigen Blau ihrer Iris loderte ein kaltes Feuer. Diese Frau, auch wenn ihr Gesicht durch die Maske verdeckt wurde, besaß eine außerordentliche Intelligenz und einen unbeugsamen Willen. Im Prinzip genau das, was er suchte. Doch in seinem Hinterkopf erhoben sich leise Stimmen des Zweifels. Was, wenn ihr Kampfgeist nur Probleme machen würde. Hunter lächelte in sich hinein. Das würde er zweifelsohne. Aber er würde seinem Leben die richtige Würze verleihen. Kurzum, er könnte einfach ihre Schulden zahlen und sie nach Hause schicken. Doch wo bliebe denn da der Spaß?

»Ja?« Nervös zupfte Ms. R den roten Stoff über ihren Knien zurecht, nur um seinem Blick auszuweichen. Er schmunzelte verhalten. Sie gaukelte ihm Desinteresse vor, aber die Anspannung in ihren Schultern konnte sie kaum verbergen. Sie sprang ihn regelrecht an – wie ein Schmutzfleck auf einer ansonsten lupenreinen und vor Unschuld erstrahlenden Weste.

»Verstehen Sie mich nicht falsch, Ms. R, ich empfinde Sie als absolut integere Persönlichkeit. Sie haben sich bisher sehr aufrichtig verhalten und ich schätze Ihre Teilnahme am Spiel als fähige Spielerin. Deswegen möchte ich auf gar keinen Fall, dass Sie mein Angebot missverstehen.« Hunter atmete tief ein. Diese kleine Ansprache war so nicht vorgesehen, doch er hielt es im Augenblick für unumgänglich, dass sie ihn verstand und seine Absichten nicht in den falschen Hals bekam.

Ms. R blinzelte verständnislos mit langen, dunklen Wimpern. »Ich verstehe nicht.«

Hunter seufzte. Natürlich konnte sie aus seinen kryptischen Formulierungen nicht schlau werden, er verstand sie ja nur deshalb, weil er wusste, worauf er hinauswollte. Erneut setzte er an. »Ms. R, wir befinden uns beide in einer misslichen Lage. Sie, weil Sie fast zwanzigtausend Dollar Schulden haben, ich, weil ich die Hilfe einer Frau brauche. Und ich glaube, Sie sind die Richtige für diesen Job.«

Unwillkürlich fiel ihr Blick auf seinen Schritt. Hunter räusperte sich erschrocken. Natürlich, er brauchte sich nicht wundern, wie sie auf diese Idee kam. Wer in Rätseln sprach, musste damit rechnen, nicht verstanden zu werden.

»Nicht bei diesem Problem.« Hunter hustete und drehte sich seitlich von ihr weg, da er genau wusste, wie sein Körper reagierte, wenn er auch nur einen winzigen Gedanken an Sex – oder Blowjobs – verschenkte. Unwillkürlich regte sich etwas in seiner Hose. Verdammt. Hunter schloss gedehnt die Augen. Na, das konnte ja heiter werden. Vielleicht sollte er sich doch lieber eine Escort suchen. Die war zwar teurer, aber er konnte sich sicher sein, dass sie einfach nur den Job erledigte. Nur leider wollte er eine gebildete Frau mit einem Abschluss und einer nachprüfbaren Vergangenheit. Auf Sex kam es ihm nicht wirklich an. Den konnte er sich auch woanders holen. Sein Onkel zeigte sich in der Vergangenheit äußerst misstrauisch, vor allem, wenn er befürchtete, hintergangen zu werden. Er traute Hunter in diesen Dingen nicht weiter als bis zur nächsten Straßenkreuzung. Zu oft hatte er bisher Freundinnen präsentiert, die sich alle als One-Night-Stand oder Gelegenheitsbekanntschaft entpuppten. Nein, diesmal musste sie perfekt sein. Hübsch, gebildet, feurig und mit einer scharfen Zunge ausgestattet. Eine Zunge, die durchaus auch dazu geeignet war ... verdammt. Hunter presste die Lider aufeinander, atmete tief durch und konzentrierte sich wieder auf Ms. R.

»Ich brauche Ihre Unterstützung in einer delikaten, vertraulich zu behandelnden Angelegenheit. Natürlich würde ich Sie dafür fürstlich entlohnen. Mir ist zu Ohren gekommen, dass Sie ein wenig unter Geldsorgen leiden.« Sein Mundwinkel bog sich zu einem süffisanten Lächeln. Wie er erwartete, lachte sie amüsiert und warf ihre üppige dunkelbraune Mähne zurück. Ihre roten Lippen teilten sich und eine Reihe hervorragender weißer Zähne strahlte ihn an. Perfekt, einfach nur perfekt.

»Wie scharfsinnig formuliert.« Das Lächeln fiel aus ihrem Gesicht. »Wobei soll ich Ihnen helfen?«

Hunter atmete tief durch. Alles oder nichts. Entweder sie würde ihn zum Teufel jagen und er musste sich eine andere Lösung überlegen, oder all seine Probleme waren mit einem Schlag Schnee von gestern. Alles hing von seiner Wortwahl ab. Sein Nacken prickelte. Herrje, er führte Verhandlungen über Milliardendeals, verspeiste kleine Firmen zum Frühstück und golfte mit hochrangigen Politikern. Aber eine kleine Brünette im Kleid trieb ihm die Schweißperlen auf die Stirn. Nein, so nicht. Er würde diese ... Angelegenheit behandeln wie einen Milliardendeal. Mit größter Vorsicht, als würde er eine scharfe Handgranate transportieren, mit ausgesuchter Höflichkeit, aber auch mit energischer Bestimmtheit. Schließlich war er Hunter Harrington, Selfmade Unternehmer und möglicherweise bald Haupteigner einer milliardenschweren Holding mit auf der ganzen Welt verteilten Tochterfirmen. Und alles, was er dafür tun musste, war dieser – oder einer anderen – Frau einen Ring an den Finger zu stecken.

Hunters Lächeln bröckelte. All seine zuvor sorgfältig ausgewählten Worte lösten sich in Staub auf. Seine sonst so bekannte Abgebrühtheit verflüchtigte sich. Alles oder nichts. »Sie sollen mich heiraten.«

LACEY

Hätte ich einen Drink in der Hand gehabt und zufällig daran genippt, ich hätte nicht für seine Hose garantieren können. Mr. H platzte einfach so mit dieser Ungeheuerlichkeit heraus, dass mir vor Entsetzen mehrere Augenblicke lang der Mund offenstand und ich ihn einfach nur anstarrte.

»Ich soll … was?« *Nicht stottern*, hörte ich die Stimme meiner Mutter in meinem Hinterkopf. Innerlich verdrehte ich die Augen. Ich versuchte es ja, aber wie sollte man bei so einer Offenbarung gefasst bleiben? Eben. Gar nicht.

Mr. H rang die Hände. Er schien sichtlich nervös und das machte ihn unglaublich sympathisch. Von der vorhin am Spieltisch gezeigten Abgebrühtheit war praktisch nichts mehr vorhanden. Er wirkte wie ein kleiner Schuljunge, der eine Missetat beichtete.

»Nicht in echt. Also, eigentlich schon, aber … herrje.« Mr. H raufte sich die Haare. Dass er dabei noch immer die schlichte schwarze Maske trug, verlieh der Situation einen urkomischen Anstrich. Obwohl mir gerade nicht zum Lachen war, konnte ich ein Schmunzeln nicht unterdrücken. Hastig setzte er sich neben mich, starrte mich an und sprang wieder auf.

»Nun erklären Sie mir erst einmal genau, was Ihnen vorschwebt.« Trotz innerer Aufgewühltheit legte ich einen ruhigen Tonfall in meine sorgfältig gewählten Worte. Irgendwann vor Urzeiten hatte ich Schauspielerin werden wollen und Sprechtraining genommen. Allerdings war meine Karriere nicht so verlaufen, wie ich es mir vorgestellt hatte. Nun gut, sei es drum. Die Sprechausbildung konnte ich auch so ganz gut gebrauchen. Vor allem bei nervösen, maskierten Männern, die mir ein unmoralisches Angebot machen wollten. Moment mal, er sagte, keinen Sex.

Mr. H schob die Hände in die Hosentaschen und atmete tief durch. »Ich brauche eine Ehefrau. Eine Verlobte, eine Frau an meiner Seite.«

Ich lachte auf. »Kaufen Sie sich eine. Wenn Sie genug Geld haben, was offensichtlich der Fall ist, sollte das kein Problem sein.«

H starrte mich einen Augenblick einfach nur an. »Nein, das geht nicht. Mein Onkel leidet unter chronischer Paranoia. Was ich brauche, ist eine echte Frau – eine Dame. Eine gebildete, gewitzte, schlagfertige, kluge und wunderschöne Frau.« Vielsagend blickte er mich an. Automatisch beschleunigte mein Herzschlag. Nun ja, ich war emanzipiert genug, mir nichts auf hohle Komplimente einzubilden, die nur dazu gedacht waren, mich um den Finger zu wickeln. Dennoch fühlte ich mich geschmeichelt, meine weibliche Seite errötete charmant und ich konnte gerade noch den Drang widerstehen, zu kichern wie ein Schulmädchen. Auch wenn ich Hs Gesicht nicht sehen konnte, er war ein attraktiver Mann und Komplimente zu bekommen ... ach, scheiß drauf, ja, ich war geschmeichelt. Verdammte Emanzipation. Dennoch, so einfach ließ ich mich nicht um den Finger wickeln. Nach außen hin hob ich lediglich eine Augenbraue.

»Und Sie denken dabei an mich?«, stichelte ich.

Mr. H verdrehte die Augen. »Sie sind nicht auf den Kopf gefallen, können pokern und ...«

»Sie kennen mich nicht einmal! Sie wissen rein gar nichts über mich.«

Mr. H kräuselte die Mundwinkel. Mit nur einer einzigen Bewegung könnte er das ändern, doch die Regeln des Clubs besagten eindeutig, dass niemand innerhalb des Gebäudes seine Maske abnehmen durfte.

»Ich zahle Ihre Schulden sowie eine fürstliche Entschädigung für Ihre Zeit.«

Nachdenklich lehnte ich mich zurück. Geld sollte niemals der Grund sein. Andererseits war ich gezwungen, die Spielschulden irgendwie zu zahlen. Mein Budget hatte ich um mehrere tausend Dollar überschritten. Michael würde mir die Hölle heiß machen. Die Summe könnte sich BH Daily niemals leisten. Und meine Kreditwürdigkeit? Unterirdisch. Es war sogar fraglich, ob ich das Gebäude verlassen konnte, ohne die Zahlungen geleistet zu haben. Möglicherweise flog sogar meine Tarnung auf. Scheiße. Wenn ich also halbwegs im Geschäft bleiben wollte, sollte ich auf sein Angebot eingehen.

»Was genau verlangen Sie von mir?«

Mr. Hs Nervosität verpuffte. Sobald er merkte, dass ich an seiner Angel zappelte, übernahm ein fast schon erschreckend nüchterner Geschäftssinn. »Sie müssten meine Verlobte spielen, so lange, wie ich es für nötig erachte. Mich zu Familienfesten begleiten, an Familienessen teilnehmen, all das tun, was eben eine zukünftige Mrs …« Gespannt spitzte ich die Ohren, doch er schwieg sich genüsslich über seinen echten Namen aus. Enttäuscht schob ich die Unterlippe vor, als er fortfuhr. »H eben auch machen würde.«

»Bis auf …?«

»Sex. Natürlich. Sehen Sie es als Wohngemeinschaft.«

Mir klappte die Kinnlade herunter. »Wohngemeinschaft? Meinen Sie etwa, ich soll bei Ihnen wohnen?« Seine Begleitung mimen bekam ich hin, egal, wer er war. Aber bei ihm wohnen? Puh. Gedehnt atmete ich aus.

»Natürlich. Wie sonst sollten wir vertäuschen, dass wir ein Liebespaar sind und noch dieses Jahr heiraten wollen?«

»Viele moderne Paare leben getrennt«, startete ich einen halbherzigen Versuch, sein Angebot aufzuweichen.

Mr. Hs Miene verfinsterte sich. »Ganz oder gar nicht. Es steht zu viel auf dem Spiel, als dass ich ein Risiko eingehen könnte. Sie wollen das Geld? Dann spielen Sie mit, zu meinen Regeln.«

Ich schnaubte empört auf. Was bildete sich der Kerl eigentlich ein? Noch längst hatte ich nicht zugestimmt. Wir spielten nur einen hypothetischen Vorfall durch.

»Herrje, Sie kriegen Ihr eigenes Zimmer und müssen mich nur hin und wieder begleiten. Denken Sie nicht, dass das eine leicht verdiente Million ist.«

Mir klappte die Kinnlade herunter. »Eine Million Dollar?«, schnappte ich. Unwillkürlich legte mein Puls noch einen Zahn zu. Eine *fucking* Million Dollar? Das Geld konnte ich gut gebrauchen, für weitere Ermittlungen, für alles. Ich wäre nicht mehr auf Michaels Budget angewiesen. Ein verlockendes Angebot.

»Eine Million Dollar.« H grinste ein Haifischlächeln, das mir unmissverständlich klarmachte, dass ich seine Beute war und er das Spiel trotz der anfänglichen Nervosität genoss. Vielleicht steckte ja hinter der kühlen Fassade ein interessanter Mann. Vielleicht ... wenn er mir eine Million Dollar für eine vorgetäuschte Beziehung zahlte, musste er ein großer Fisch sein. Was wiederum bedeutete, dass ich an Insiderinformationen kam. An die keiner meiner männlichen Kollegen jemals herankäme. Dieses Angebot war auf eine Weise verführerisch, der ich mich nicht entziehen könnte. Es gab schlechtere Geschäfte.

»Wenn ich zustimme, woher wollen Sie wissen, dass ich Sie nicht versetze, nachdem Sie meine Spielschulden bezahlt haben?« Es wäre so einfach. Ich könnte ihn stehenlassen und einfach aus dem Club spazieren.

Hs Lächeln verbreiterte sich. »Ms. R, ich bin in meinem Job nur deshalb so gut, weil ich ein gutes Gespür für Menschen habe. Glauben Sie mir, wenn Sie sich auf den Deal einlassen, dann zu einhundert Prozent.«

Touché. Da hatte er ausnahmsweise recht. Ich hasste nichts mehr als Lügen. Und das als Journalistin. Mit Halbwahrheiten verdiente das Käseblatt, für das ich arbeitete, neunzig Prozent seines Umsatzes. Tja, und für die anderen zehn Prozent war ich verantwortlich. Michael ließ mir nur deshalb freie Hand, weil ich niemals eine lückenhafte Story ablieferte. Ich erwiderte Hs Lächeln. »Da haben Sie recht. Ich betrüge nicht. Bei Ihnen bin ich mir da nicht so sicher.«

H biss sich auf die Unterlippe. »Und deshalb würde ich vorschlagen, wir halten unser Arrangement vertraglich fest-«

»Moment«, unterbrach ich ihn. »Ich habe noch nicht zugestimmt. Auch ich habe ein paar Bedingungen.«

H runzelte die Stirn. »Bitte?«

»Das hier soll doch ein Verhältnis auf Augenhöhe werden? Eine gleichberechtigte Partnerschaft?«

Mein Gegenüber räusperte sich erstickt. Aha, mit Partnerschaften hatte er es nicht so. Doch er strauchelte nur einen winzigen Augenblick. »Natürlich. Also was möchten Sie?«

Ich lächelte süffisant, beugte mich vor und spielte meine weiblichen Reize aus. Wie auf Knopfdruck fiel sein Blick in meinen Ausschnitt. Trotz der Abgebrühtheit schlummerte in diesem stahlharten Kerl auch nur ein Mann. Wie erfrischend. »Ihre Begleitung.« Meine Finger schlossen sich um seine Krawatte. Mr. H versteifte sich, sein Atem beschleunigte. Eigentlich wollte ich eine seriöse Reporterin sein. Meine Informationen beruhten auf knallharter Ermittlungsarbeit – meistens. Manchmal setzte ich allerdings auch auf die althergebrachten Methoden. Natürlich konnte ich ihm nicht sagen, dass ich Reporterin war. Er war reich, also kein Unbekannter. Wenn er erfuhr, wer ich war, würde er womöglich nicht auf den Deal eingehen. Und ich sah darin die einmalige Chance, wichtige Informationen aus erster Hand sammeln zu können. Genial.

Außerdem reizte ich ihn, doch weiter als ein wenig Katz-und-Maus zu spielen, würde ich nicht gehen. Mein Knöchel drückte ein wenig gegen seine Brust. Stahlharte Muskeln ließen mich erschauern. Verdammt. Dieser Mann gab nicht nur einen knallharten Verhandlungspartner ab, er besaß auch äußerst feste Muskeln.

»Wie habe ich das zu verstehen?« Die Worte kamen ihm als ersticktes Flüstern über die Lippen, so als benötigte er seine gesamte Selbstbeherrschung. Was allerdings passierte, sobald er sie fallen ließ, konnte ich nicht erahnen. Dazu kannte ich ihn zu wenig. Vielleicht sollte ich mich ein wenig mehr beherrschen.

»Wenn Ihre Scharade funktionieren soll, dann müssen wir gleichberechtigt sein. Ich kann Sie nicht nur zu Ihren Veranstaltungen begleiten, Sie müssten auch mich begleiten.«

Erstickt holte er Luft, riss sich von mir los und starrte mich entsetzt an. »Ich soll was?«

Ich lächelte süffisant. »Was, wenn Ihr Onkel bei meiner Mutter anruft und sich nach Ihnen erkundigt?«, machte ich nur einen Vorschlag.

Innerhalb eines Wimpernschlags zimmerte er seine Selbstbeherrschung wieder hoch. Er kniff die Augen zusammen und musterte mich. »Sie haben recht. Also gut. Sie begleiten mich und ich begleite Sie. Wir planen eine Verlobung, eine Hochzeit. Das volle Programm.«

Ich atmete tief durch. »Für wie lange?«

Mr. H zog die Schultern hoch. »Genau das ist das Problem. Ich weiß es nicht. Bis mein Onkel mir die Anteile der Firma überschreibt.«

Ich schlug die Beine übereinander und umfasste mein Knie. Automatisch folgte sein Blick meiner Bewegung. »Was ist eigentlich so wichtig an der Firma, dass Sie bereit sind, eine gefakte Hochzeit einzugehen, nur um sie zu bekommen?«

Mr. H riss sich von meinem Knie los und kniff die Lider zusammen. »Das sollte Sie nicht interessieren. Privatsache.«

Aha, wir wollten also heiraten und er führte noch private Angelegenheiten? Als Verlobte sollten wir keinerlei Geheimnisse voreinander haben. Doch eigentlich sollte es mir egal sein. Schließlich wollte ich ihm auch nicht unter die Nase reiben, dass ich Journalistin war und unter falschem Namen zum Schutz meiner heiklen Ermittlungen veröffentlichte. Jeder tat das bei BH Daily. Zum Schutz. Wir berichteten zwar nicht über illegalen Drogenhandel oder Schutzgelderpressung, aber Prominente, die um ihren Ruf fürchteten, griffen öfter mal zu Klagen. Also nutzten sie alle Pseudonyme, bis auf den Chefredakteur. »In Ordnung.«

Mr. H neigte den Kopf zur Seite. »Tatsächlich? Keine Fragen?«

Ich schüttelte sacht den Kopf. »Vorerst nicht, nein.«

Ein Lächeln glitt über seine Lippen, verschwand jedoch im nächsten Augenblick sofort wieder. Kalte Augen musterten mich von Kopf bis Fuß. Dann erhob er sich und bot mir seine Hand an. Ich ahnte, was er von mir wollte und legte meine Finger in seine Handfläche. Er schloss sie und zog mich langsam auf die Füße, ganz nah an sich heran, bis ich so dicht vor ihm stand, dass unsere Nasen sich beinahe berührten. Nur wenige Millimeter trennten uns noch voneinander. Unwillkürlich stieg mir sein Duft in die Nase. Ich sog ihn tief ein. Sein Aftershave stieg mir zu Kopf. Eine teure

Marke, sauber duftend, ohne zu aufdringlich zu wirken. Billige Marken verätzten einem häufig die Schleimhäute, doch sein Duft umschmeichelte sie regelrecht. Hastig öffnete ich wieder die Augen, hob das Kinn und sah ihm in die Augen. Wohlwollend nickte er.

»Wir werden uns öfter sehr nahe kommen müssen, bedenken Sie das.«

Ich lächelte ihn an. Mit der Nasenspitze erreichte ich gerade mal sein Kinn. »Das ist mir klar. Ich habe Ihrem Angebot bereits zugestimmt. Wollen Sie mich wieder davon abbringen?«

Mr. H lächelte. »Keineswegs. Ich möchte nur sichergehen, dass Sie genau wissen, worauf Sie sich einlassen.«

Ich räusperte mich. »Das, mein Lieber, weiß vermutlich keiner von uns beiden so genau.«

Er erwiderte mein Lächeln, löste sich dann von mir und legte meine Hand in seine Armbeuge. »Ich schätze, wir werden es herausfinden.« Mr. H schenkte mir ein kühles Lächeln. Langsam drehte er uns um und führte mich Richtung Tür. Nachdenklich betrachtete ich ihn. Obwohl ich an seinem Arm ging, hatte ich nicht das Gefühl, dass wir zusammen gehörten, dass wir tatsächlich ein Paar sein könnten. Natürlich waren wir keines, doch für Außenstehende sollte es doch zumindest so wirken. Im Moment sah jeder Blinde mit Krückstock, dass Mr. H und Ms. R nur eine Beziehung vortäuschten. Meine Hand lag zwar in einer Armbeuge, aber ich konnte genauso gut einen Stock umarmen. Wenn das wirklich funktionieren sollte, mussten wir dringend ein wenig Nähe aufbauen. Angefangen bei Namen und Gesicht.

»Wenn wir ein Paar vorspielen wollen, müsste ich noch Ihren Namen kennen.«

Mr. H warf mir einen kühlen Blick zu. »Sie wissen doch, dass den Besuchern des Clubs untersagt ist, ihr Gesicht zu zeigen.« Er griff in sein Jackett und zückte eine Visitenkarte, die er mir hinhielt, als wäre ich tatsächlich nur ein Geschäftspartner. Was ich auch war. Himmel, konzentrier dich!

Hastig löste sich Mr. H von mir, als ob er noch den letzten Bus erreichen musste, und nickte mir mit einer knappen Geste zu. »Kommen Sie morgen Vormittag um zehn in mein Büro. Ich lasse die Verträge vorbereiten. Und dann sehen Sie auch mein Gesicht.« Ein süffisantes Lächeln glitt über seine Lippen. »Nicht vorher.«

Und damit ließ er mich einfach stehen, drehte sich um und ging mit raumgreifenden Schritten den Flur entlang, der in den Eingangsbereich führte, wo ich ihn schließlich aus den Augen verlor. Momente vergingen, während mein Verstand noch zu begreifen versuchte, was in den letzten zwanzig Minuten passiert war. Ich sortierte meine Gedanken und ertappte mich dabei, wie ich immer wieder ungläubig den Kopf schüttelte. Das war gerade nicht wirklich geschehen, oder? Mir hatte nicht gerade ein gutaussehender Unbekannter mit einer Maske ein unmoralisches Angebot gemacht? Nicht eine Million Dollar für eine vorgetäuschte Ehe geboten? Und ich hatte nicht gerade eingewillt, oder? Benommen fiel mein Blick auf die Visitenkarte in meiner Hand. Ich fühlte das Papier, die markante Struktur, die auf Qualität schließen ließ, doch so richtig begreifen konnte ich es nicht.

Ich drehte meine Hand und las die wenigen Buchstaben auf der Karte. Gold prägte sich tief ins Material, die Konturen traten deutlich hervor. Ich las den Namen des Karteninhabers, die Firma und eine Telefonnummer. Nur langsam begriff ich, mit wem ich da gerade einen moralisch ziemlich fragwürdigen Deal ausgehandelt hatte.

Hunter Harrington, H&H Marketing & Consulting, CEO.

Fassungslos ließ ich die Karte sinken und starrte Richtung Foyer, wo der maskierte Mr. H. vor wenigen Augenblicken verschwunden war. Verdammte Axt, ich hatte mich gerade mit dem begehrtesten Junggesellen der Stadt verlobt und durfte ihn noch nicht einmal behalten!

Kapitel 3

LACEY

Gestern Abend hatte ich rein gar nichts in Erfahrung gebracht. Außer einer Menge Geld büßte ich auch noch meine Emanzipation ein. Ich gehörte von jeher immer zu den größten Kämpferinnen für die weibliche Unabhängigkeit. Gerade wenn es um Geld ging. Was verachtete ich diese Art von Frauen, die gerade übermäßig die Liebesromane bevölkerten, wenn sie sich von einem stinkreichen Kerl abschleppen ließen, nur weil er ihnen ein Leben im Luxus bieten konnte. Herrje, ich brauchte sein Geld nicht ... und doch würde ich zu einer Million Dollar nicht Nein sagen. Genauso wenig zu den Insiderinformationen.

Hunter Harrington besaß mehr als genug Geld. Ihm gehörte eine sehr erfolgreiche Werbeagentur und er war der einzige Sohn von Harry Harrington, einer der Gründer des milliardenschweren weltweit agierenden Holdingkonzerns, den er zusammen mit seinem Bruder Roger in den Siebzigern gegründet hatte. Die Harrington Brüder waren damals frisch vom Studium, jeder ein Diplom in der Tasche. Ihre Gründungsgeschichte war fast schon legendär. Innerhalb des nächsten halben Jahrhunderts bauten sie einen Firmenkonzern auf, der Apple oder GM in nichts nachstand. Wollte man ein Gebäude kaufen oder nur eine Wohnung mieten, man kam an den Harringtons nicht vorbei. In den nächsten Jahren fügten sie der Holding unzählige kleinere Firmen hinzu, die sie nun als eine Art Dachgesellschaft verwaltete. Hunter gehörte nicht nur die Werbeagentur, er arbeitete auch als CEO der Holding, seit sein Onkel sich zurückgezogen hatte.

Als Harry vor ein paar Jahren verstarb, erbte Hunter Harrington dessen Firmenanteile. Gut ein Drittel des Konzerns gehörten ihm, ein weiteres Drittel hielt der berüchtigte Onkel Roger und die restlichen Prozente verteilten sich auf Kleinaktionären, doch auch deren Anteile waren Millionen wert. Bei den Harringtons handelte man im großen Stil.

Ich nippte an meinem Kaffee und scrollte durch Hunters Biographie. Als Teilhaber stand sein Lebenslauf auf der Firmenwebseite. Privatschule mit Internat, Sportlerkarriere im Rudern, Studium der Wirtschaftswissenschaften und Marketing in Princeton, Auslandsaufenthalte. Informiert war ich jetzt, doch was fehlte, waren ... die Frauen. Okay, wenn man dem Internet Glauben schenkte, hatte Hunter jede Woche eine andere an seiner Seite. Supermodels, Schauspielerinnen, It-Girls. Was lange Beine hatte und wegen der hohen Absätze nicht schnell genug rennen konnte, verleibte er sich ein. Aber warum ich?

Ich blieb bei meiner Meinung: Er wusste weder, wer ich war, noch meine Intentionen. Man pflückte nicht wahllos ein Mädchen von einem illegalen Pokertisch. Nein, tat man wirklich nicht, weil es nämlich selten Mädchen an illegalen Pokertischen gab. Traute er mir so wenig oder so viel zu? Herrje, ich sollte aufhören, mir den Kopf zu zerbrechen. Mittlerweile war es nach neun. Bis ich in Upper Manhattan war, brauchte ich eine gute halbe Stunde.

Ich stürzte den Kaffee herunter, schaltete den PC aus und nahm meine Umhängetasche. Bevor ich allerdings auf leisen Sohlen das Großraumbüro des BH Daily verlassen konnte, erwischte mich meine beste Freundin und Kollegin Tilly Lloyd. Ihr dunkelbrauner Lockenkopf und die schwarz geränderte Brille tauchten hinter ihrem Bildschirm auf. Braune Augen nahmen mich ins Visier. »Wo soll es denn hingehen, Roberts?«

Ertappt fuhr ich zusammen, legte den Kopf in den Nacken und stöhnte. »Was Dienstliches?« Hilflos breitete ich die Hände aus. Ich konnte ihr schließlich nicht sagen, dass ich im Begriff war, meinen Fake-Verlobten zu treffen, geschweige denn, um wen es sich bei dem Glückspilz handelte.

»So? Das müssen wir aber noch üben. Du kannst eine Lüge nicht wie eine Frage formulieren. Wenn du an Michael vorbeischleichst, wird er wissen wollen, wohin seine beste Enthüllungsjournalistin um kurz nach neun verschwindet.« Tilly erhob sich und verrenkte sich, um einen Blick in Michaels Glaskasten werfen zu können. Der Chefredakteur drehte sich munter mit seinem

Schreibtischstuhl, während sein Ohr am Display seines Telefons klebte. Gott sei Dank waren die Zeiten von Schnurtelefonen vorbei, sonst müssten wir Michael täglich mehrmals befreien. Ich grinste.

»Der kriegt nichtmal mit, wenn neben ihm eine Bombe hochgeht.«

»Glaubst du.« Tilly zeigte mit dem Finger auf mich. »Der hat Augen im Hinterkopf.«

»Unter all den Haaren? Wohl kaum.« In Wirklichkeit besaß Michael kein einziges Haar mehr. Er versteckte seine Vollglatze unter einem so üppigen Toupet, dass jeder Blinde auf zehn Kilometern Entfernung mitbekam, dass das, was er auf dem Kopf trug, nicht echt sein konnte. Gerade wegen seiner Schrulligkeit liebten wir ihn – und er uns.

Tilly kicherte. »Stimmt auch wieder. Sein drittes Auge muss erst mal freigeschnitten werden. Also.« Tilly verschränkte die Arme vor der Brust. »Wo soll es hingehen?«

Ich seufzte. »Okay, weil du es bist.« Verschwörerisch senkte ich die Stimme. »Ich recherchiere für eine Story, mehrere, wenn alles glatt läuft. Und dazu muss ich mich mit einem ...«, nachdenklich rieb ich mir den Nacken, »Informanten treffen.« Das war so weit weg von der Wahrheit wie nur irgendwie möglich, jedoch auch keine direkte Lüge. Ich hasste Lügen, erst recht, wenn ich sie meiner Freundin auftischen musste. Doch es ging nicht anders. Tilly würde mir diesen Deal garantiert ausreden.

Tillys Augen weiteten sich interessiert. »Und du willst mir nicht …«

»Nicht wirklich. Sobald ich dir allerdings mehr verraten kann, werde ich das tun.« Ich beugte mich vor und senkte verschwörerisch die Stimme. »Verpetz mich nicht.«

Tilly grinste. »Werde ich nicht. Ich werde einfach sagen, du bist unterwegs. Ist ja nicht geleogen.« Sie zuckte die Schultern. »Geh lieber hinten raus.«

Dankbar lächelte ich sie an. »Du bist die Beste.« Ich warf noch einen kurzen Blick zu Michael, der nach wie vor weit zurückgelehnt Pirouetten mit seinem Bürostuhl drehte, bevor ich Richtung Treppenhaus eilte.

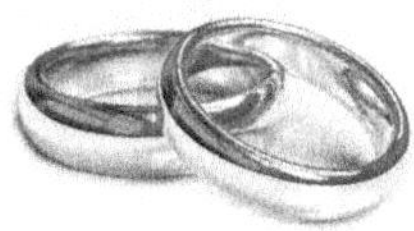

Mir war absolut nicht klar, wie groß das Ego eines Mannes sein musste, dem eine ganze Etage in diesem Gebäude gehörte. Und das war nur die Werbeagentur. Klein? In Hunter Harringtons Leben war nichts klein. Nicht mal sein Wochenendhäuschen.

Ich legte den Kopf in den Nacken und ließ den Blick am Empire State Building hinaufgleiten. Es war so riesig. Natürlich war ich schon öfter hiergewesen. Als waschechte New Yorkerin kam man an dem derzeit höchsten Gebäude der Stadt nicht vorbei. Trotzdem betrachtete ich den Wolkenkratzer nun mit ganz anderen Augen, seit ich wusste, dass Mr. Harrington mein Verlobter sein würde. Ach du Schande. Ich ließ den Blick wieder fallen und sah an mir herunter auf meine ausgelatschten Sneaker. Das war eine total blöde Idee gewesen. Aber nun konnte ich nichts mehr daran ändern. Es war kurz vor zehn. Ich stand also vor der Wahl: nach Hause laufen und mich aufbrezeln und Stunden zu spät kommen oder ... scheiß drauf. Als Journalistin machte ich mir nun mal die Hände schmutzig, und das erforderte bequeme Kleidung. Niemand ermittelte in High Heels. So. Ich schulterte meine Umhängetasche und legte mir noch mals meine Geschichte zurecht, weil sie nämlich der Wahrheit entsprach. Neben dem BH Daily studierte ich Kunstgeschichte. Mit achtundzwanzig war ich vielleicht eine etwas alte Studentin, aber ich jobbte nebenher und finanzierte mir so das Studium. Schulden hatte ich bereits genug. Also konnte ich einen plausiblen Hintergrund vorweisen. Lacey Roberts war eine absolut integere Studentin. Und trug Jeans. Ich starrte mein Spiegelbild in der gläsernen Eingangstür an. Absolut erbärmlich. Wenn er mich immer noch als Fake-Ehefrau haben wollte, musste er wirklich verzweifelt sein.

Ich seufzte mein Ich an, straffte die Schultern und zimmerte mir ein Lächeln ins Gesicht. Auf geht's, Süße. Die Welt rettet sich nicht von allein.

HUNTER

»Hör zu, Roger, ich komme in Begleitung. Nein, sie ist keine Prostituierte. Nein, ich habe keine Exfreundin bestochen.« Hunter Harrington griff sich genervt an die Nasenwurzel und hörte dem Vortrag seines Onkels nur halbherzig zu. Er wusste über den Inhalt bestens Bescheid.

»Junge, du musst endlich dein Leben auf die Reihe kriegen«, wetterte Onkel Roger und begann damit, aufzuzählen, was er mit fünfunddreißig Jahren bereits alles erreicht hatte. Hunter verkniff sich den Hinweis, dass seine Werbeagentur einen dreistelligen Millionenumsatz nach Steuern machte. Jährlich. Er beschäftigte fast fünfzig Mitarbeiter, darunter ein Thinktank, der die kreativsten Köpfe der Stadt vereinte. Hunter wusste, worauf es in der Branche ankam, und gerade zerbrachen sich seine Jungs und Mädels aus der Denkfabrik den Kopf für eine diverse Werbung für einen großen Sportartikelhersteller. Das Thema Gendern war in aller Munde und der Hersteller wollte seinen Beitrag leisten. Diesmal stand kein Produkt im Vordergrund, sondern das Image. Doch das brauchte er seinem Onkel nicht erklären. In Roger Harringtons Augen zählten ausschließlich die klassischen Werte. Arbeit musste man anfassen können.

»Ja, ich weiß, Roger. Und ich nehme mir deine Ratschläge sehr zu Herzen«, leierte er die Worte herunter, die sein Onkel hören wollte. »Und um dir zu beweisen, dass das keine leeren Drohungen sind, bringe ich sie nächsten Samstag mit.«

»Oho, du willst es also wirklich durchziehen, mein Junge, was?«

Hunter grinste. »Natürlich. Sie wird dir gefallen.«

»Hat sie auch einen Namen?« Der alte Haifisch zeigte die Zähne, doch Hunter ließ sich nicht aus der Ruhe bringen. Mit dieser Frage hatte er gerechnet.

»Lass dich überraschen.« Er hätte Roger irgendeinen Namen nennen können. Doch da er nicht wusste, wie seine Angebetete in spe hieß, musste er improvisieren.

»Sir? Ihr Zehn-Uhr-Termin.« Bianca steckte den Kopf durch die angelehnte Bürotür und schenkte ihm ein nachsichtiges Lächeln. Hunter hob den Finger, um ihr anzuzeigen, dass er gleich so weit war. Sie war gekommen. Dem Himmel sei Dank! Nicht auszudenken, was er gemacht hätte, wenn Ms. R ihn versetzt hätte.

»Roger, ich muss Schluss machen. Die Arbeit ruft.«

»Alles klar, Junge. Wir sehen uns Samstag!« Ein Klicken in der Leitung zeigte an, dass sein Onkel ohne große Verabschiedungen einfach aufgelegt hatte. Hunter kannte dieses Verhalten zu Genüge. Weder er noch sein Vater hielten sich mit unnötigem Geplänkel auf. Zügig ging es zurück zur Arbeit. Zufrieden schaltete Hunter sein Smartphone aus und gönnte sich einen Augenblick. Sein Blick glitt über Manhattan. Eine Etage im Empire State Building zu mieten, kostete ihn jeden Monat ein kleines Vermögen. Aber die zentrale Lage zahlte sich aus. Nicht nur wegen der fantastischen Aussicht. In Manhattan pulsierte das Herz New Yorks, hier entschieden die einflussreichsten Firmen der Welt, wen sie für ihre Werbekampagnen engagierten. Saß man an einer der Schlagadern dieser Unternehmen, lebte man von deren Erfolg. Hunter seufzte genüsslich auf. Dafür hatte er gearbeitet, dafür lebte er. Jetzt fehlte nur noch der Familienkonzern unter seiner Herrschaft und er hatte weiß Gott alles erreicht, was man im Leben eines Harrington schaffen konnte.

Die Frau, die ihm dazu verhelfen würde, betrat gerade leise wie ein Indianer sein Büro. Er hörte das verräterische Quietschen der Türangeln, die er längst hätte reparieren lassen müssen, doch er mochte es so, wollte hören, wenn jemand sein Büro betrat, um den Effekt, sich schwungvoll herumzudrehen und den Neuankömmling mit seiner Präsenz zu erschlagen, voll auskosten. Hunter genoss den Moment jedes Mal. Er grub die Hacken in den Teppich und wirbelte schwungvoll herum.

»Ms. R, wie schön ... Sie endlich zu sehen.« Hunters Vorfreude verpuffte. Schock zeichnete seine Züge. Er wälzte sich wie ein Tsunami durch seine Eingeweide, als er die graue Maus, die nervös vor seinem Schreibtisch von einem Bein auf das andere trippelte, betrachtete. Dieses ... Ding konnte unmöglich die rassige Brünette sein, der er gestern Abend einen Deal angeboten hatte. Unmöglich! Doch als er sie so betrachtete, hob sie den Blick und reckte trotzig das Kinn vor. Ihre Augen sprühten nur so vor unterdrücktem Zorn. Zu dem Schock gesellte sich eine ordentliche Portion Verblüffung.

»Mr. Harrington«, säuselte sie mit samtig weicher Stimme und trat einen Schritt vor. Ein Schauer rieselte über seinen Rücken. Allein seinen Namen über ihre Lippen gleiten zu hören, versetzte ihn in Habachtstellung. Sie trug weder Abendkleid noch ein aufwendiges Make-up, doch sein Name auf ihren sinnlichen Lippen genügte und er musste sich innerlich zur Räson rufen.

»Ich freue mich auch, Sie endlich kennenlernen zu dürfen.« Sie hob ihm den Arm entgegen. Fassungslos starrte er auf ihre dargebotene Hand. Schlanke, lange Finger mit säuberlich geschnittenen Nägeln, nicht manikürt, aber schmutzfrei. Zögerlich erwiderte er ihre Begrüßung und presste sich ein Lächeln in die Mundwinkel. Er wusste auch nicht, was er erwartet hatte. Businesslook, natürlich, vielleicht ein geblümtes Sommerkleid mit netten Sandalen und einem strahlenden Lächeln, nicht dieser ... Ökolook. Himmelherrgott noch mal, sie sah aus, als käme sie gerade von einer Friedensdemo.

»Ich bin etwas überrascht«, murmelte er steif und ließ seinen Blick über ihre Erscheinung schweifen. Ms. R folgte seinem Blick.

»Was? Das ist mein normales Outfit.«

Hunter schluckte. Ihr normales ... Outfit. Er würgte den Kloß in seinem Hals herunter, ließ ihre Hand los und flüchtete sich zur Bar. »Wollen Sie etwas trinken?«

Hinter ihm stieß sie ein empörtes Schnauben aus. »Um diese Uhrzeit? Nein, danke. Sie sollten übrigens auch nichts trinken. Alkohol ist absolut schädlich.«

Hunter presste die Lippen aufeinander, während er sich einschenkte. Noch konnte er es sich anders überlegen. Die Verträge lagen zwar in seiner Schublade, aber so lange weder sie noch er unterschrieben hatten, war ihre Vereinbarung kaum so viel wert wie das Papier der Unterlagen. Er konnte noch immer einen Rückzieher machen. Und sein Gesicht gegenüber seinem Onkel verlieren? Dieses Szenario kam für ihn absolut nicht infrage. Lieber erschien er mit ... einer Friedensaktivistin. Hunter atmete tief durch und drehte sich wieder um, sich an das Scotchglas in seiner Hand klammernd. »Um unsere Vereinbarung zu feiern. Soll ich Ihnen einen Kaffee bringen lassen? Ein Wasser?«

Ms. R griff sich übertrieben theatralisch an die Brust. »Oh, ein Kaffee wäre wunderbar. Ich sterbe für Koffein.« Diese winzige Einlage ließ ihn schmunzeln, warum, konnte er nicht sagen. Niemand legte in seinem Büro so einen Auftritt ab, weder kleidungstechnisch noch vom Verhalten her. Einfach nur peinlich. Und doch lächelte er. Hastig rief er sich zur Räson, nickte und trat wieder hinter seinen Schreibtisch. Er betätigte die Ruftaste seiner Assistentin. »Bianca, einen Kaffee bitte mit ...?« Fragend musterte er Ms. R.

»Milch und Zucker, bitte.«

Er nickte. »Mit Milch und Zucker bitte, für Ms. ...?« Erneut hob er eine Augenbraue.

Ms. R lächelte ihn freundlich an, dass ihm für einen Moment das Herz aufging. »Roberts, Lacey Roberts.« Er spürte ein Ziehen in der Brust, ein Gefühl, dass er kaum einordnen konnte. Hastig schob er es beiseite und beendete die Bestellung bei Bianca. »Für Ms. Roberts.«

»Sofort, Sir«, bestätigte seine Angestellte. Er ließ die Taste wieder los und setzte sich. Ms. Roberts – Lacey – hatte derweil ebenfalls Platz genommen und musterte neugierig sein Büro. Ihre blauen Augen waren ihm gestern Abend besonders groß erschienen. Die dunkle Maske verstärkte den Ausdruck. Unmaskiert wirkte sie noch viel ... hübscher. Entgegen seiner Auffassung empfand er ihren natürlichen Look als reizend. Als er sich jedoch bei diesem Gedanken ertappte, schob er ihn hastig beiseite. So konnte sie auf gar keinen Fall in seiner durchgestylten Welt auftreten.

»Also, Ms. Roberts«, begann er und schalt sich einen Narren. Sie führten hier kein Bewerbungsgespräch. Zwar würde er sie bezahlen und sie für ihn arbeiten ... Säuerlich presste Hunter die Lippen aufeinander. Vielleicht sollte er sie genau so behandeln, egal, wie niedlich sie in ihrer dunkelblauen Bluse, den ausgewaschenen Jeans und den abgewetzten Sneakern auf ihn wirkte. Er bezahlte sie dafür, also war sie seine Angestellte. Erstaunlicherweise stellte sich mit dieser Feststellung sein Geschäftssinn ein und plötzlich fiel es ihm viel leichter, zur Tagesordnung überzugehen. Langsam legte er die Finger aneinander und musterte sie mit nüchterner Herablassung.

»Also Ms. Roberts, ich freue mich, dass Sie den Weg hergefunden haben. Ich hätte nicht mit Ihnen gerechnet.«

Lacey reckte das Kinn. Ihr aufsässiger Blick fuhr ihm direkt in die Lenden. »Wir hatten eine Vereinbarung und ich stehe zu meinem Wort.«

Hunter schmunzelte. »Ich ebenso.« Er zog eine Schublade auf und entnahm die Vertragsunterlagen, die er auf Anraten seines Anwalts hatte anfertigen lassen. »Dies sind die Unterlagen. Ich muss nur noch Ihren Namen eintragen.« Geschäftstüchtig entschraubte er den Federhalter, mit dem er alle Vertragsunterlagen unterzeichnete. Sein Vater hatte ihm diesen vor unzähligen Jahren geschenkt, zur Gründung der Agentur. Hunter war sich dieser Marotte durchaus bewusst. Eine Sentimentalität, die er nicht abstellen wollte.

Lacey hob eine Augenbraue. »Sie sind ja gut vorbereitet.«

»Natürlich. Ich behandle unsere Vereinbarung wie einen Arbeitsvertrag.« Schwungvoll trug er ihren Namen in die dafür vorgesehene Spalte ein, legte den Federhalter zur Seite und schob ihr den Vertrag zu. »Lesen Sie ihn in aller Ruhe, lassen Sie sich Zeit.«

Die Bürotür öffnete sich mit einem leisen Quietschen und Bianca trat ein, ein gefülltes Tablett balancierend. Zwei Kaffee, ein Milchkännchen, Sahne und Zucker sowie eine Schale voller Gebäck beschwerten es. Hunter zog grimmig die Augenbrauen zusammen, als seine Assistentin das Tablett auf seinem Schreibtisch platzierte. Entschuldigend hob sie die Schultern.

»Ich dachte …« Biancas nervöser Blick streifte erst ihn, bevor er zu Lacey glitt, die konzentriert zu lesen schien. Eine Seite nach der anderen drehte sie um. Unmöglich in der kurzen Zeitspanne auch nur ein Wort zu erfassen.

»Nicht denken, Bianca. Sie sind nur hier, um Befehle zu befolgen. Und zwar meine Befehle«, fuhr er seine Assistentin an. Die junge Brünette zog eingeschüchtert den Kopf ein.

»Natürlich, Sir.« Sie griff nach dem Tablett, doch er hielt sie mit einer energischen Geste auf.

»Nein, lassen Sie es hier. Und gehen Sie endlich.« Bewusst vermied er es, Bianca anzusehen. Sie war eigentlich eine recht fleißige Mitarbeiterin und er erwartete Eigeninitiative vom Personal. Aber nicht in dieser Situation. Laceys Anwesenheit zerrte an seinen Nerven und Bianca fungierte nur als Blitzableiter. Hastig huschte sie auf ihren sieben Zentimeter hohen Absätzen aus seinem Büro und schloss die Tür mit einem hässlichen Quietschen. Hunter verzog das Gesicht, als ob er auf einer Zitrone herumkaute.

Lacey hob die Augen von den Vertragsunterlagen. »War das nötig gewesen?«

Hunter starrte sie an. Er hätte nicht weniger verblüfft sein können, wenn ihr gerade ein Kanarienvogel aus den Ohren gekrochen wäre. »Wie bitte?«, schnappte er. Lacey zuckte mit den Schultern und gab vor, den Vertrag zu studieren. Hunter jedoch sah sich genötigt, den Vorfall mit Bianca ins rechte Licht zu rücken. Das würde auch ihre Zusammenarbeit erleichtern, wenn Ms. Roberts wusste, wo ihr Platz war. »Ms. Roberts, auch wenn Sie in Kürze meine Verlobte mimen, bedeutet das nicht, dass Sie dadurch das Recht haben, meinen Umgang mit Angestellten zu kritisieren.« Lacey hob den Kopf und musterte ihn lauernd. Bianca wäre bei so einem Vortrag ängstlich zusammengezuckt, doch diese Ms. Roberts erwiderte ungerührt seinen Blick.

»Natürlich nicht.« Ihr Blick verlieh ihren Worten eine Aufsässigkeit, die er so noch nie in seiner Gegenwart erlebt hatte – und wenn er sie erlebte, er würde sie nicht dulden. Er würde sein Gegenüber ungespitzt in den Boden rammen. Er würde ... »Nur schätze ich es nicht, wenn Männer Frauen herunterputzen. Wenn wir zusammenarbeiten ...«

»Wenn Sie für mich arbeiten ...«

Genervt rollte sie mit den Augen. »Wenn wir zusammenarbeiten, dann als gleichberechtigte Partnerschaft. So werden Sie mich nicht runterputzen. Ansonsten hat sich diese Arrangement erledigt.«

Hunter biss die Zähne zusammen. »Und wie gedenken Sie Ihre Schulden zu zahlen? Sie stehen bei mir in der Kreide.«

»Drohen Sie mir etwa?«

Ein schmales Lächeln umspielte seine Lippen. Er pokerte hoch, wusste, dass er sie brauchte, doch ein Hunter Harrington kniff nicht am Verhandlungstisch, er provozierte und schlug für sich den bestmöglichen Deal heraus. »Mitnichten. Ich zeige Ihnen nur Ihre Optionen auf.«

Lacey knirschte absolut hinreißend mit den Zähnen. »Behandeln Sie mich einfach respektvoll und wir kommen prima miteinander aus.«

»Nichts anderes hatte ich vor.« Zufrieden lächelnd lehnte er sich zurück, doch als Lacey nach seinem

Federhalter griff, gefror ihm regelrecht das Blut in den Adern.

»Was haben Sie damit vor?« Panisch starrte er auf das Erbstück. Zögerlich hielt sie inne. Ihre Hand schwebte nur Zentimeter über der metallenen Hülle.

»Unterschreiben?«

Hunter atmete tief durch. »Erstens, nicht damit.« Er zog eine Schublade auf und entnahm ihr einen schlichten Kugelschreiber mit dem Firmenlogo, den er neben den Federhalter legte. »Zweitens, Sie können unmöglich schon fertig sein.«

Lacey nahm den Kugelschreiber und lächelte schmal. »Bin ich nicht. Aber da mir sowieso keine andere Wahl bleibt, will ich gar nicht wissen, auf was für einen Deal mit dem Teufel ich mich hier gerade einlasse.«

Hunter zog die Augenbrauen zusammen, während Lacey schwungvoll ihren Namen auf die dafür vorgezeichnete Linie setzte. Allein der ausdrucksstarke Schwung des Ls beeindruckte ihn. Ihre Bemerkung über ihn als den Teufel ignorierte er. »Sie sollten wirklich die Bedingungen lesen. Es gibt eine Reihe von Möglichkeiten, wie Sie vertragsbrüchig werden könnten.«

Lacey legte den Stift zur Seite und schob ihm die beiden Verträge zu. »Mir ist vollkommen klar, dass ich niemandem davon erzählen darf. Muss ich sonst noch etwas wissen?«

Hunter drehte die Unterlagen zu sich um und setzte seine Unterschrift unter Laceys. »Das Arrangement gilt für ein Jahr. Ihnen ist das hoffentlich klar?«

Laceys Miene erbleichte, doch bereits einen Moment später hatte sie sich wieder im Griff. Hunter wäre ein schlechter Geschäftsmann, wenn er das Wackeln in ihrer Miene nicht bemerkt hätte. »Ich benötige Ihre Dienste so lange, bis mein Onkel die Übertragungsurkunden unterzeichnet hat und ich über mindestens einundfünfzig Prozent der Firmenanteile verfüge. So lange spielen Sie meine Verlobte. Das schließt eine Heirat mit ein.«

Lacey atmete tief durch. Sie wusste absolut nicht, worauf sie sich einließ. Ungerührt fuhr Hunter fort, die Eckpunkte des Deals zu formulieren. »Sie werden bei mir wohnen. Natürlich steht Ihnen ein eigenes Bad und ein eigenes Schlafzimmer zur Verfügung. Sie gehen weiter Ihrer Arbeit nach, Ihren Freizeitaktivitäten, was immer Sie möchten. Steht ein offozieller Anlass auf der Tagesordnung, teile ich Ihnen den Termin rechtzeitig mit. Sie begleiten mich als meine Verlobte. Ich hoffe wirklich, dass mein Onkel zur Vernunft kommt und mir die Anteile zeitnah überschreibt. Danach trennen sich unsere Wege nach einer angemessenen Trennungsphase.« Hunter machte Zeichen in der Luft.

»Sie wollen wirklich Ihren Onkel betrügen?«

»Er zwingt mich dazu. Sieht er in mir nicht den Erben, den er sich vorstellt, überschreibt er meinem minderbemittelten Cousin seine Anteile. Reginald ist ein lieber Kerl, aber strohdumm. Wenn er nicht gerade am Strand in Malibu surft und Frauen angräbt, schraubt er an Oldtimern herum.«

Lacey schmunzelte. »Das klingt sympathisch.«

Hunter zog grimmig die Augenbrauen zusammen. »Vielleicht sollten Sie ihn heiraten?«

»Vielleicht.« Sie lachte.

»Also sind Ihnen die Bedingungen genehm? Noch haben wir die Möglichkeit, die Unterlagen um eine Zsuatzvereinbarung zu ergänzen.«

Lacey schüttelte den Kopf. »Ich spiele mit. Im Gegenzug möchte ich allerdings noch ein paar Mal das illegale Pokerspiel besuchen.«

Hunters Kinnlade klappte herunter. »Tatsächlich? Sind Sie eine Frau, die das Risiko liebt, Ms. Roberts?«

Lacey erhob sich, öffnete ihre Umhängetasche und entnahm eine Visitenkarte, die sie am Rand seines Schreibtisches platzierte. »Sonst wäre ich nicht hier.«

Hunter erhob sich ebenfalls, nahm ihr Exemplar des Vertrags und reichte es an sie weiter. Lacey fixierte ihn, während sie die Papiere entgegennahm und in ihre Tasche schob. »Poker also. Gerne. Ich würde mich freuen, Ihnen als meine Verlobte ein gewisses Startkapitel zur Verfügung zu stellen. Zusätzlich zu ihrer Million.«

Lacey atmete tief durch. »Die Million, natürlich.«

Hunter nickte ihrer Visitenkarte zu. »Ich lasse Ihnen in den nächsten Tagen ein paar Formulare für die nötigen Überweisungen zukommen. Die Million lege ich als Fond an. Nach Ablauf unseres Arrangements können Sie darüber verfügen. Außerdem lege ich für Sie ein Konto an, um Ihre Ausgaben zu finanzieren.«

Lacey hob eine Augenbraue. »Meine Ausgaben?«

»Natürlich. Sie brauchen Kleidung. Oder meinen Sie, Sie könnten in diesem Aufzug bei einem Abendessen mit Roger Harrington erscheinen?« Hunter musterte sie von Kopf bis Fuß.

Lacey zuckte mit den Schultern. »Natürlich nicht.«

Langsam umrundete er seinen Schreibtisch und hielt ihr zur Besiegelung ihres Deals die Hand hin. »Sind damit alle Fragen geklärt? Sie bleiben dabei?«

Lacey ergriff seine Hand. Ihre Finger schlossen sich um seine Handfläche. Sie fühlten sich warm und angenehm an, schmiegten sich perfekt in seinen Händedruck. In seinem Magen breitete sich ein wohliges Kribbeln aus, ein Ziehen, das er so noch nie gefühlt hatte. Irritiert blinzelte er. Lacey zog ihn an sich. Sie stellte sich vor ihm auf die Zehenspitzen und spitzte die Lippen. Der verführerische Ausdruck ihrer Augen zog ihn wie magisch an. Er tauchte ein in diese dunkelblauen Tiefen und wünschte, sich darin verlieren zu können, zu versinken und nie wieder daraus hervorzukommen. Ein Kribbeln auf seiner Haut machte den Stoff seines Hemdes schier unerträglich und er sehnte sich danach, ihn einfach von seinem Körper reißen zu können. Lacey wirbelte durch seinen Verstand, durchdrang jede Pore seines Körpers. Natürlich hatte Hunter Harrington Sex. Jeder Mann brauchte hin und wieder das Zusammensein mit einer Frau, die sich willig unter ihm räkelte und seine Wünsche erfüllte. Und dafür bezahlte er. Er hatte angenommen, dass sich jede Form des körperlichen

Beisammenseins so anfühlen würde. Doch das hier war eine völlig neue Erfahrung. Und sie haute ihn regelrecht aus den Socken. Lacey ging ihm unter die Haut und diese Frau sollte bei ihm einziehen? Ein Keuchen entwich ihm. Das würde er nicht überleben. Allein ihre Nähe zu ertragen, brachte ihn an die Grenzen seiner Selbstbeherrschung. Und dann kam sie ihm noch näher.

»Natürlich.« Sie lächelte, ihr Atem fuhr wie eine zärtliche Liebkosung über seinen Bart und dann setzte sie noch einen drauf und tat etwas, was er nie für möglich gehalten hatte. Sie gab ihm einen Kuss auf die Wange. Ein Prickeln setzte seine Haut in Brand und beförderte seinen Verstand ins Nirwana. »Liebling.«

Lacey sank zurück und errötete charmant. Ihr sanfter Augenaufschlag zog direkt in seine Lenden. Hunter atmete entsetzt aus.

»Warum haben Sie das getan?« In seiner Stimme schwang der verzweifelte Versuch mit, um Fassung zu ringen.

»Weil es echt wirken muss. Wenn wir ein Paar spielen wollen, müssen wir uns auch als ein solches verhalten. Dich ...«, sie stockte kurz, »... zu küssen, gehört dazu. Verliebte tun so etwas.«

Hunter schluckte. »Wir sind nicht verliebt.«

Lacey schmunzelte und deutete auf seine Durchschrift des Vertrags. »Laut Papier schon.«

Hunter atmete tief aus und schloss die Augen. Langsam sank er gegen die Kante seines Schreibtisches und klammerte die Finger darum. »Sie dürfen mich nicht küssen.« Denn das hielt er nicht aus. Dann konnte er nicht mehr ihren Arbeitgeber spielen, dann wollte er sie und das war eindeutig gegen den Vertrag. Keine körperliche Annäherung.

Lacey kam auf ihn zu und nahm seine Krawatte, zog sich daran zu ihm heran. Hunter erstarrte. »Was …?« Zwischen seinen leicht gespreizten Beinen blieb sie stehen.

»Mr. Harrington, wollen Sie jetzt Ihren Onkel davon überzeugen, eine Ehefrau gefunden zu haben oder nicht?« Sie wickelte den Stoff mehrfach um ihre Handfläche, doch seine Augen verfingen sich in ihrem betörend schönen Lächeln.

»Natürlich«, krächzte er.

»Dann sollten Sie sich daran gewöhnen, von mir angefasst zu werden. Besser noch, Sie berühren auch mich.«

Zögerlich hob er die Hand und ließ sie über ihrer Taille schweben. »Sie meinen?«

Lacey lächelte, griff nach seinem Handgelenk und platzierte seine Handfläche auf ihrer Taille. »Ich meine nicht nur, ich weiß es.« Hunter spürte die Wärme ihres Körpers durch die Bluse. Zitternd schloss er die Augen. Das war zu viel, viel zu viel. Körperliche Nähe betrachtete er in erster Linie als Befriedigung seiner Bedürfnisse. Lacey auf diese Weise zu berühren, ging weit darüber hinaus. Denn, scheiße noch mal, sie zu halten, fühlte sich viel zu gut an. Und das erlaubte er sich nicht. Das hatte er nicht verdient, nicht, wenn er eine Frau dafür bezahlen musste, seine Verlobte zu spielen.

Hastig ließ er die Hand sinken und schob sie von sich. »Genug des Spiels. Ich habe zutun. Bitte gehen Sie jetzt, Ms.

Roberts. Wir sehen uns dann heute Abend. Zuhause.« Lacey starrte ihn verblüfft an, doch sie ließ seine Krawatte los und trat einen Schritt zurück, damit er sich hinter seinem Schreibtisch in Sicherheit bringen konnte. Er warf ihr einen grimmigen Blick zu, bevor er eine Taste auf seinem Telefon drückte.

»Bianca, bitte bringen Sie Ms. Roberts zu Matt. Er erwartet sie bereits.«

Lacey blinzelte. »Matt?«

»Ihr Assistent. Er wird Ihnen beim Umzug helfen und anschließend mit Ihnen einkaufen gehen. Abendkleidung, ein paar Kostüme für offizielle Anlässe.« Hunter ließ sich auf seinen Platz sinken und wühlte durch einige Papiere, nur um ihrem Blick auszuweichen. Er nahm die Berührung ihrer Augen durch ein leichtes Prickeln wahr, genau dort, wo sie ihn ansah.

Lacey atmete tief durch. »Okay, dann schätze ich mal, bin ich hier nicht mehr erwünscht?«

Hunter sah auf. »Ja, nein. Ich habe zu tun. Bianca wird sich um Sie kümmern.«

Lacey lächelte ihn an. »Dich, um dich kümmern. Versuch es mal.«

Hunter biss sich energisch auf die Unterlippe. »Später, vielleicht.«

Lacey seufzte. »Okay, dann bis … heute Abend.«

Erneut wühlte er sich durch die Papiere und gab vor, schrecklich viel zu tun zu haben. »Ja, ja. Bis dann.« Das Quietschen der Tür, als Lacey Bianca folgte, dröhnte ihm regelrecht in den Ohren. Vielleicht sollte er doch die Handwerker kommen lassen.

Kapitel 5

LACEY

Jeder sollte einen Matt haben, finde ich. Noch um halb elf morgens war ich fest davon überzeugt, dass ich diesen schlaksigen, unglaublich gutaussehenden und großen Mann hassen würde, aber knapp zehn Stunden später hätte ich ihm die Füße küssen können. Aber von vorne.

So ganz wusste ich nicht, worauf ich mich eigentlich einließ und was genau es bedeutete, diesen Vertrag zu unterschreiben. Hunter hatte vollkommen recht, mir jede Bedingung unseres kleinen Arrangements noch mal wortwörtlich vorzubeten. Ich sah in ihm nur meine Chance, an brisante Informationen zu kommen, erneut an diesem Pokertisch sitzen zu können und die Gesichter der Männer hinter den Masken zu ermitteln. An Hunters Seite gelangte ich unsichtbar auf jede Promi-Veranstaltung, sogar auf die nicht der Presse zugänglichen. Nicht dass ich Interesse an solchen Geschichten hatte, aber wer konnte schon so genau wissen, was hinter vorgehaltener Hand so getuschelt wurde. An der Seite eines Millionärs war ich nicht mehr

Blicke wert als ein teures Accessoire. Niemand nahm mich wahr. Mit dem passenden Fummel am Körper schenkte man mir kaum mehr Aufmerksamkeit als dem neuen Gucci-Handtäschchen. Die perfekte Position für fundierte Informationen aus erster Hand. Zu dumm, dass ich mich nicht in der Boulevardspalte tummelte. Ich wollte echte Enthüllungen. Vorzugsweise illegales Glücksspiel. Und inwieweit Promis darin verwickelt waren. Meine Ausgangsposition könnte nicht besser sein. Einen Promi konnte ich sogar schon benennen: meinen Zukünftigen. Doch eins nach dem anderen.

Nachdem mich Bianca, Hunters Sekretärin, Matt vorgestellt hatte, kam ich aus dem Staunen nicht mehr heraus. Ich hatte nie viel besessen. Meine Familie stammte aus bescheidenen Verhältnissen. Mom und Dad betrieben ein kleines griechisches Restaurant in den Brooklyn Heights. Ganz in der Nähe bewohnte ich ein Ein-Zimmer-Apartment, direkt über einem Café. Keinem gewöhnlichen Café, nein, einem Café mit Katzen. Ich liebte es, hier zu sitzen und mit einer Katze auf dem Schoss meinen Kaffee genießen zu können. Im Schlabberlook natürlich. Ich musste nicht mal Straßenschuhe anziehen, um herzukommen. Noch viel lieber arbeitete ich im Schaufenster sitzend an einer Story. Immer wieder streunte ein Schmusetiger um meine Beine und ich konnte meine Gedanken so richtig ausarbeiten.

Über dem Café hatte mir die Inhaberin ein Apartment vermietet. Es war nicht groß, Küche, ein Wohnraum, ein Badezimmer und ein Flur. Aber es war mein kleines Reich. Im Flur befand sich ein riesiger Einbauschrank, dessen Inhalt Matt kurzerhand als unbrauchbar erklärte. Er gestattete mir, einen Koffer mitzunehmen. Und natürlich Felix. Okay, den Kater hatte ich Hunter gegenüber mit keiner Silbe erwähnt, aber ohne meinen weißen, vierbeinigen Freund würde ich nirgendwo hingehen. Und schon gar niemanden heiraten.

Zwei Stunden später verfrachtete Matt mein auf zwei Umzugskartons, einen Koffer, einen Rucksack, Felix in seiner Transportbox und meine Laptoptasche reduziertes Leben in sein Cabrio und düste mit mir nach Manhattan, genauer gesagt in die Upper Eastside. Als er in Sichtweite des Central Parks in eine Tiefgarage fuhr, blieb mir schlicht die Sprache weg. Ich erhaschte einen kurzen Blick auf die geschwungenen Formen des Guggenheim. Oh. Mein. Gott.

Wer in New York lebte, wusste in etwa, wie hoch die Mieten hier waren. Selbst mein kleines Apartment konnte ich mir nur deshalb leisten, weil es kaum Menschen gab, die über einem Katzen-Café wohnen wollte. Mir war das egal. Hauptsache ich konnte vier Wände mein Eigentum nennen. In Anbetracht dessen, wie stolz ich vor vier Jahren gewesen war, endlich bei meinen Eltern ausziehen zu können, endlich raus aus dem ständigen Geruch nach Fleisch und Restaurantküche überall, wo man nur seine Nase hinsteckte, eine absolute Wohltat. Meine Eltern hatten es damals nicht verstanden. »Du kannst doch bei uns wohnen«, beteuerte mein Vater immer wieder. Dass damit auch die Hilfe im Restaurant einherging und ständig der Wunsch geäußert wurde, wann ich endlich die Restaurantfachschule beendete, bemerkten sie gar nicht. Und wenn ich schon nicht ins Restaurant einstieg, dann gab es praktisch nur eine Möglichkeit, damit die Tochter waschechter Griechen anständig wurde. Sie musste reich heiraten. Innerlich verpasste ich mir eine Kopfnuss. Das hatte ich ja nun geschafft. Meine Mutter würde ausflippen. Vor Freude.

Unwillkürlich rutschte ich tiefer in den Sitz, als ob meine Eltern jeden Augenblick aus einer Parklücke in der Tiefgarage springen und Matt für meinen Ehemann in spe halten würden. Was natürlich nicht geschah. Für mich stand in diesem Augenblick fest, dass ich so etwas niemals zulassen würde. Meine Eltern durften Hunter auf gar keinen Fall kennenlernen. Sie wären am Boden zerstört, wenn wir uns wieder scheiden ließen. Das konnte ich ihnen nicht zumuten. Und die Wahrheit schon gleich gar nicht.

»So, da wären wir.« Matt schleppte meine beiden Kisten Richtung Aufzug, der sich in der Mitte des Gebäudes befand. Ich trug meine restlichen Taschen und Felix' Box. Den Koffer wollte Matt später nachholen.

Matt platzierte die Kartons neben dem Aufzug und zog eine Schlüsselkarte aus seiner Gesäßtasche. »Mit dieser Karte kommst du ins Penthouse. Sie öffnet dir allen Türen, aktiviert die Aufzüge und Ein- sowie Ausgänge. Der Portier wird dich nur mit dieser Schlüsselkarte ins Haus lassen. Kurzum ...«

»Sie ist meine Lebensversicherung?«

Matt schmunzelte. »So könnte man es auch sagen. Komm, ich zeige dir, wie sie funktioniert.« Ich wusste, wie man Schlüsselkarten verwendete, doch offenbar hielt Matt es für nötig – oder mein zukünftiger Ehemann – dass ich eine umfassende Einweisung benötigte. Im Übrigen wollte ich Matt nicht die Begeisterung nehmen. Er schien sich wirklich Mühe mit mir zu geben und war höflich und nett. Also ließ ich ihn den kleinen Vortrag halten.

Matt drückte mir die goldene Plastikkarte in die Hand und deutete auf das Bedienfeld aus poliertem Stahl. »Halt die Karte vor die Markierung.«

»Okay ...« Ich stellte mich vor das Feld und hielt die Karte davor. Mit einem Piepsen sprang das rote Licht auf Grün um. Die Fahrstuhltüren glitten sanft auseinander. Ich grinste. »Das war doch gar nicht so schwer.«

Matt bückte sich nach den Kartons und betrat die Kabine. »Wart's ab. Hier drinnen wirds komplizierter.« Ich folgte ihm und positionierte mich vor dem Terminal des Fahrstuhls, das so aussah, als hätte es in einem früheren Leben auf der Enterprise als Konsole für die Steuerung eines Raumschiffes gedient. Nicht, dass ich mich als Trekkie betrachtete, aber Science-Fiction-Filme waren mein Steckenpferd, allerdings genoss ich eher die Horrorsparte. Alien und so. »Ohooo«, entfuhr es mir.

Matt lachte. »Gib folgenden Code ein: 84248.« Ich folgte Matts Anweisungen. Mir fiel die Symmetrie der Zahlenfolge sofort ins Auge. Kompliziert genug, damit sie nicht so einfach geknackt werden konnte, dennoch merkbar. Die Fahrstuhltüren schlossen sich. Langsam setzte sich die Kabine mit einem leisen Schnurren in Bewegung. Felix maunzte.

»Scht, alles gut. Gleich kannst du raus.« Unwillkürlich hob ich den Kopf Richtung Kabinendecke, als erwartete ich, dass sich dort oben irgendetwas veränderte. Natürlich tat sich nichts.

»Die Katze ist ein Problem«, begann Matt leise. »Mr. Harrington mag keine Tiere. Überhaupt hasst er Schmutz und Staub. Und Katzenhaare.«

»Er wird sich an Felix gewöhnen müssen. Mich gibt es nur mit der Katze.« Ich drehte den Kopf in Matts Richtung. Senken musste ich ihn dazu nicht, ja, ich musste noch nicht einmal um den Stapel Umzugskartons herumgucken. Matt war so groß, dass er problemlos zwei aufeinander gestellte Kartons überragte. Nur meine Winzigkeit hätte große Probleme gehabt, die beiden Kisten gleichzeitig zu tragen. Nicht vom Gewicht her. Ich war einfach zu kurz für Umzüge.

Nach einer halben Ewigkeit bremste der Fahrstuhl langsam ab, bis er schließlich sanft zum Stehen kam. »Mr. Harrington bewohnt das Penthouse«, erklärte Matt, während die Türen auseinanderglitten. »Er wies mich an, dich nur herzubringen. Stell bitte die Sachen einfach ab. Wir haben noch eine Menge zu erledigen.« Matt verließ zügig den Aufzug und stellte die Kisten in die Mitte des Raumes. Ich folgte ihm mechanisch, stellte Felix' Box neben die Kisten. Matt war fast schon wieder im Fahrstuhl.

»Was erledigen? Ich kann hier nicht weg. Ich muss mich um Felix kümmern.« Ich ließ kurz den Blick über den vorderen Bereich einer riesigen Loftwohnung schweifen. Unglaublich hohe Decken verliehen dem Raum eine schier endlose Weite. Graue Betonwände, eine eingezogene Decke, die auf schwarzen Stahlträgern ruhte und eine Brücke vor einer riesigen, verglasten Front, entdeckte ich auf den ersten Blick. Dahinter erstrahlte der blaue Himmel über New Yorks grüner Lunge, dem Central Park. Fassungslos blinzelte ich. Die Aussicht war unglaublich.

»Aber wir müssen. Mr. Harrington möchte, dass ich mit dir einkaufen gehe. Du brauchst mindestens drei Abendkleider und vier Businessoutfits.«

Mühevoll riss ich mich von der Aussicht los und drehte mich zu Matt um. »Was hat er dir über mich erzählt, Matt?«

Hunters Assistent zuckte mit den Schultern. »Nichts? Mr. Harrington wies mich nur an, dich und deine Sachen herzubringen und dann mit dir einkaufen zu gehen.« Ich seufzte. Was hatte ich auch anderes erwartet. Unsere Vereinbarung war nichts, was man seinen Mitarbeitern auf die Nase band. Und natürlich behandelte er mich eher wie eine Angestellte als seine Verlobte. Das sollte mich wirklich nicht wundern, und dennoch ... ein wenig mehr Interesse an mir und meiner Person hätte ich mir schon gewünscht. Schließlich wollte er, dass wir als Paar auftraten.

»Okay.« Ich bezog neben dem kleinen Berg unnützen Krempels, der mein Leben darstellte, Stellung und verschränkte die Arme vor der Brust. »Felix ist neu hier, er kennt diese Wohnung nicht. Außerdem kann ich ihn nicht in der Box lassen, sonst dreht er durch. Ich muss hierbleiben, sonst bricht sich meine Katze den Hals bei irgendeiner Kletteraktion, weil er die Wohnung für einen riesigen Katzenspielplatz hält.« Kratzbaum. Mist. Ich wusste doch, dass wir etwas vergessen hatten.

Matt runzelte verständnislos die Stirn. Selbst ein Blinder erkannte, dass er absolut keine Ahnung von Tieren hatte. Ich seufzte.

»Mein Vorschlag wäre: Du kaufst einfach ein, was Mr. Harrington gefallen würde. Ich stehe dabei sowieso nur im Weg herum. Fahr noch mal in meine Wohnung, hol den Kratzbaum für Felix, und ich richte mich derweil hier ein.«

Matt betrachtete mich, als ob ich nicht alle Tassen im Schrank hatte. »Ich soll Kleider für dich kaufen, ohne das du sie anprobieren kannst? Und was, wenn es dir nicht steht? Dann bin ich schuld und verliere meinen Job.«

Ich schnaubte genervt. »Felix wird nicht allein hierbleiben.«

»Wir nehmen die Katze mit?«, schlug Matt händeringend vor.

»Abgelehnt. Er braucht Ruhe. Der ganze Umzug ist schon viel zu stressig für ihn.«

Matt seufzte. »Okay, und was machen wir dann?«

»Sag du es mir.« Ich konnte mir ein teuflisches Grinsen nicht ganz verkneifen. Matt hatte sich als kreativer Mitarbeiter eines Thinktanks vorgestellt. Da Hunter Harrington sein Geld in der Werbebranche verdiente, musste Matt ein äußerst einfallsreicher Kopf sein. Also sollte er mal kreativ werden. Innerhalb von zehn Sekunden erhellte sich Matts Blick.

»Ich hab's.« Er strahlte mich an. Okay, jetzt war ich gespannt.

»Und?«

»Wir beide gehen morgen einkaufen.« Matt zückte sein Smartphone und tippte gezielt auf dem Display herum. »Er hat heute Abend keine Termine eingetragen, das bedeutet, du wirst heute kein Kostüm oder Abendkleid benötigen.«

Ich atmete erleichtert auf. »Das geht. Morgen kann ich Felix allein lassen. Wenn er erst einmal ein paar Stunden unter Aufsicht das Terrain erkundet hat, fühlt er sich sicherer.« Und ich mich auch. Felix war mein kleiner Schatz. Mein ein und alles. Wenn ihm etwas zustöße, dann … nicht auszudenken.

Matt schien zufrieden. »In Ordnung. Dann hole ich jetzt den Kratzbaum und …«

Ich sah mich in der kühl und in sterilem Schwarz, Weiß und Grau eingerichteten Wohnung um. Absolut wenig einladend. Kein Vergleich zu meiner kuscheligen Höhle mit den vielen Kissen und Decken. »Wäre es vermessen, wenn ich dich bitten würde, noch ein paar Kissen und Decken aus meiner Wohnung mitzubringen? Ich friere hier schon jetzt.«

Matt seufzte. »Okay, das war es dann aber wirklich, ja?«

Ich grinste. »Versprochen.«

Während Matt unterwegs war, nahm ich Felix in den Arm und inspizierte die Wohnung. Er zitterte und schien sich vermutlich zu fragen, was wir hier überhaupt wollten. Immer wieder blickte er zu mir hoch und maunzte unsicher. »Ich weiß, mein Kleiner, ich weiß.« Doch da mussten wir jetzt durch. »Ich habe einen Vertrag unterschrieben. Wenn wir nicht hierbleiben, drohen schreckliche Strafen. Aber wir schaffen das. Davon bin ich überzeugt.« Ich drückte ihn an mich und begann den Rundgang. Zuerst wollte ich einen geeigneten Platz für den Kratzbaum finden. Wenn der erst mal hier war, würde es Felix vermutlich deutlich leichter fallen, sich hier einzuleben.

Mit der Katze auf dem Arm bewegte ich mich als Erstes auf die große Fensterfront zu. Der Ausblick über den Central Park raubte mir schier den Atem. Zehn, zwölf Stockwerke hoch erschloss sich mir die grenzenlose Weite der Stadt, ihre unglaubliche Größe. Bis zum Horizont erstreckten sich Wohngebäude, Stadtteile, Baukräne. Nachts musste der Ausblick noch beeindruckender sein. Ich spürte förmlich das pulsierende Leben der Metropole. Wahnsinn. Ich hatte immer hoch wohnen wollen. Als Kind liebte ich es, auf Bäume zu klettern und stundenlang in den Ästen zu sitzen und zu lesen. Meine Eltern suchten mich gar nicht mehr, sie riefen einfach meinen Namen und hofften, dass ich mir beim Abstieg nicht den Hals brach. Ich war ein bisschen wie Felix. Chaotisch, tollpatschig und wenn man mich in eine fremde Umgebung versetzte, bekam ich Panik.

Was hatte ich mir nur dabei gedacht? Einen Deal mit einem Millionär einzugehen? Ihn für Geld zu heiraten? Seine Braut spielen? Bis sein hirnrissiger Onkel ihm noch mehr Vermögen überschrieb? Technisch gesehen handelte es sich ja um Firmenanteile. Mir war der Sinn dieses Arrangements durchaus klar. Aber wozu? Um noch mehr zu besitzen? Immer mehr? Wer sich so eine Wohnung leisten konnte, besaß doch längst genug? Wieso eigentlich?

Ich brauchte ein paar Minuten, um die Fassung zurückzuerlangen. Die Wahrheit war, dass es mich nichts anging. Ich wollte zurück an den Pokertisch und die Ermittlungen fortsetzen, Hunter die Firma seines Onkels. Simple Rechnung. Das Klingeln meines Smartphones holte mich aus den Grübeleien. Hastig verrenkte ich mich, um es aus der Gesäßtasche zu fischen und Felix dabei nicht loszulassen. Doch er entschlüpfte mir und machte ein paar tapsige Schritte auf dem kalten Steinboden. Ich wollte schon nach ihm greifen, doch er sah sich lediglich um, reckte das Köpfchen und erkundete die nähere Umgebung.

»Schön hiergeblieben«, warnte ich ihn und ließ mich mit dem Rücken gegen die Fensterfront gelehnt nieder, bevor ich den Anruf annahm. Tilly. »Hey«, begrüßte ich sie und rief nach Felix, doch er schien sich nicht für mich zu interessieren. In zwei Metern Entfernung ließ er sich vor mir nieder und starrte mich vorwurfsvoll an. Ich rollte mit den Augen und zog die Beine an. Gut, dann bleib halt da sitzen.

»Hey, Süße. Wo steckst du?«

»Mh«, machte ich und überlegte, wie ich meine derzeitige Situation am besten umschreiben sollte, ohne die Wahrheit zu sagen. »Nicht zu Hause. Ich bin bei einem … Freund.«

»Oho«, machte Tilly. »Und hat dieser Freund einen Namen?«

»Nein, aber er hat etwas mit dem Fall zu tun, an dem ich gerade arbeite.« Ich rieb mir die Nasenwurzel. Wie sollte ich überhaupt arbeiten, wenn ich in Hunters Wohnung hockte? Richtig. Gar nicht. Ich musste so schnell wie möglich zurück an den Pokertisch. Und dann an den Schreibtisch. Schließlich hatte ich Michael eine enthüllende Geschichte versprochen … und wollte nicht selbst die Story sein. Oh, nein.

»Das ist gut. Michael dreht frei, weil du nicht im Büro bist. Ich habe ihm gesagt, deine Katze ist krank.« Als hätte Felix Tilly verstanden, neigte er leicht den Kopf zur Seite und musterte mich vielsagend. *Wirklich?*, schien er zu sagen. Ich zuckte die Schultern. Unterhielt ich mich echt mit meiner Katze? Mir war nicht mehr zu helfen.

»Danke dir. Ich verspreche hoch und heilig, morgen wieder im Büro zu erscheinen. Aber erst einmal muss ich ein paar Dinge auf die Reihe kriegen.« Mein Blick glitt durch die monströse Wohnung in kalter Beton-Optik. Ich fröstelte. Zum Beispiel die Heizung finden.

»Aber dir gehts's gut, ja? Du ziehst nicht irgendeine linke Nummer durch?«

»Wie kommst du denn darauf?« Ich rieb mir die Nasenwurzel, denn ich wusste ganz genau, woher Tilly die Idee hatte. Meine letzte Enthüllungsstory endete im Krankenhaus, mit einem gebrochenen Fuß, weil ich mir beim Versuch, in das Forschungslabor eines Pharmakonzerns einzubrechen, selbst Verletzungen zugefügt hatte. Aber die Fotos waren es wert gewesen. Tierversuche! Die Schweine. Nicht mit Schweinen, an Katzen. Daher auch Felix. Ich hatte nur ihn retten und ein paar Fotos machen können. Außerdem wurde ich erwischt. Statt eines reißerischen Artikels musste ich eine Unterlassungsvereinbarung unterschreiben. Selbstverständlich waren die Katzen verschwunden. Alles umsonst. Diesmal würde ich nicht scheitern. Diesmal würde ich offenlegen, welcher Prominente sich an illegalem Glücksspiel beteiligte.

»Das weißt du ganz genau. Mach einfach keinen Blödsinn, Süße, ja? Und wenn du Hilfe brauchst, meldest du dich. Okay?«

Ich holte tief Luft. Tilly war meine allerbeste Freundin. Ich wollte sie nicht belügen, aber die Wahrheit sagen konnte ich ihr auch nicht. »Natürlich. Es ist alles in Ordnung. Ich muss nur ein paar Dinge regeln.«

»Okay. dann regel du mal und sei morgen einfach pünktlich im Büro. Am besten mit einem großen Caramel Latte für die Zuckerschnute.« Ich lachte herzlich. Michael ließ zwar hin und wieder den knallharten Boss heraushängen, aber im Grunde war er ein herzensguter Mensch. Warum wohl arbeitete ich noch bei BH Daily nach meiner verkackten Enthüllungsstory? Genau. Weil Michael sich um uns alle kümmerte.

»Mach ich.«

»Küsschen!«, verabschiedete sich Tilly und legte auf. Ich atmete tief durch und ließ das Smartphone sinken. Mein Blick glitt durch das opulente Wohnzimmer. Rechts von mir vor der Fensterfront befand sich eine u-förmige Sofalandschaft aus schwarzem Hochglanzleder. Ein riesiger Flatscreen mit einem hypermodernen Soundsystem dominierte die sich an die Fenster im rechten Winkel anschließende Betonfassade. Nüchterne Kunst in Schwarz und Weiß rahmte den Kinobildschirm ein. Unter einer Zwischendecke an den Wohnbereich angrenzend befand sich eine moderne Küche mit Tresen und dunklen Fronten. Natürlich in Hochglanz. Auf den Oberflächen würde man jeden Fingerabdruck sehen. Ein Fest für Forensiker. Über der Küche halbierte ein Zwischenboden die Raumhöhe, die Treppe zu meiner Linken führte dort hoch. Um meinen visuellen Rundgang in der unteren Etage abzuschließen, wandte ich mich noch einmal Richtung Eingangsbereich. Dort, wo sich mein Leben in zwei Kartons tummelte, befand sich noch ein Pärchen abgehende Türen.

»Also gut, Felix. Dann wollen wir mal unser neues Zuhause erkunden.« Ich kämpfte mich auf die Beine und griff nach meiner Katze. »Auf geht's.«

HUNTER

Wenn er heute Abend seine Wohnung betrat, würde sie da sein. Mit all ihren Sachen seine so wohlsortierte Ordnung zerstören, seine Selbstbeherrschung untergraben und sein Wohnzimmer in ein Minenfeld verwandeln, gespickt mit spitzen Kommentaren. Verdammt sei Onkel Roger.

Grundsätzlich hatte Hunter eine ganz genaue Vorstellung davon, wie sein Zusammenleben mit Lacey in den nächsten Wochen – und hoffentlich nicht Monaten – aussehen sollte. Tagsüber ging jeder seinem Job nach und abends trafen sie sich vielleicht zum gemeinsamen Essen, bevor er seine Tagesroutine mit einem ausgedehnten Fitnessprogramm beendete. Duschen, schlafen, ein neuer Tag. Bei Einladungen begleitete Lacey ihn natürlich, als hübsche junge Dame an seiner Seite, sittsam gekleidet und vor allem ... leise. Er hatte durchaus seine Gründe, warum er allein lebte und nicht die Frau fürs Leben suchte. Sich an Menschen zu binden, erzeugte Gefühle und denen hatte er bereits vor Jahren entsagt. Es war besser so, ganz einfach. Für jeden von ihnen. Für Emotionen war er nicht geschaffen, seit ... er allein war. Und das war er schon, so lange er sich erinnern konnte. Ein Einsiedler inmitten der Großstadt, doch so mochte er es am liebsten. Keine quälenden Mitmenschen, die etwas von ihm wollten, ihn nervten und seine Konzentration störten.

Unbewusst drückte sich Hunter noch sehr viel länger im Büro herum, als er eigentlich musste. Die meisten Angestellten waren bereits seit Stunden zuhause. Nur er verweilte noch hinter seinem Schreibtisch.

Am Nachmittag hatte ihm Matt einen kurzen Bericht über Laceys Ankunft gegeben. Sie schien nicht überfordert. Wenig begeistert zeigte er sich über die Tatsache, dass sie anscheinend zu müde zum Shoppen gewesen war. Welche Frau shoppte denn nicht gern? So weit Hunter wusste, war das ihre Lieblingsbeschäftigung. Er hatte Matt seine goldene Kreditkarte mit unbegrenztem Kreditrahmen gegeben, doch Lacey hatte abgelehnt. Nun gut, sie wollte morgen einkaufen gehen. Alles in Ordnung. Kein Grund zur Sorge. Warum auch sollte er sich den Kopf über sie zerbrechen? Dachte er denn über seine anderen Angestellten nach? Nein. Also warum über Lacey? Eben.

Hunter erhob sich ruckartig. Sie war nur eine Mitarbeiterin. Die zufällig in seiner Wohnung lebte. Kein Grund, seine eigenen vier Wände zu meiden. Entschlossen verließ er sein Büro, doch während der gesamten Strecke drehten sich seine Gedanken nur um Lacey. Ob sie sich wohlfühlte, was sie den ganzen Tag gemacht hatte, was sie anhatte, wenn er nach Hause kam. Unwillkürlich stahl sich ein leichtes Lächeln auf die Lippen. Irritiert verscheuchte er es. Nur eine Angestellte ... diese drei Worte wurden zu seinem neuen Mantra.

Bullige Wärme empfing ihn, als er den Fahrstuhl verließ. Hunter erstarrte. Normalweise regulierte er die Temperatur in seiner Wohnung über die Klimaanlage auf fünfzehn Grad und kein Grad mehr.

Zu viel Wärme erzeugte Behaglichkeit und das stand ihm nicht zu.

Was war hier los? Funktionierte die Anlage schon wieder nicht? Vor ein paar Monaten war sie bereits einmal ausgefallen. Er würde unverzüglich den Facility Service informieren müssen. Hastig legte er ab und warf das Jackett wegen der sommerlichen Temperaturen von sich und ... stutzte. Musik, aus dem Wohnbereich erklang laute ... Rockmusik. Hunter verzog das Gesicht angesichts dieser schrecklichen Lärmbelästigung. Was zur Hölle ...? Mit raumgreifenden Schritten strebte er in den Wohnbereich und erstarrte – erneut.

Eine schneeweiße Katze starrte ihn aus angriffslustig verengten Augen an, die Ohren angelegt stieß sie ein bedrohliches Knurren aus. Bei allen Göttern ... was war das? Er erstarrte zur Salzsäule und die Katze fauchte. Irritiert zuckte er zurück.

»Felix!« Eine Frau eilte barfuß aus dem Wohnbereich und bückte sich zu dieser Bestie in Mini-Format. Mit seinen aufgestellten Ohren und dem gesträubten Fell wirkte sie, als wäre sie statisch aufgeladen. Lacey pflückte das flauschige Monster von den Fliesen und drückte es an sich. Die Katze knurrte noch kurz, ließ sich dann aber zu einem vorwurfsvollen Maunzen hinreißen. Lacey fuhr ihr – ihm, sie hatte ihn Felix gerufen – über das Köpfchen. Der Kater kniff genüsslich die Augen zusammen und schmiegte sich an ihre Brust. Doch sobald ihre Hand sein Fell in Ruhe ließ, fixierte er ihn aus goldgelben Schlitzen. *Verpiss dich*, spie er ihm förmlich entgegen. Hunter zuckte irritiert zurück.

Das war seine Wohnung und das eine Katze – in seiner Wohnung!

»Warum knurrst du denn, Liebling!« Lacey drehte sich lachend mit Felix um Kreis. Die Drehung erreichte ihn und sie hielt inne. »Oh, hallo, Hunter!« Unsicher lächelte sie ihn an, die Katze fest an die Brust gedrückt. »Hat er dich etwa angeknurrt? Böser Felix, du darfst unseren Gastgeber nicht anknurren, hörst du?« Die Katze drehte den Kopf zur Seite und fixierte Hunter, als wollte er tatsächlich fragen, ob Lacey noch alle Tassen im Schrank hatte. Das sollte ihr Gastgeber sein? Niemals.

Hunter atmete tief durch. »Von einer Katze war niemals die Rede.«

Lacey knuddelte Felix, dass es Hunter eiskalt den Rücken herunterlief. »Das ist keine Katze. Das ist Felix. Der einzige Mann in meinem Leben.« Ihr Blick fiel auf Hunter. Offenbar schien sie sich gerade an ihre Vereinbarung zu erinnern. »Bis auf dich.«

»Ms. Roberts, Sie hätten mir von der Katze«, Lacey warf ihm einen grimmigen Blick zu, »von Felix erzählen müssen. Dann hätte ich ...«

Lacey kniff die Augen zusammen, als wollte sie ihn fragen, ob er seine Entscheidungen von der Existenz einer Katze abhängig machen würde. Hilflos warf er die Arme in die Luft. Nichts hätte er anders gemacht, denn ihm fehlte schlicht die Zeit und Lacey war die Einzige, die in seiner Schuld stand und verrückt genug war, auf sein Angebot einzugehen. »Ach, vergessen Sie es. Ich habe sowieso zutun. Die Klimaanlage spinnt. Hier drinnen ist es unerträglich heiß.« Er tigerte zum

Bedienfeld der Gebäudefunktionen und kontrollierte die Raumtemperatur. Fünfundzwanzig Grad. Gott bewahre!

»Das war ich. Hier drinnen war es eiskalt, als ich ankam. Jetzt ist es schön warm.« Sie trat neben ihn und musterte die Einstellungen, ein zufriedenes Lächeln zur Schau tragend.

»Das waren Sie? Wieso denn das?«

Die Katze reckte den Hals und knurrte ihn sehr leise, aber immer noch bedrohlich genug an. *Lass mein Frauchen in Ruhe.* Hunter dachte nicht daran. »Eine kühle Raumtemperatur ist erstens umweltfreundlich, verhindert, dass man zu lange faul herumliegt, und sorgt dafür, dass der Metabolismus in Schwung kommt. Wenn Sie frieren, ziehen Sie sich gefälligst was an.« Vielsagend blickte er auf ihre Füße – mit rot lackierten Nägeln. Seine Brust zog sich zusammen. Sie wackelte mit ihren schlanken Zehen. Unwillkürlich sprang ihn ein Bild an. Lacey, auf der Couch liegend, ihre Füße auf seinem Schoss. Immer wieder knetete er ihre Fußsohlen, bis sie entspannt den Kopf in den Nacken legte und hingebungsvoll seufzte. Was für ein Bullshit! Sowas würde nie und immer passieren.

Hastig riss sich Hunter von ihren Füßen los und suchte Blickkontakt. Was er lieber gelassen hätte. Funkenflug sprühte ihm entgegen, so dass er das Bedürfnis verspürte, in Deckung zu gehen. Aber er wäre nicht Hunter Harrington, wenn er so leicht klein beigeben würden. »Ich wohne hier auf deinen Wunsch, Hunter, und ich werde nicht frieren. Darüber werde ich nicht mit dir diskutieren. Gib dich damit zufrieden!«

Lacey wirbelte herum und ließ ihn einfach stehen. Mit wiegenden Hüften – Himmel, die Yogahose klebte an ihrem Hintern wie eine zweite Haut und das Top setzte ihre Oberweite und ihren wundervollen geraden muskulösen Rücken perfekt in Szene – wackelte sie in die Küche. »Übrigens habe ich gekocht. Setz dich schon mal.«

Hunter schluckte beklommen. Sie. Hatte. Gekocht. Himmel. Er konnte sich nicht erinnern, wann er das letzte Mal bekocht worden war. Sein normales Abendessen unter der Woche bestand aus einem Proteinshake vor dem Training. Wie sollte er so seine Figur halten? Das Gefühl in seinem Magen gab ihm den Rest. Das Knurren rührte allerdings nicht vom Hunger her. Es war ein ganz anderes Empfinden. Leere, nach Zuneigung lechzende Einsamkeit. Sie hatte für ihn gekocht. Das war mehr, als er ertragen konnte.

Hastig zerrte Hunter an dem Krawattenknoten. Er hatte das Gefühl, keine Luft mehr zu bekommen. Der Schweiß trat ihm auf die Stirn.

»Kommst du?« Lacey warf ihm einen Blick über die Schultern zu und nahm zwei Teller von der Theke. Er konnte nicht einfach zu ihr gehen und mit ihr essen. Das war zu viel. Viel zu viel. Als hätte jemand ein Gummiband zwischen ihm und Lacey gespannt, fühlte er sich auf irrationale Weise zu ihr hingezogen. Er machte bereits einen Schritt in ihre Richtung, als Felix sich demonstrativ vor Lacey niederließ und ihn mit zusammengekniffenen Augen musterte. Hunter starrte die Katze an, dann Lacey. Sie lächelte und zuckte mit den

Schultern, forderte ihn still auf, den Kater zu ignorieren. Doch ihm war, als hätte allein Felix' Existenz ihm klargemacht, dass Lacey Roberts etwas in ihm berührte, das er lange vergessen zu haben glaubte. Und das überforderte ihn.

»Entschuldige, ich habe keinen Hunger.« Hastig wirbelte er auf dem Absatz herum und floh in seinen Fitnessraum. Er musste trainieren, bis er vor Erschöpfung zusammenbrach und jeden Gedanken an Lacey Roberts aus seinem Verstand gescheucht hatte.

Kapitel 6

LACEY

Zärtlich fuhr ich über Felix' Fell. Er schnurrte leise und bearbeitete mein Kopfkissen. Ich lächelte und kuschelte mich noch einen Augenblick in die Kissen. Nur noch fünf Minuten. Eigentlich schlief er nie in meinem Bett. Normal verbannte ich den Kater sogar aus dem Schlafzimmer. Doch der vergangene Tag hatte meinen Vierbeiner schrecklich aufgewühlt und ich konnte ihn unmöglich im Wohnzimmer lassen. Sonst würde er womöglich in irgendeiner Ecke sein Revier markieren. Felix' gestriges Verhalten wies ganz klar auf einen Machtkampf hin. Ich schmunzelte. Es würde spannend werden, welcher Mann die Oberhand behielt.

Mein Wecker klingelte morgens normalerweise gegen sieben, doch wegen der ungewohnten Schlafsituation war ich längst wach. Und das lag nicht an Felix.

Mein Zimmer hatte ich bereits am Nachmittag bezugsfertig vorgefunden. Es befand sich in der oberen Etage, am Ende eines langen Flures, natürlich komplett in Weiß eingerichtet. Lediglich der herrliche Holzboden bildete einen angenehmen Kontrast. Ansonsten sparte Hunter auch hier an Farbe. Was mir jedoch egal war. Dank Matt besaß ich in dieser klinischen Sterilität bunte Decken und Kissen, mit denen ich herrliche Farbakzente setzte.

Hunter tauchte gestern Abend nicht wieder auf, sonst hätte er bereits meine Kuscheldecken mit den bunten, indischen Ornamenten vorgefunden, die ich im Wohnzimmer verteilt hatte. Meinetwegen konnte er das als Übergriff betrachten, aber wenn ich mich wohlfühlen sollte, brauchte ich zumindest einen kleinen Teil meines Krams.

Das Abendessen war für die Tonne. Ich hatte mich tatsächlich darauf gefreut, ihn näher kennenzulernen. Wenn unsere kleine Scharade funktionieren sollte, mussten wir einander vertrauen und nicht diese Einzelgänger-Nummer abziehen. Die Pasta war mein erster Versuch, ein echtes Pärchen aus uns zu machen. Doch er sah mich an, als wäre ich der Leibhaftige. Dabei war er es doch, der mich in seine Komfortzone gezerrt hatte. Die ganze Hochzeitsgeschichte war seine Idee gewesen und jetzt führte er sich auf, als sei ich an allem schuld. Ich ignorierte den Stich in meinem Herzen und stürzte mich für den Rest des Abends in Recherchearbeiten.

Felix stellte das Schnurren ein und sah mich aufmerksam an. »Ich glaube, du hast recht«, entgegnete ich. »Mr. Harrington braucht dringend Nachhilfe in punkto sozialer Kompetenz.«

Eine halbe Stunde später war ich frisch geduscht, angezogen und werkelte in der Küche. Mein falscher

Verlobte tauchte ein paar Minuten nach mir auf. Hunter trug bereits schwarze Hosen und war gerade dabei, die Hemdsärmel zu schließen. Immer wieder entglitt ihm der Knopf. Frustriert schnaubte er auf.

Felix saß auf der Sofalehne und warf mir einen aufmerksamen Blick zu. Gut beobachtet, Kater, dankte ich ihm gedanklich und enterte Hunters Komfortbereich. »Lass mich dir helfen.« Ohne auf seine Antwort zu warten, zog ich sein Handgelenk zu mir, beugte den Arm und schloss den Knopf. Hunter erstarrte. Er hielt sogar den Atem an. Als ob ich ihn irgendwie in Panik versetzt hatte. So ganz konnte ich mir keinen Reim auf sein Verhalten machen. Das war schon sehr seltsam. Wenn ich ihm gefährlich werden würde, konnte er mich einfach überwältigen. Ich war weder so stark noch so groß wie er. Warum verhielt er sich wie ein Löwe, den man in die Enge getrieben hatte? Das ergab überhaupt keinen Sinn.

»Ich kann mich alleine anziehen«, schnarrte er angriffslustig. Ich konterte mit einem Lächeln.

»Ich weiß. Wenn du willst, dass dein Plan funktioniert, solltest du dir von mir helfen lassen.« Ich verfuhr mit dem anderen Manschettenknopf in gleicher Weise und ließ ihn dann einfach stehen. »Ich habe Kaffee gemacht.« Wohlweislich wies ich ihn nicht zusätzlich darauf hin, dass ich mir ein gemeinsames Frühstück von ihm erhoffte, dennoch beobachtete ich aufmerksam seine Reaktion.

»Das sehe ich.« Sein angespannter Blick glitt über Toast, Marmelade, Eier mit Speck und Kaffee. Ich hatte mir wirklich Mühe gegeben. Er starrte einfach nur auf die beiden Teller und sagte nichts. Ich seufzte. Das war wirklich anstrengend.

»Setz dich doch, dann können wir gemeinsam frühstücken.«

Ruckartig trat er einen Schritt zurück. Felix erhob sich alarmiert. »Ich bin spät dran. Wir sehen uns heute Abend.« Und damit floh er aus der Küche. Ich blinzelte irritiert und bewegte mich erst wieder, als das Pling des Aufzugs Hunters Abgang vermeldete.

»Das war … ungeheuerlich.«

Felix verließ seinen Platz und strich mir um die Beine. Leise schnurrend rieb er sein Köpfchen an meiner Wade. Das würde schiefgehen. Definitiv. Entweder Hunter änderte abrupt sein Verhalten oder er konnte seinen Plan getrost in die Tonne klopfen. Ich beschloss, am Abend härtere Geschütze aufzufahren.

»Lacey Roberts, hast du nichts vergessen?«

Ertappt zuckte ich zusammen und zog den Kopf ein. Zu spät, um mich in Soldatenmanier auf den Fußboden zu werfen und unterhalb Michaels Sichtlinie zu meinem Schreibtisch zu robben, oder? »Kaffee?«

Mein Redakteur lehnte mit verschränkten Armen im Rahmen seiner Bürotür und fixierte mich aus zusammengekniffenen Augen. Demonstrativ bewegte er seinen Kopf von links nach rechts. Sein graumeliertes Haar stand in alle Richtungen ab, so als ob er mehrfach hindurchgefahren war. Irgendwann würde er sich noch ein paar Büschel ausreißen, wegen mir.

Einen Versuch, mich davonzustehlen, wagte ich trotzdem. »Ich kann nicht einfach so tun, als ob du mich nicht gesehen hättest, oder?«

Sein stechender Blick tackerte mich an der dreckigblauen Auslegware unseres Großraumbüros fest. »Nope. Zu mir, sofort!« Mit Mittel- und Zeigefinger deutete er auf seine Pupillen, bevor er auf mich zeigte. »Ich beobachte dich, Roberts.«

Ich zog den Kopf ein, machte auf dem Absatz meiner Ballerinas kehrt und trottete hinter ihm her. Michael hielt mir lächelnd die Tür auf, wobei er mich nicht freundlich betrachtete. Eher so, als ob er noch mit sich rang, ob er erst mit mir reden und mir dann den Kopf abreißen sollte, oder später.

»Setzen!« Michael zeigte auf den Besucherstuhl, bevor er seinen Schreibtisch umrundete und sich auf seinen Platz fallen ließ. Er atmete dreimal tief durch und betrachtete mich wie ein Schuldirektor, der einen Verweis erteilen wollte, aber sich noch uneinig darüber war, wie er beginnen sollte. Ich senkte den Blick auf meine Füße und tat so, als ginge mich das alles überhaupt nichts an.

»Fünftausend Dollar, Roberts! In Worten, FÜNFTAUSEND Dollar. Was zur Hölle hast du mit dem Geld gemacht? Warst du in einem Wellnesshotel oder was?« Michael explodierte regelrecht.

»Spesen?«, wagte ich einen irrwitzigen Versuch, meine Ausgaben zu erklären. Natürlich konnte ich Michael nicht sagen, dass ich viertausendneunhundert Dollar in einem illegalen Spielkasino am Pokertisch verzockt hatte und mit weiteren siebzehntausend Dollar in der Kreide bei Hunter Harrington stand.

»Verarsch mich nicht, Roberts. Wofür hast du das Geld ausgeben? Hast du wenigstens ne Quittung?«

Für illegales Glücksspiel? Nein. »Ich kann dir versichern, dass ich an einer großen Story dran bin. An etwas Bahnbrechendem. An einer unglaublichen Sensation. Vertrau mir einfach.«

Michael verschluckte sich beinahe. »Du wirst bald die Sensation sein. Ich sehe die Schlagzeile schon vor mir.« Michael zog eine imaginäre Linie schräg über seinem Kopf. »Junge Journalistin von ihrem Chefredakteur ermordet, weil sie sich weigerte, über ihre Story zu sprechen.«

Ich stöhnte. »Ermittlungen. Ich ermittle, Michael. Und ich kann dir bald eine Enthüllungsstory für die Titelseite vorlegen, die die Auflage deines Käseblattes verzehnfacht!«

Michael fixierte mich. »Käseblatt?«

Ich hustete. »Seriöser Tageszeitung mit gesellschaftspolitischem Anspruch.«

Michael nickte, schien jedoch alles andere als zufrieden. »Und jetzt erzähl es mir. Wofür brauchst du fünftausend Dollar von meinem Spesenkonto?«

Ich zog den Kopf ein. »Für ein Kleid?«

Michael lachte nicht. »Ja, klar. Ich weiß ja, dass ihr Frauen gerne über eure Verhältnisse shoppt, aber das ist lächerlich. Versuch es noch einmal. Aber diesmal mit der Wahrheit.«

Ich seufzte. »Kann ich nicht. Ist geheim.«

»Ich bin dein Chefredakteur, Roberts. Das bedeutet, ich bin gleichzusetzen mit Gott. Du hast keine Geheimnisse vor mir! Ansonsten ...« Vielsagend deutete er auf die Tür.

Ich erstarrte. »Du schmeißst mich raus?«

Michael ließ den Arm sinken und stöhnte. »Nein. Aber wenn du mir nicht die Wahrheit sagst, wirst du vier Monate lang die Klos putzen und wenn ich mich dann mal dazu herablasse und dir Hafterleichterungen gewähre, darfst du über die Erneuerung der Kanalisation in der Melbourne-Street berichten! Aus den Kanälen. Ihr jungen Journalisten wollt doch immer mittendrin sein. Deine Chance!« Augenzwinkernd beugte er sich vor.

»Das wagst du nicht!« Würde er nicht, da war ich mir eigentlich zu einhundert Prozent sicher. Aber Michael hatte eine Laune, die ein wenig an meiner Überzeugung kratzte. »Wirst du nicht?«, schob ich ängstlich hinterher.

»Finde es heraus.« Genüsslich verschränkte er die Arme vor der Brust und lehnte sich in seinem Stuhl zurück.

Ich seufzte. »Okay, aber ... du darfst nicht schimpfen.« Kurz berichtete ich ihm von meinen bisherigen Ermittlungen, die im Kern daraus bestanden, aus mir eine wohlhabende, spielsüchtige Erbin einer Kette florierender Kosmetikstudios zu machen. Ein Teil des Geldes ging in die verdeckte Identität, ein weiterer bestand aus der Anmeldegebühr und ein wenig Taschengeld benötigte ich für das Spiel als solches. Michael lauschte meinem Bericht mit geweiteten Augen. Immer wieder schüttelte er den Kopf, nahm seine Brille ab und reinigte sie an seiner Krawatte.

»Lacey, bist du denn von allen guten Geistern verlassen? Die Gefahr ...« Schockiert starrte er mich an.

»Die Story, Michael, die dahinter steckt, ist riesig. Da tummeln sich unzählige Millionäre. Sie spielen um horrende Summen und ich habe die einmalige Gelegenheit, daran teilzunehmen und deren Identitäten aufzudecken. Außerdem ist es Steuerhinterziehung im großen Stil. Die Stadt wird um ...«

»Das ist mir egal, Kind! Ich bin für dich verantwortlich. Das ist mein Name, der unter den Artikeln steht. Den gebe ich gerne dafür her, aber ich möchte nicht, dass du dich in Gefahr begibst. Mädchen, kannst du überhaupt pokern?«

Ich zuckte mit den Schultern. »Ein wenig.« Dass mich Hunter ausgestochen hatte, war reines Glück. Ich musste nur lernen, noch besser im Betrügen zu werden. Ich machte mir eine geistige Notiz, am Wochenende meinen Vater aufzusuchen und mir ein paar Tricks beibringen zu lassen. Dad tönte noch immer gern damit herum, dass er das Startkapital für das Restaurant an einem Pokertisch gewonnen hatte. Mit der ein oder anderen Hilfestellung, so wie er sich gern ausdrückte. Mom rollte bei seinen Storys immer mit den Augen, aber insgeheim war sie froh darüber, dass er endlich aufgehört hatte und sich voll und ganz auf das Lokal konzentrierte. Michaels Interesse jedoch zeigte mir, dass er Blut geleckt hatte.

»Lacey, ich kann das nicht gutheißen. Das Risiko ist zu groß. Wenn du entdeckt wirst …«

»Wir tragen alle Masken.«

Michael atmete tief durch. »Du bist eine Frau und …«

»Ich bin die einzige Frau am Tisch. Die Kerle sind viel zu sehr damit beschäftigt, mir auf die Titten zu starren.«

Schockiert holte Michael Luft. »Nein, nein, und nochmals nein. Das Risiko ist zu groß. Ich entziehe dir den Fall und … schicke dich zum neuen Einkaufszentrum an der Emeraldstreet. Berichte über die Zoohandlung, die gerade eröffnet. Nimm David mit und schießt ein paar hübsche Bilder von Katzenbabys. Das ist genau das Richtige für dich.«

Fassungslos starrte ich ihn an. »Katzenbabys?«

Geschäftig schob Michael die Unterlagen auf seinem Schreibtisch hin und her. »Die steigern auch die Auflage, sind süß und absolut ungefährlich. Außerdem stehen dir kleine Kätzchen auf dem Arm viel besser als Masken und Abendkleider.«

Ich schnaubte entrüstet. »Ist das dein letztes Wort?«

Michael sah auf. »Definitiv. Halt dich von dem illegalen Glücksspiel fern, sonst putzt du die Klos. Haben wir uns verstanden?«

Widerwillig schob ich das Kinn vor. »Du bist der Boss«, murmelte ich und trottete wie ein angeschossener Soldat vom Schlachtfeld. Doch so leicht würde ich mich nicht geschlagen geben. Immerhin hatte ich Hunter an meiner Seite. Wenn Michael von Hunter wüsste, würde er mich weiter ermitteln lassen, davon war ich überzeugt. Doch da ich meinem Chefredakteur gegenüber, meine ... Nebentätigkeit nicht erwähnen konnte, musste ich wohl oder übel davon ausgehen, dass er sein Einverständnis stillschweigend gab. Jawohl, Michael würde mir zustimmen.

Innerlich grinsend schloss ich die Tür hinter mir und schlenderte gut gelaunt zu meinem Schreibtisch. Das war ja eigentlich ganz gut gelaufen. Die fünftausend Dollar jedenfalls schien er vollkommen vergessen zu haben.

Tilly begrüßte mich mit einem Grinsen und reichte mir einen Pott Kaffee. Dankend nahm ich ihn an und inhalierte den köstlichen Duft.

»Und, wie lief's?«

Ich grinste gutgelaunt. »Bestens. Wirklich bestens.« Jetzt musste ich nur noch die Katzenbabys loswerden.

HUNTER

Er hatte die Situation völlig falsch eingeschätzt. Lacey in seiner Wohnung vorzufinden, überforderte ihn so dermaßen, dass er erneut mit dem Gedanken spielte, vielleicht sogar im Büro zu übernachten. Und dann die Katze! Das Biest führte sich auf, als sei er der Herr im Haus. Doch das war seine Wohnung und er längst nicht mehr der Typ, der sich vor einer Herausforderung drückte. Er ertappte sich erneut dabei, dass er Lacey als seine Angestellte betrachtete. Die ganze Nacht hatte er darüber nachgegrübelt und sich halb besinnungslos trainiert, nur um nicht an ihre Existenz in seiner Wohnung denken zu müssen. Geschlafen hatte er trotzdem kaum. Nicht mal der Alkohol hatte ihn hinreichend betäubt. Am Morgen glaubte er dann, sich einigermaßen im Griff zu haben, und dann stieg ihm dieser köstliche Geruch nach gebratenem Speck und frisch gebrühtem Kaffee in die Nase. Ihm blieb nur eine Möglichkeit: Flucht. Sie wollte mit ihm frühstücken. Mit ihm! Hatte er nicht alles getan, um sie auf ihren Platz zu verweisen. Er war ihr Arbeitgeber. Man machte seinem Boss kein Frühstück!

Sein Arbeitspensum schaffte er unter diesen Umständen überhaupt nicht. Eigentlich hätte er eine Nachtschicht einlegen müssen, doch ihm fehlte die Konzentration. Egal, wie lange er hier herumhockte und Zahlenkolonnen anstarrte, er würde kaum vorankommen, so lange er Lacey nicht klargemacht hatte, wo ihr Platz war. Am Abend kochte Hunter vor Zorn. Er vergaß sogar, dass er ihr eigentlich einen Ring gekauft hatte, den sie am Samstag beim Essen mit der Familie unbedingt tragen musste. Schlussendlich gab er frustriert auf und fuhr nach Hause.

Schon als die Fahrstuhltüren sich öffneten, roch er es. Sie hatte erneut gekocht. Hunter presste die Lider fest aufeinander, warf Mantel und Aktenkoffer von sich und preschte ins Wohnzimmer. »Das muss aufhören, Lacey! Sofort!«, wetterte er, doch als er den festlich gedeckten Esstisch vor der großen Fensterfront sah, erstarrte er. Er entdeckte sie vor der Theke, zwei Champagnergläser in der Hand haltend. Sie trug ein Abendkleid aus sündiger roter Spitze. Ihre dunklen Locken fielen in sanften Wellen über ihre Schultern. Die feurig geschminkten Lippen zogen ihn an wie die Motte das Licht. Ihre obere Gesichtshälfte verdeckte eine Maske aus schwarzer Seide. Dunkel umrahmte Augen funkelten ihn wie zwei Abendsterne am Nachthimmel an. Hunter sog scharf die Luft ein. Lächelnd trat sie auf ihn zu und reichte ihm ein Glas. Wie auf Autopilot nahm er es entgegen.

»Ms. Roberts, Lacey. Was soll das hier werden?«

Sie sah zu ihm auf, reckte leicht das Kinn. Die Locken fielen ihr über die Schulter und entblößten so einen makellos schlanken Hals. Hunters Handinnenfläche kribbelte. Unwillkürlich biss er sich auf die Lippen. Er wollte sie berühren. So sehr. Doch bevor der Drang zu übermächtig wurde, versenkte er die Hand in der Hosentasche. Lacey lächelte wissend. Verdammt, sie hatte ihn erwischt.

»Ein Abendessen.«

»Wir essen nicht zusammen. Wir unterhalten uns nicht. Wir spielen nur Theater. Ich bin Ihr Boss und Sie meine Angestellte, Ms. Roberts. Ich bezahle Sie dafür, hier zu sein. Außerhalb dieser Vereinbarungen sind wir kein Paar. Das bedeutet, wir essen nicht zusammen.«

Lacey schmunzelte und legte ihre Finger um seine Krawatte. Sanft zog sie daran, doch er rührte sich keinen Zentimeter. Ruckartig griff er nach ihrem Handgelenk. Der Zorn wallte erneut in ihm auf. Niemand durfte ihn anfassen. Nicht auf diese verführerische Weise. Selbst wenn er eine Escort buchte, stellte er klare Regeln auf. Ihre Hände blieben bei ihr. Hunter glaubte nicht, dass es überhaupt nötig sein würde, ihr diese Regeln zu erklären, dass sie sich ihm auf diese Weise nähern würde. Hastig wirbelte er sie herum. Sie keuchte auf und starrte ihn an. Feuer brannte in ihren Augen. Die dunkle Maske verstärkte ihren flammenden Blick nur noch mehr. Lacey prallte gegen ihn, ihre flache Hand landete auf seiner Brust. Ihre Nägel durchdrangen sein Hemd, gruben sich in seinen großen Brustmuskel. Ein wohliger Schauer ließ ihn erzittern.

»Fassen Sie mich nicht an, Ms. Roberts«, knurrte er.

Lacey starrte ihn an. Hasserfüllt? Nein, doch er musste sich davon überzeugen. Hastig riss er ihr die Maske vom Gesicht. Sie keuchte erschrocken auf, doch sie wich keinen Zentimeter zurück, noch wandte sie sich ab. Mutig erwiderte sie seinen Blick. Was er sah, verwirrte ihn. Trotz, Angriffslust und ... Leidenschaft? Hunter biss sich unwillkürlich auf die Unterlippe und packte ihren schlanken Hals. Er schloss die Finger um ihre Kehle. Sie musste doch Angst vor ihm haben, oder? Jede Frau fürchtete sich vor ihm, wenn er sie so anfasste, doch Lacey nicht. Ihr Herz raste, er fühlte den erhöhten Puls unter seiner Handfläche. Hunters Augen weiteten sich und dann war der Zorn zurück. Sie musste sich fürchten, sie musste einfach ... Verlangen überwältigte ihn und urplötzlich wusste er, was er tun musste, was ihn die ganze Zeit quälte. Hastig presste er die Lippen auf ihren herrlichen Mund. Lacey keuchte auf und ... leistete Widerstand. Hunter zerrte sie an sich, presste seine Zunge gegen ihre Lippen, doch sie bot ihm die Stirn. Er kämpfte, wollte sie besitzen und urplötzlich gab sie nach. Ungläubig weiteten sich seine Augen, als ihre Lippen sich teilten und er sie in Besitz nehmen konnte. Sie schmeckte herrlich, nachgiebig und weich, warm und anschmiegsam, doch er spürte auch ihr Feuer. Als ob sie sich nur einen winzigen Moment vergessen hatte, riss sie sich von ihm los und verpasste ihm eine brennende Ohrfeige.

Keuchend ließ er von ihr ab und hielt sich die Wange. Sie stand ihm gegenüber, das Haar zerzaust, den mörderischen Blick einer Rachegöttin tragend. Gott, sie war nie schöner gewesen als in diesem Moment. Himmel, wie lange hatten sie sich geküsst? Sie sah aus, als hätte er sich wie ein Wahnsinniger durch ihre Mähne gewühlt. Ihre geschwollenen Lippen umrahmte verschmierter Lippenstift, ihre Wangen glühten und in ihren Augen glomm neben Wut auch eine Leidenschaft, die ihm direkt in die Lenden fuhr. Er hatte es gewusst. Diese Frau würde sein Untergang sein.

Hunter rieb sich die Wange. »Das habe ich wohl verdient. Entschuldige.«

Lacey brauchte mehrere Augenblicke, um ihre Atmung wieder unter Kontrolle zu bekommen. Sie strich sich das Haar glatt und entließ einen langen Luftstrom aus ihren Lungen. »Ein einfaches Nein hätte auch genügt. Du hast gerade deinen eigenen Vertrag verletzt.« Sie verschränkte die Arme vor der Brust und schenkte ihm ein triumphierendes Lächeln.

Hunters Zorn kehrte zurück. Er wusste nicht einmal, wo er gewesen war. Der Vertrag erlaubte keine körperliche Annäherung. Verdammt. So etwas passierte ihm normalerweise nicht. Seine Verträge gestatteten keine Schlupflöcher und er hielt sich an die Bedingungen, als wären sie die zehn Gebote. Zerknirscht rieb er sich den Nacken.

»Ich hätte jedes Recht, den Vertrag mit dir zu lösen, Hunter.« Sie rollte seinen Namen über ihre Lippen, so dass er gar nicht anders konnte, als sie erneut anzustarren. Das feurige Rot zog seinen Blick magisch an.

»Das stimmt. Sie ...« Plötzlich kam es ihm absurd vor, sie noch länger zu siezen. Es fühlte sich vollkommen falsch an, nachdem er sie geküsst hatte und ... sie den Kuss für einen winzigen Moment erwiderte. »Du hast jedes Recht dazu. Wie kann ich dich daran hindern?«

Lacey biss sich auf die Unterlippe. Ihr Blick glitt genüsslich über seinen Körper. Heißes Prickeln folgte dem Streifzug ihrer Augen. »Indem du mir versicherst, dass so etwas nicht wieder vorkommt. Wir hatten eine Vereinbarung.«

Hunter schluckte. Und warum sah sie ihn dann so an, als wollte sie den Kuss nicht nur wiederholen, sondern vertiefen. Er spannte sich an. Lacey legte die Finger um das Revers seines Jacketts und glättete den Stoff sorgfältig über seiner Brust. Hunter wollte sich zurückziehen, doch sie warf ihm einen aufmerksamen Blick zu.

»Ich möchte dir wirklich helfen, Hunter. Eigentlich sollte es mir egal sein, ob du diese Firma bekommst oder nicht.«

»Firmenanteile«, krächzte er.

Lacey rollte mit den Augen. »Egal. Du hast mir geholfen, als ich in der Klemme saß, nun helfe ich dir.«

»Du bekommst eine Million Dollar dafür.«

Sie zuckte mit den Schultern. »Darum geht es nicht. Ich will dir helfen, doch damit diese Scharade funktioniert, müssen wir uns auch wie ein Pärchen verhalten.«

Lacey durchbrach eindeutig seine Grenzen. Sie war zu nah. Er wollte nur noch, dass sie ihn losließ, dass sie den Abstand zwischen ihnen vergrößerte, doch zu seinem Erschrecken stellte er fest, dass er ihre Nähe keineswegs abstoßend fand. Es war eher das Gefühl, das sie in ihm auslöste, einen verborgen Wunsch, sie an sich zu ziehen, sie zu küssen, ihren Körper zu erkunden. Hastig zog er sich zurück. Lacey ließ ihn mit einem Seufzen los. Scheiße, er wusste ja, dass er verkorkst war, aber dass es ihm so schwerfiel, körperliche Nähe zuzulassen, hätte er nicht gedacht.

»Siehst du, was ich meine? Du hast Angst vor mir.«

Hunter schnaubte. »Ein Harrington hat keine Angst.«

Lacey lachte. »Natürlich. Dann beweise es mir. Beweise mir, dass du fähig bist, eine Beziehung zu führen, wenn auch nur zum Schein.«

Hunter gab ein ersticktes Geräusch von sich. »Können wir nicht draußen einfach so tun und hier lässt du mich damit in Ruhe? Immerhin bezahle ich dich dafür, dass ...«

»Es funktioniert.« Lacey lächelte. »Und es wird glaubhaft rüberkommen, wenn du dich darauf einlässt. Aber im Augenblick gehst du nur auf Konfrontation. Du willst dich gar nicht auf mich konzentrieren. Ein echter Verlobter würde das tun. Er würde mich auf Händen tragen, mich verliebt ansehen, und mich ständig anfassen wollen. Solche kleinen Gesten eben. Dein Onkel wird dir die Ehe nicht abkaufen, wenn du nicht voll dabei bist. Und im Augenblick bist du überall, nur nicht bei mir. Warum auch immer.« Forschend musterte sie ihn. Hastig wich Hunter ihrem Blick aus. Lacey war zäh wie ein Glas Erdnussbutter. Doch die Firma seines Vaters ging ihm über alles. Wenn er sie erst einmal besaß, würde es anders werden. Dann gehörte ihm das ganze Vermächtnis seiner Familie.

Er seufzte. »Also gut. Was muss ich tun?«

Lacey streckte die Hand nach ihm aus. Verwirrt starrte er auf ihre Finger. Wollte sie etwa, dass er ...? Genervt wackelte sie mit den Fingerkuppen. Sie wollte, oh, Mann. Widerwillig griff Hunter zu. Sehr zu seinem

Erstaunen fühlte sich ihre Hand warm in seiner Handfläche an, ja geradezu heiß. Ein wohliges Gefühl breitete sich über seinen Arm hinweg nach oben hin aus, erreichte seine Schulter und schließlich sein Herz. Erstaunt weiteten sich seine Augen. Er hatte eigentlich erwartet, dass er sich abgestoßen fühlte, doch nichts dergleichen passierte.

Langsam hob Hunter den Kopf und begegnete Laceys warmem Lächeln. »Na also, geht doch. Und jetzt werden wir essen.«

LACEY

Was stimmte nicht mit diesem Mann? Erst behandelte er mich zwei Tage lang, als bestünde ich aus Luft, nur um mich dann mit den Augen zu verschlingen und mit seinen Lippen zu verspeisen. In Hunters Berührungen steckte ein Hunger, dessen Intensität mich zu überwältigen drohte. Und unter dieser dünnen Schicht Selbstbeherrschung brodelte unverkennbar ein ganzer Vulkan aus heißem, glühendem Zorn. Hunter wirkte, als wäre er auf die ganze Welt wütend – und bei mir wollte er anfangen, seinen Gefühlen freien Lauf zu lassen. Ich wusste nicht, ob ich diesem Supervulkan standhalten würde, wenn ich erst einmal ein wenig von der oberen, eiskalten Schicht abgekratzt hatte. Hunter war wie ein Strom flüssigen Gesteins, an dessen Oberseite eine hauchdünne Schicht erkaltetes Magma schwamm. Und darunter brodelte unvermittelt die glühende Lava. Eine falsche Bewegung genügte und die oberste Schicht brach auf. Ich hatte es gerade am eigenen Leib erfahren. Und seinen wunden Punkt ermittelt. Einen wunden Punkt. Ich ging jede Wette ein, dass da ein ganzer Katalog an Knöpfen zu finden war, wenn ich erst einmal anfing, danach zu suchen. Ich katalogisierte Hunter Harringtons Druckknöpfe. Ein Lächeln konnte ich mir nicht ganz verkneifen. Dabei musste ich wohl auch ein Geräusch von mir gegeben haben, denn mein Gegenüber – respektive mein Beinahe-Verlobter – hob den Kopf und funkelte mich an. Seine Mundwinkel kräuselten sich sacht, als ob ihm gefiel, was er sah. Es war das Kleid, eindeutig. In Jeans und Top schien er kaum auf mich zu reagieren. Oder aber er war noch nicht weichgekocht genug gewesen. Ob er es jetzt war? Keine Ahnung.

Im Prinzip wollte ich Hunter nicht ins Bett bekommen. Ich hatte die Wahrheit gesagt, als ich behauptete, ihm lediglich helfen zu wollen. Mein inneres Ehrgefühl gebot es mir. Und dann war da dieser Mann hinter der Maske. Er versteckte sich, fürchtete sich. Die Frage war nur, wovor? Und schon zuckte meine journalistische Nase. Hunter Harrington war nicht länger ein Geschäftspartner, er wurde zur Story – die ich zwar nie schreiben würde, aber die Hintergründe ermitteln wollte ich trotzdem. Diesen Mann zu verstehen schrieb ich mir gerade auf die Bucket List. Hoffentlich verbrannte ich mir da nicht die Finger.

»Das Essen ist hervorragend. Hast du …«, die persönliche Anrede stockte ihm auf der Zunge. Hunter atmete tief ein, schürzte die Lippen und fuhr dann fort. »Hast du das selbst gekocht?«

Ich lächelte, spießte eine Rosmarinkartoffel auf und deutete auf ihn. »Natürlich. Du hättest schon gestern Abend in den Genuss meines Essens kommen können.«

Hunter verzog das Gesicht. »Du hättest auch etwas bestellen können. Für dich. Ich esse abends selten.«

»Wieso sollte ich bestellen, wenn ich es doch liebe zu kochen. Für andere. Für mich selbst. Hauptsache ich kann mich austoben.«

Hunter lächelte. Und es haute mich regelrecht aus den Latschen. Er setzte nicht dieses herablassende, arrogante Geschäftslächeln auf, was ich bisher bei ihm gesehen hatte, nein, er lächelte mich an, nahm mich wahr und das traf mich mitten ins Herz. Hitze flutete meine Wangen und ich dankte dem einen Geschöpf, das dafür gesorgt hatte, dass ich heute Abend ein vollständiges Make-up trug und nicht den üblichen Casual-Look.

»Es schmeckt sehr gut. Vielen Dank. Woher kannst du so gut kochen?«

Ich schnitt das Steak in feine Streifen. Fleischsaft trat aus und vermischte sich mit den Preiselbeeren. Ich tunkte das Fleisch in die Sauce und spießte es auf. Es war dumm von mir zu glauben, die Verlobte spielen zu können, ohne etwas von mir preiszugeben. Genau deshalb war ich ja hier. Damit seine Vorzeige-Freundin eine glaubhafte und recherchierbare Backgroundstory besaß. Escort-Girls hatten so etwas nicht. Also gut, mir blieb nichts andres übrig, ich musste *all-in* gehen, wie man so schön sagte. Und vielleicht erzählte mir Mr.

Unnahbar dann auch, was ihn so fürchterlich frostig hatte werden lassen.

»Meine Eltern besitzen ein kleines griechisches Restaurant in den Brooklyn Heights. Sie kamen Anfang der 90er in die States. Bevor du fragst, ich bin hier geboren.«

Hunter nickte. »Und sie sind Griechen?«

Ich lachte. »Waschechte Griechen.«

Hunter legte das Besteck beiseite und reinigte seine tadellos sauberen Mundwinkel an der Stoffserviette. »Wie kommst du dann an den Nachnamen Roberts? Der klingt nicht nach Sonne, Olivenöl und Feta.«

»Weil«, ich deutete mit der Gabel auf ihn, was er mit einer gehobenen Augenbraue kommentierte, so dass ich sie wieder sinken ließ. Ich setzte erneut an. »Weil mein Großvater Amerikaner war. Er blieb im zweiten Weltkrieg in Griechenland hängen, heiratete meine Großmutter und bekam meinen Vater.«

»Also irgendwie back to the Roots?«

Ich lachte. »So in etwa. Und wie steht es um deine Eltern?«

Abrupt änderte sich seine Miene. Die Raumtemperatur ließ merklich nach. Aus der entspannten Unterhaltung wurde ein frostiges Belauern. Hups, ich schätzte, ich hatte erneut einen wunden Punkt gefunden. Hunter schürzte die Lippen und stand auf. Seine Anspannung sprang regelrecht auf mich über. Irritiert starrte ich ihn an. Ich spürte, wie er am liebsten davonrennen wollte, doch dann riss er sich zusammen. »Danke für das Abendessen, aber es ist schon spät. Ich denke, ich sollte schlafen gehen.« Mit diesen Worten floh er regelrecht in die obere Etage. Vollkommen verblüfft blinzelte ich ihm hinterher. Okay, er hatte sich zumindest verabschiedet. Ich sollte das als Erfolg verbuchen.

Kapitel 7

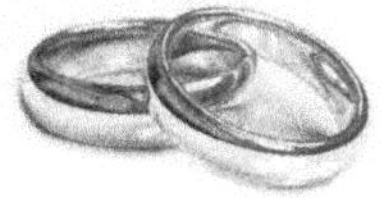

HUNTER

Gegen sechs Uhr morgens gab er auf. Stundenlang wälzte er sich durch die Laken, selbst eine kalte Dusche half nicht. Allein das Wissen, dass im Gästezimmer zwei Türen weiter eine junge Frau schlief, die ihm helfen wollte, einfach weil er ihr geholfen hatte, warf ihn vollkommen aus der Bahn.

Zu Beginn der schlaflosen Nacht glaubte er noch, dass es an dem Kleid lag, dass er mit ihr gegessen hatte, doch dann war ihm klargeworden, dass es zwischen ihnen mehr gab als sexuelle Anziehung. Lacey zeigte Interesse an ihm, an seiner Person, nicht an seinem Geld, nicht seinem Aussehen, nein, sie interessierte sich für ihn – und das hatte schon sehr lange niemand mehr. Es überforderte ihn so sehr, dass er nur noch über sie nachdachte. Sein Handy piepste. Jeden Morgen ließ er sich per Erinnerung die wichtigsten Termine aufs Display schubsen, damit er sich bereits beim ersten Kaffee mit den anstehenden Aufgaben vertraut machen konnte. Doch heute Morgen ploppten nicht nur geschäftliche

Besprechungen und wichtige Telefontermine auf, die er führen musste, o nein. Sein Erinnerungssystem schob ihm auch das für morgen Abend geplante Essen bei Onkel Roger aufs Display. Wunderbar. Vielleicht sollte er Lacey über ihren ersten Auftritt als seine Verlobte in Kenntnis setzen.

Mit dem Gefühl, endlich einen Plan für den heutigen Tag zu haben, verließ er das Bett und ging ins Bad. Sich gedanklich mit dem Essen bei Roger zu beschäftigen war viel einfacher, als seine widersprüchlichen Emotionen Lacey gegenüber erkunden zu wollen. Denn da gab es rein gar nichts. Ihre Vereinbarung war nur geschäftlicher Natur.

Ein paar Minuten später lief er die Treppe hinunter in die Küche. Frischer Kaffeeduft stieg ihm in die Nase, während er noch seine ganze Konzentration brauchte, um seine Hemdknöpfe zu schließen.

»Guten Morgen.« Lacey begrüßte ihn mit einem strahlenden Lächeln. Sie trug ein weites Shirt und kurze Shorts. Ihre Mähne fiel in üppigen Locken über ihre Schulter. Innerlich atmete er tief durch und bereitete sich mental auf die Wirkung dieses verführerischen Anblicks vor. Sie blieb nicht aus. Das fast schon vertraute Ziehen in seinem Magen ließ ihn vor ihr innehalten und sie einfach nur anstarren.

»Guten Morgen.« Seine Stimme klang wie ein frisch geschärftes Reibeisen, über das man einen Betonblock zog. Absolut erbärmlich. Doch er konnte nicht anders, als sie einfach nur anzustarren. Den Arm gehoben, trat sie auf ihn zu und drehte sein Handgelenk so, dass sie den Manschettenknopf schließen konnte. Hunter blinzelte irritiert.

»Das sollte … das war keine …«, stammelte er und wollte ihr seinen Arm entziehen, doch sie hatte den Knopf bereits geschlossen. Lacey lächelte.

»Keine Ursache. Den anderen Knopf, bitte?« Sie bückte sich und angelte nach dem zweiten Arm. Dabei rutschte ihr unwillkürlich das Shirt von der Schulter und entblößte nackte Haut. Hunter schloss die Augen und atmete tief ein. Die Luft durchdrang seine Lungen und füllte sie mit Laceys Geruch. Nach frischer Bettwäsche, Schlaf und einem hauchzarten Blumenduft. Hunter erschauerte. Diese Note hatte er schon gestern wahrgenommen. Nicht als sie vor der Fensterfront gestanden und mit ihm zu Abend essen wollte. Nein, als sie nur Top und Hose trug und die Haare zu einem wilden Vogelnest aufgetürmt ihr Haupt zierten. Sie war eintausend Mal reizvoller, wenn sie nichts trug als dieses … Shirt. Oder wahlweise nackt unter ihm lag.

»So, fertig.« Lacey lächelte zärtlich. Himmel, wie konnte eine Frau so freizügig mit ihrem Lächeln umgehen? Sie bewarf ihn regelrecht damit.

Ruckartig ging Hunter auf Abstand. »Danke«, presste er an dem dicken Kloß der Erregung in seinem Hals vorbei. Sein Herz hämmerte mittlerweile wie ein zu Unrecht eingekerkerter Schwerverbrecher gegen die Innenseite seiner Rippen, die es wie Gitterstangen einpferchten und jedes Gefühl mit einschlossen.

»Gern geschehen. Trinkst du einen Kaffee mit mir?« Sie trat zur Seite und deutete auf zwei mit Speck, Eiern und Toast gefüllte Teller. »Ich wusste nicht, was du magst, also habe ich ein deftiges Frühstück vorbereitet. Wenn du allerdings ein Süßer bist ...« Sie funkelte ihn verführerisch an. Ihr Blick fuhr ihm direkt in die Lenden. Himmel, sie hatte ihn »Süßer« genannt. Hunter schluckte. Er war schon mit vielen Kosenamen betitelt worden, doch keiner war so ... unmännlich gewesen und löste ein derart verwirrendes Bauchgefühl aus. Oh, Mann, er wollte gerne ein Süßer sein. Vorzugsweise IHR Süßer.

»Ein Süßer?«, stammelte er und versuchte damit, über seine Befangenheit hinwegzutäuschen.

»Bevorzugst du Marmelade zum Frühstück?«

»Ähm, nein. Ich frühstücke nicht.« Er warf ihren hübsch angerichteten Tellern einen verzweifelten Blick zu. Aber er wollte. Mit ihr. Nach einer durchvögelten Nacht. Herrgott noch mal! »Ich wollte dir mitteilen, dass wir morgen Abend zu meinem Onkel zum Dinner eingeladen sind.« Anstandslos ging er zur Tagesordnung über. An Terminen konnte er sich entlanghangeln ohne sich von Herzchentoast – hatte sie etwa Toastscheiben ausgeschnitten und die Eier darin gebacken? – ablenken zu lassen. Wollte sie ihn verführen? Lacey schmunzelte, als sie seinen schockierten Blick bemerkte.

»Unser erster Auftritt als Paar.« Sie näherte sich ihm wie eine Raubkatze und legte ihre schlanken Finger auf seinen Unterarm. Hunter zuckte unwillkürlich zurück. Genervt rollte sie mit den Augen. »Du musst das abstellen.«

Hunter atmete tief ein. »Ich weiß. Ich bin es nur nicht gewohnt, so vertraulich berührt zu werden.«

»Dein Onkel wird deinen Betrugsversuch bemerken, wenn er nur halb so aufmerksam ist, wie du gesagt hast. Wir müssen als Paar funktionieren und das bedeutet, dass du nicht einfach nur neben mir stehen kannst. Du musst deinen Arm um mich legen, mich an dich ziehen und Berührungen zulassen.«

Hunter schluckte. »Ich weiß.«

»Gut, dann sollten wir das üben.« Lacey näherte sich ihm noch mehr, bis sie ganz dicht vor ihm stand und ihre Brüste gegen sein gestärktes Hemd drückten. Hunter versteifte sich. »Entspann dich.« Lacey lächelte und streichelte seinen Arm. Unwillkürlich verkrampfte er sich noch mehr. Am liebsten wollte er zurückweichen, doch sie hatte recht. Wenn sein Plan funktionieren sollte, musste er sich wie ihr Freund benehmen. »Okay. Was soll ich tun?«

Lacey zuckte mit den Schultern, was seine Aufmerksamkeit wieder auf ihre entblößte Haut lenkte. »Sei spontan. Was würde mein Freund in diesem Moment tun?«

Hunter atmete tief ein. Ihr Atem strich über seinen Kiefer und er ließ los, gab ein wenig der allgegenwärtigen Anspannung nach. Einer Eingebung folgend löste er die Verschränkung seiner Arme, hob die Hand und strich über ihre Schulter. Nun war es an Lacey, die erstarrte. Hunter schmunzelte. Das gefiel ihm. Er beschloss, noch einen Schritt weiterzugehen.

»Nicht zusammenzucken«, murmelte er. »Deine Worte. Ich glaube, du musst auch noch ein wenig üben.« Seine Finger tänzelten über ihre Schultern, strichen sacht über ihren Hals. Lacey schloss die Augen und legte den Kopf zur Seite. Die Versuchung war da, sie zog und zerrte an ihm. Normalerweise hätte er es hier und jetzt beendet, doch Lacey hatte recht. Wenn es echt wirken sollte, musste er das tun, was ein echter Freund machen würde. Und der hörte nicht auf. Hunter liebkoste ihren schlanken Hals, strich über ihre Haut und umfuhr ihre starke Kinnpartie. Lacey besaß ein ausnehmend schönes herzförmiges Gesicht mit einer deutlichen Linie, die gerade dazu einlud, berührt zu werden. Hunter umfasste ihr Kinn und bog ihren Kopf zurück. Ihre vollen Lippen öffneten sich leicht. Sanfter Atem strich liebkosend über seinen Bartschatten. Dies wäre der perfekte Moment, ihr einen Kuss zu geben. Unwillkürlich grub er die Zähne in die Unterlippe.

»Lacey?«, hauchte er leise. Ihre Lider flatterten.

»Ja?«

»Ist das richtig so?«

Sie stöhnte leise. »Ja. Du bist ein Naturtalent.«

Hunter lächelte. »Und nun?«

Lacey hob den Kopf und kehrte zurück. Sie schien weit weg gewesen zu sein. Wegen dem, was er getan hatte? Oh. Hunter ließ sie los und trat einen Schritt zurück.

»Frühstück, wir beide. Pärchen tun so etwas.«

»Aber ...«

»Keine Widerrede. Meinetwegen trink nur einen Kaffee, um deinem Astralkörper nicht zu viele Kohlenhydrate zuzuführen, aber ich brauche was Vernünftiges zwischen die Zähne.« Sie drehte ihm ihre

Kehrseite zu und kletterte umständlich auf den Barhocker. Hunter beobachtete sie und kam nicht umhin, sich etwas Besseres zwischen ihren Zähnen vorzustellen als Eier und Speck. Himmel! Er war verloren. Aber sowas von.

Aufmunternd klopfte Lacey auf den Sitz neben sich, nachdem sie endlich den Mount Barhocker erklommen hatte. Hunter gab sich einen Ruck und ließ sich breitbeinig neben ihr nieder. Grinsend schob sie ihm eine Gabel zu.

»Iss. Und es wäre klasse, wenn du heute Abend etwas früher heimkommen könntest.«

Argwöhnisch musterte er den Speck. Das war eine Menge Fett. »Wieso?«

»Weil ich unsere Beziehung auf eine neue Ebene heben möchte?«

Hunter hob den Kopf. »Die da wäre?«

Lacey grinste. »Lass dich überraschen ... Liebling.«

LACEY

Ich war unglaublich froh, als ich an diesem Abend den Fahrstuhl auf Hunters Etage verließ. Michael ließ es nicht mit den Katzenbabys auf sich beruhen, er grub tatsächlich noch drei weitere winzige Storys aus, zu denen ich jeweils einen kurzen Artikel nach Anwohnerbefragung schreiben musste. Und das am besten bis vorgestern, nur um mir dann mitzuteilen, dass die Artikel im Laufe der nächsten Woche erscheinen würden. Herrje, es schien ihm fast eine perfide Freude zu bereiten, mich so beschäftigt zu halten, dass ich keine

Chance bekam, an der Poker-Story zu recherchieren. Ich versuchte aktuell, die Wirren der städtischen Baubehörde zu verstehen. Das asiatische Restaurant, und damit auch die dahinterliegenden Gebäudeteile, wechselten öfter den Besitzer, obwohl der Inhaber immer der gleiche blieb. Ich dachte, dass ich über die Baubehörde an den aktuellen Besitzer kam, doch niemand war bereit, mir Auskünfte zu erteilen. Ich könnte natürlich Mr. Yang direkt fragen, aber das war selbst für mich zu heikel. Zumal er mich kannte – oder zumindest mich in Abendkleid und Maske bereits kennengelernt hatte. Ich konnte da nicht als neugierige Journalistin auftauchen. Kurzum, mir blieb nur eine Möglichkeit, an weitere Informationen zu kommen: Ich musste noch einmal mitpokern. Und meine Eintrittskarte würde in ein paar Stunden erscheinen. Wenn er denn pünktlich war.

Während ich mir den Kopf über die Besitzer des Gebäudes zerbrach, bereitete ich ein großes Blech Pizza vor. Stilecht hätte ich natürlich Pizza bestellen müssen, aber das widersprach meiner Ehre als Tochter griechischer Restaurantbesitzer. Restaurant ... mhh. Ich könnte tatsächlich dort auftauchen und mich im Namen meiner Eltern erkundigen. Aber dann zöge ich sie mit in diesen Fall hinein und das kam überhaupt nicht in Frage. Am Ende steckten Yakuza oder eine der Cosa Nostra Familien hinter dem illegalen Glücksspiel.

»Autsch!« Hastig ließ ich den Topfhandschuh los, schob ihn mir richtig auf die Hand und griff erneut nach dem Pizzablech. Ganz genau. Ich würde mir gehörig die

Finger verbrennen, sollte ich zu tief in diesem Nest herumstochern. War ich bereit, dieses Risiko einzugehen?

Ich hob die Pizza auf die steinerne Arbeitsplatte und schloss den Herd. Ein Schritt nach dem anderen. Zunächst sollte ich herausfinden, wer an dem illegalen Glücksspiel teilnahm, ein paar Fotos machen und einen Leitartikel schreiben. Und heute Abend erledigte ich einen weiteren Punkt auf meiner To-Do-Liste: Indem ich Hunter zu einem perfekten Fake-Freund in den Augen seines Onkels machte, war er im Gegenzug bereit, mich diesmal als seine Begleitung an den Pokertisch zu holen. Ich würde nicht spielen müssen und konnte mich so auf die Teilnehmer konzentrieren, mir Merkmale einprägen und sie später identifizieren. Das allein reichte möglicherweise schon für einen Artikel und scheuchte die Veranstalter auf. Der Artikel war so harmlos, dass er Michaels Sicherheitsbedürfnis nachkommen würde.

Nachdem ich das Popcorn in der Mikrowelle platziert und das Bier aus dem Kühlschrank geholt hatte, warf ich mich in Schale. Ich kicherte zufrieden vor mich hin und schlüpfte in Jogginghose und Top. Für Hunter hatte ich selbstverständlich Partneroutfit besorgt. Er würde es hassen.

Pünktlich auf die Minute kündigte der Fahrstuhl die Ankunft meines Verlobten an. Und ich hockte mich auf die Lehne der Sofalandschaft und wartete geduldig ab, bis er um die Ecke bog. Wie üblich ließ er den dunklen Mantel im Foyer und erschien in exakt dem gleichen, knitterfreien Aufzug wie heute Morgen. Als hätte er sich im Büro nicht einen Zentimeter bewegt. Der Anzug saß wie angegossen, das dunkle Haar akkurat gestylt wie eh und je. Vielleicht zog er vor dem Verlassen des Aufzugs noch mal den Scheitel nach. Ich schüttelte mich ob der so dermaßen zur Schau gestellten Perfektion. Hunter Harrington war die lebende Verkörperung seiner Wohnung. Kühl, distanziert und auf Hochglanz poliert. Ich dagegen stand sinnbildlich für das Chaos mit meinem wirren Haar, dem Schlabberlook und dem von mir so heiß geliebten Fast Food. Ich ging jede Wette ein, dass Hunter noch nie in seinem Leben so etwas Fettiges und mit Kohlenhydraten überladenes wie Pizza gegessen hatte. Mit Salami, extra viel Käse und Peperoni. Ich liebte es scharf.

Als Hunter um die Ecke in den Wohnbereich bog, kräuselte sich seine Nase. »Mh, die ganze Wohnung riecht.« Uh, vielleicht hatte ich mich in ihm ja getäuscht und er war doch zu so etwas wie Freitag Abenden fähig. »Was ist das?« Sein Blick traf mich, lauernd, mit einer Spur Neugierde durchsetzt. Gut, er schien zumindest nicht schlechter drauf zu sein als heute Morgen.

»Unser Abendprogramm für die optimale Pärchenbildung.« Ich grinste. Hunters Augenbraue wanderte fragend nach oben. Ehrlich, ich hatte so eine agile, vielsagende Augenbraue erst bei einer Person gesehen, und die war kein Mensch. Besser gesagt, der Schauspieler schon, die Figur hingegen stammte von Vulkan. Sei es drum, heute Abend ging es um Star Wars, nicht Star Trek.

»Das da wäre?« Amüsiert funkelte er mich an und baute sich vor mir auf, so nah, dass ich sein herbes Aftershave roch. Hatte er sich etwa im Büro noch mal im Duftwässerchen gewälzt? Genau so gut roch er jedenfalls. Ich zupfte an einem Hemdknopf in Bauchhöhe.

»Nicht in diesem Aufzug. Ich habe dir etwas Passendes herausgesucht. Partnerlook.« Ich grinste fies.

Hunters Miene sackte in sich zusammen. Sein Blick glitt über mein Outfit. »Ich soll ein Top tragen?«

Ich kicherte und platzierte meine Hand auf Hunters Bauch. Himmel, der war so hart wie die Granitarbeitsplatte. Was trug er da drunter? Ein Exoskelett aus Hartplastik? Und diesem Körper wollte ich wirklich Pizza zuführen? Ja, definitiv. »Das würde dir herrlich stehen und ich käme endlich mal in den Genuss dieses ... Körpers ohne den feinen Zwirn.« Hastig wich Hunter einen Schritt zurück.

»Du willst ... was?« Der Schock stand ihm regelrecht ins Gesicht geschrieben. Innerlich verdrehte ich die Augen. Natürlich wollte ich ihn nackt sehen, und zwar seit der ersten Stunde. Welche Frau genoss nicht einen hübsch anzusehenden Mann, der sie heiraten wollte? Eben.

»Keine Panik. Ich will nur, dass du dir etwas Bequemeres anziehst.« Ich griff neben mich und nahm den Kleidungsstapel von der Couchlehne. Schlichte, graue Baumwolle mit einem Aufdruck der Yankees. »Hier, zieh das an.«

Hunter nahm das Päckchen entgegen, als handelte es sich um einen scharfen Nuklearsprengkopf. »Was ist das?«

Mir lag die passende Erwiderung bereits auf der Zunge. Wenn du es anziehst, siehst du aus wie Prince. Aber ich widerstand dem Drang und versuchte, möglichst nicht allzu amüsiert zu klingen. »Ein Jogginganzug. Das ziehen normale Menschen an, wenn sie es sich gemütlich machen wollen. Mit ihrem Partner.«

Hunter starrte erst das Paket, dann mich an. »Du willst es dir mit mir gemütlich machen?«

»Jup, Pizza essen und einen Film gucken.« Ich deutete auf den Couchtisch, den ich bereits mit einer Tonne Köstlichkeiten überladen hatte. Neben der Peperoni-Salami-Pizza mit Käserand türmte sich eine vier Liter Schüssel frisches Popcorn, ein Sixpack Corona und für mich ein Prosecco. Alles, was man für einen perfekten Abend zu zweit brauchte.

»Das willst du alles essen?«

»Wir, so viel wir möchten. Los, zieh dich um, ich bin am Verhungern.« Ich wollte Hunter mit einer Bewegung die Treppen hinaufscheuchen, doch er bewegte sich nicht von der Stelle.

»Deal. Ich setze mich mit dir auf die Couch, esse ein wenig von diesem ... Zeug, aber den Anzug behalte ich an.«

Ich neigte den Kopf zur Seite. »Wieso? Der sieht total unbequem aus.« Ich streckte mich, um an seinem Jackett herumzuzupfen, doch Hunter wich mir geschickt aus. Mit einem Grinsen in den Mundwinkeln. Fasziniert starrte ich ihn an. Er grinste. Tatsächlich. Okay, er schien seinen Spaß auch im Anzug haben zu können. Daher gab ich nach und deutete stattdessen auf die blank polierten schwarzen Schuhe. »Aber die müssen runter!«

»Abgemacht.«

Fünf Minuten später saß Hunter Harrington neben mir auf der Couch, so steif als hätte er einen Stock im Kreuz. Ich zog die Beine hoch und lehnte mich an die Rückenpolster. Mit der flachen Hand drückte ich gegen seine Schultern. »Anlehnen. Die Couch hält das aus. Vertrau mir.«

Hunter warf mir einen Blick zu. »Hälst du mich für bescheuert? Ich weiß sehr wohl, was das Sofa aushält. Schließlich habe ich es auch ausgesucht.«

Ich warf einen verzweifelten Blick gen Zimmerdecke. »Warum tust du es dann nicht?«

»Weil ...«, Hunter räusperte sich, »das hier total ungewohnt ist.«

»Ja, wär es mir auch. Im Anzug.«

Hunter wollte etwas erwidern, doch dann gab er ein leidvolles Seufzen von sich und lehnte sich tatsächlich zurück. Zufrieden kaute ich auf meiner Unterlippe herum.

»Na geht doch. Aber irgendwas fehlt noch ...« Ich legte den Finger an die Lippen und ließ meinen Blick über seine aufgestellten Beine schweifen. »Leg die Beine hoch. Du siehst noch total verkrampft aus.«

»Weil du nur an mir herumnörgelst.«

»Willst du jetzt das Pärchending glaubhaft durchziehen oder nicht?«

Hunter schnaubte angefressen und hob die Beine auf die Couch, so dass er sie seitlich auf der Ottomane ausstreckte. »Nun zufrieden?«

Ich nickte. Nun konnten wir essen. Ich griff nach der Pizza und zog ein Stück aus dem Rund heraus, legte es auf einen Teller und reichte es ihm. »Bitte.« Hunter schluckte beklommen. Ihm schien die Situation mehr als unangenehm zu sein.

»Wir essen nicht am Tisch?«

Ich schüttelte energisch den Kopf, nahm mir selbst ein Stück Pizza, zog die Beine unter den Hintern und lehnte mich seitlich an ihn. »Wir essen auf der Couch. Deswegen solltest du dich ja umziehen. Weil feine Anzüge und Fernsehabende nicht zusammen passen.«

»Wir machen einen Fernsehabend.« Hunter blickte unglücklich zu seinem monströsen Flachbildschirm. »Ich glaube, der Fernseher war noch nie in Betrieb.«

Ich kicherte und sah mich suchend nach der Fernbedienung um. »Doch, war er. Heute Nachmittag. Ich habe ihn ausprobiert. Wo ist nur die Fernbedienung.« Dann fiel es mir wieder ein. Während ich die Pizza vorbereitete, ließ ich im Hintergrund eine Playlist via Youtube ablaufen. Hunter besaß ein unglaubliches Soundsystem. Könnte sein, dass sich morgen ein paar Nachbarn beschwerten. Aber das war mir relativ egal. Ich liebte es, zu kochen und laut Musik zu hören. Dabei war ich ziemlich enthusiastisch über die Couch gefegt und hatte die Fernbedienung wohl bei meinen Tanzversuchen in die Ritze befördert. »Warte ...« Ich stellte meinen Teller zurück auf den Tisch und wühlte mich durch die Ritzen. Ziemlich erfolglos, blieb nur noch die Stelle, wo Hunter saß. Argwöhnisch blinzelte ich ihn an.

»Was?« Er hob gerade das Pizzastück an und wollte genussvoll hineinbeißen.

»Ich störe dich ja nur ungern beim Essen, aber ... ich fürchte, du sitzt auf der Fernbedienung.« Hunters Augen weiteten sich.

»Tue ich gar nicht.« Unverrichteter Dinge ließ er das Essen wieder sinken. Mein lauernder Blick machte ihn sichtlich nervös. »Lacey ... denk nicht mal dran.«

Ein Grinsen bevölkerte meine Mundwinkel. »Zu spät«, erwiderte ich und schob meine Finger unter seinen Hintern. Hunter schoss wie von der Tarantel gestochen hoch. Besser gesagt, er versuchte, meinen suchenden Fingern zu entkommen, indem er den Hintern hob, doch er war nicht schnell genug, so dass ich unter seinen Pobacken durch die Ritzen wühlte. Ich kicherte amüsiert, während er versuchte, sich meinen Fingern zu entziehen.

»Bist du irre?«, ächzte er, klammerte sich an die Lehne und versuchte dabei, irgendwie sein Abendessen zu retten. Schließlich fand ich die Fernbedienung. Sie klemmte in der Ritze hinter seinem Rücken. Erfreut ließ ich mich zurücksinken und betrachtete glücklich meinen Fund. »Da ist sie ja.«

Hunter sank zurück auf die Polster. »Das war vollkommen unnötig. Du hättest mich bitten können aufzustehen. Dann wäre mir diese artistische Einlage erspart gelieben.«

Ich hob den Kopf. »Wo wäre dann da der Spaß?«

Hunter schüttelte den Kopf. »Du bist unmöglich.« Doch seine gekräuselten Mundwinkel verrieten ihn. Er war gar nicht so angefressen, wie er tat. In Wahrheit schien er sogar ziemlich Spaß zu haben. Ich beschloss, ihn nicht damit aufzuziehen, plumpste zurück auf meinen Platz, nahm meine Pizza und zielte mit dem Controller auf den Siebzig-Zoll-Bildschirm.

»Lasset die Spiele beginnen!«

Kapitel 8

HUNTER

Hunter Harrington konnte sich nicht erinnern, wann er je so viel Spaß gehabt hatte. Für ihn gab es nicht viele Definitionen von Vergnügen. Die Ergebnisse einer erfolgreich durchgeführten Marketingkampagne genüsslich zu betrachten, Zahlenkolonnen in all ihrer Perfektion über den Bildschirm rasen zu sehen oder die Einnahmenüberschusstabellen der unzähligen Tochterfirmen, die er alle unter dem Dachkonzern seiner Familie vereinte, kamen seiner Vorstellung von Zufriedenheit ziemlich nahe. Essen hätte er damit nie in Verbindung gebracht. Mahlzeiten gehörten für ihn in die Kategorie simpler Nahrungsaufnahme. Sein Körper brauchte Kalorien, um zu funktionieren. Also führte er ihm welche zu. Gemeinsames Essen mit Geschäftspartnern und der Familie stufte er als soziale Komponente in seinem Leben ein. Vielleicht umgarnte er eine Frau mit einem teuren Abendessen, mit dem Ziel, sie ins Bett zu kriegen. Aber niemals wäre er auf die Idee gekommen, auf der Couch zu essen, noch dazu beim Fernsehen. Pizza gehörte ganz und gar nicht auf seinen durchgestylten

Ernährungsplan, der von seinem Personal-Trainer auf Höchstleistungen optimiert war. Pizza kam gleich nach dem Antichrist.

Doch mit Lacey auf der Couch zu liegen, war irgendwie ... verwirrend. Nachdem sie einen Film – irgendetwas mit monströsen Weltraumschlachten aus den 80ern – ausgesucht und dabei Pizza gegessen hatten, reichte sie ihm ein Bier und kuschelte sich an seine Seite.

»Leg den Arm hinter mich«, forderte sie mit ihrem verführerischen Lächeln und lehnte sich dann an ihn. Hunter musste sich ziemlich anstrengen, seine Hand nicht auf ihre Hüfte fallen zu lassen. Gerade körperliche Intimitäten wollte er doch vermeiden, andererseits wusste er genauso sehr wie Lacey, dass ihr Zusammensein unweigerlich darauf hinauslaufen musste. Sonst würde Onkel Roger ihnen die Beziehung nicht abkaufen. Hunter presste seine Faust in die Polster. Wie sollte er diesem verführerischen Ding nur widerstehen, wenn sie sich um ihn wickelte wie eine zweite Haut.

Lacey bekam von seinem Zwiespalt natürlich nichts mit. Der Film zog sie vollkommen in seinen Bann. Unaufhörlich plapperte sie über Details und gab Hintergrundinformationen zum Besten, als hätte sie ein ganzes Kompendium über moderne Kinogeschichte verschluckt. Hunter registrierte die Schwere des fettigen Essens in seinem Magen. Kohlenhydrate machten ihn schrecklich müde. Dazu Laceys herrlicher Geruch und ihre Stimme, die einen Kokon aus ihm vollkommen unbekannten Gefühlen wob. Träge ließ er seinen Arm auf ihre Hüfte sinken und begann, kleine Kreise auf den Stoff zu malen. Die Bewegung lullte ihn ein. Genüsslich breitete er die Handfläche aus und knetete zärtlich ihr Fleisch.

Lacey schmiegte sich an ihn. Eine Hand fand ihren Weg über seinen Bauch und streichelte sein Sixpack. Sie hielt inne, klammerte sich oberhalb seiner Gürtelschnalle in sein Hemd. Hunter lehnte den Kopf gegen die Polster und schloss die Augen. Seine Hand hielt ihren Po, ihr Gewicht beschwerte seinen Körper. Dieser eine Augenblick fühlte sich absolut perfekt an. Doch weder seine Wohnung noch sein Körper trugen dazu bei. Es lag nur an der Frau in seinen Armen, der Geborgenheit, die sei ausstrahlte. Scheiße.

Hunter öffnete abrupt seine Augen. Ihre Finger tasteten sich durch den Stoff seines Hemdes, erkundeten zögerlich seinen Bauch. Hunter sog scharf die Luft ein. Heißes Kribbeln löste sich von ihren Fingerkuppen, als würde sie mit jeder Berührung sanfte Stromstöße in seinen Körper schicken. Er stöhnte leise und Lacey hob den Kopf, verhakte sich in seinem Blick, ohne von ihm abzulassen. Hunter schluckte. Sie sollten das hier nicht tun, aber er wollte wissen, wie weit sie gehen würde. Ohne wirklich zu wissen, warum es ihn so brennend interessierte, grub er die Finger in ihr Fleisch. Lacey schloss die Augen und schob ein leises Zischen durch ihre Zähne. Hunters Mundwinkel kräuselten sich. Es gefiel ihr, verdammt noch mal. Sie mochte, wie er sie berührte.

Laceys Fingernägel krallten sich durch die Seide in seine Haut. Hunter atmete scharf ein, doch er hielt den Blick auf ihre leicht gewölbte Unterlippe gerichtet. Sanft leckte ihre Zunge über die volle Wölbung. Hunters Herzschlag beschleunigte sich. Sein Puls hämmerte spürbar gegen seine Schläfe. Hastig griff er mit der freien Hand nach ihrem Hals, legte Daumen und Zeigefinger so um Laceys Kehle, dass sie zwar noch atmen, aber nicht zurückweichen konnte. Erschrocken öffnete sie die Augen, die Nägel gruben sich tief in sein Fleisch, doch Hunter ignorierte den scharfen Schmerz. Er wollte sie, so sehr, dass ihn die Konsequenzen im Augenblick kaltließen. Seine Augen tasteten über ihre zarten Lippen, ihren vor Schreck leicht geöffneten Mund, die einladend geteilten Lippen, die vom Prosecco geröteten Wangen. Sie hatten bei Weitem nicht genug getrunken, um ihr Verhalten auf den Alkohol schieben zu können.

Verlangen beschwerte Hunters Atmung. Der Drang, den Abstand zwischen ihnen zu verkürzen, überwältigte ihn. Nur ein Kuss, eine kurze Kostprobe dieser herrlich feuchten Lippen. Laceys Zungenspitze wagte einen knappen Blick und schon erfasste ihn eine Welle purer Begierde. Einem Tsunami gleich wurde er vorwärtsgeschoben und prallte heftig gegen ihre Lippen. Seine Zunge drängte sich gewaltsam zwischen ihre Lippen und er schob sich in ihren Mund, als würde er sie im Sturm nehmen. Einer Naturgewalt gleich küsste er sie, überwältigte er sie.

Lacey widerstand seinem ersten Kuss, doch dem zweiten Ansturm unterlag ihre Verteidigung. Sie konnte nur mit den Wellen seiner Lust schwimmen oder untergehen. Eine tiefe Dankbarkeit überkam ihn, als sie seinen Kuss erwiderte. Hunter packte ihren Hintern, zog sie unter sich und drängte sich über sie, bis sie auf dem Rücken lag und sich bereitwillig ausstreckte. Laceys Beine lehnten gegen die Polster, ihre Arme umfingen ihn, während ihre Lippen verzweifelt darum rangen, die sich in ihm aufgestaute Lust zu befriedigen. Doch es war nicht genug. Er wollte mehr. Hunter wollte alles – wie immer.

Seine Lippen lösten sich von den ihren und begannen einen lustvollen Streifzug über ihren Hals. Hunters Finger gruben sich in ihr Haar, bogen ihren Kopf nach hinten, bot ihm noch mehr Haut für seine Lippen dar. Das Top, fand er, war eine herrliche Kleiderwahl. Hastig schob er einen Träger zur Seite und setzte kleine Bisse auf ihre Schulter. Lacey seufzte entzückt und wackelte mit dem Arm. So viel herrlich duftende Haut. Er rieb seine Nase an ihrer Achsel und schob den Stoff weiter herunter. Kurz bevor er ihre Brust freilegte, spannte sie sich an. Automatisch hob er den Kopf und suchte ihren Blick – und plötzlich war der Moment vorüber. Die Realität holte sie mit der Wucht eines Kübels Eiswasser ein.

Hastig richtete Hunter sich auf. Was war nur los mit ihm? Wie ein wildes Tier war er über sie hergefallen, als hätte er sämtliche Benimmregeln vergessen, die er während seiner Internatszeit tagein, tagaus zu hören bekommen hatte. Unwillkürlich zog er die Knie an, legte die Stirn darauf und verschränkte die Finger im Nacken.

»Oh, Gott, Lacey, es tut mir leid … so leid …«, murmelte er erstickt. Das war ihm noch nie passiert. Natürlich hatte er Sex, manchmal, wenn es sein Terminkalender zuließ. Dann bestellte er sich eine Frau, absolvierte Sex nach Standardschema in der Missionarsstellung und machte einen Haken an die Angelegenheit, genau so, wie er ein Meeting abhandeln würde. Das hier mit Lacey war so nicht geplant gewesen. Seine Gefühle hatten ihn übermannt und dann war er über sie hergefallen … erneut. Hunter presste die Lider aufeinander. Schon wieder. Es war diese verdammte Situation, die ihn so aus der Bahn warf. Er machte keine Fernsehabende. Das führte nur dazu, dass er die Beherrschung verlor und den Vertrag brach.

»Hey, es ist okay.« Laceys Atem strich über seine Wange und erneut flammte die Lust in ihm auf. Unwillkürlich hob er den Blick und linste an seinem Arm vorbei. Ihre ungeschminkten Lippen glänzten feucht, leicht geschwollen von seinen Küssen. Ihre Wangen leuchteten zartrosa und ihre Augen funkelten wie zwei vom Verlangen verdunkelte Diamanten. Ihr Haar war ein einziges Durcheinander, doch seine Fingerspitzen kribbelten erneut. Gott, sie hatte nie schöner ausgesehen. Der Wunsch, sich wieder durch diese Unordnung zu wühlen, zog ihn in ihre Richtung. Der Träger ihres Tops hing ihr über die Schulter und auf ihrer Haut leuchteten seine Abdrücke. Wie die Bisse eines Tieres.

Die Lust verpuffte. Zurück blieb brennende Scham. »Nichts ist in Ordnung.« Hastig kletterte er von den

Polstern. Er musste den Abstand zwischen ihnen vergrößern, zu ihrer Sicherheit. »Ich habe dich angefallen wie ein tollwütiger Hund. Dich gebissen!« Schockiert deutete er auf ihre gerötete Haut. Angeekelt von sich selbst verzog er das Gesicht.

Lacey zuckte mit den Schultern. »Mir hat es gefallen.« Sie grinste unverschämt. Hunter wurde übel.

»Gefallen?«

»Du bist ein guter Küsser.«

Unwillkürlich weiteten sich seine Augen. »Du bist verrückt. Ich habe dich ...«

»... leidenschaftlich geküsst. Das war unglaublich gut. Damit können wir arbeiten.« Er hörte die Worte aus ihrem Mund, doch er verstand sie nicht.

Hunter keuchte. »Arbeiten?« Er täuschte sich, oder? Sie musste es auch gefühlt haben. Die Leidenschaft, das Knistern, das Prickeln. Sie hatte seine Küsse erwidert, sich lustvoll unter ihm gewunden, ihn begehrt. Oder war das alles nur ein Spiel? Täuschte sie ihm das alles nur vor? War sie so eine hervorragende Schauspielerin? Hunter wich zurück.

»Du wolltest eine Beziehung vortäuschen. Und das tue ich.«

Ihre Worte versetzten ihm einen Schock. Er hatte so etwas noch nie gefühlt, nicht mal annähernd. Die Empfindungen, die Laceys Nähe in ihm auslösten, standen in völligem Gegensatz zu dem, was er sonst beim Sex spürte. Klar, da war Lust und Leidenschaft. Aber sie beschränkte sich in allen seinen sexuellen Begegnungen auf die Befriedigung seiner Bedürfnisse.

Da war nicht mehr, nicht dieses ungeheuerliche Verlangen, das ein Loch in seinen Magen brannte. Und dann sagte ihm diese ... Frau, dass das alles nur vorgetäuscht sein sollte? Unmöglich.

»Ich ...« Verwirrt raufte er sich die Haare. »Ich gehe schlafen«, stammelte er und wich zurück.

»Damit?« Laceys Blick fiel auf seinen Schritt. Hunter wagte nicht, der Richtung, die ihre Augen vorgaben, zu folgen. Nein, er wollte nicht wissen, in welch peinliche Situation er sich gerade manövriert hatte. Eine kalte Dusche sollte helfen.

»Ja, damit«, knurrte er und blies zum Rückzug. Nicht an Blasen denken, nicht ... zu spät. »Und denk an das Abendessen bei Roger morgen«, rief er ihr von der Treppe aus zu. »Abendkleidung. Um sieben fahren wir los.«

LACEY

Ich war doch von allen guten Geistern verlassen. Wie konnte ich Hunter nur so eine beschissene Lüge um die Ohren hauen? Weil wir eine rein geschäftliche Vereinbarung miteinander pflegten. Klar, und deswegen lässt du es auch zu, dass er dich auf der Couch quasi vernascht. Zum Glück hatte ich mich ihm nicht angeboten wie eine läufige Hündin. Nein, ich musste mich dringend zusammenreißen und unsere Beziehung nüchtern betrachten. Es war von essenzieller Bedeutung, dass Hunter mich gern berührte. Und ich musste seine Berührungen genießen, wenn andere zusahen. Da gab es nur ein winziges Problem. Ich täuschte nichts vor. Ich schauspielerte nicht. Ich war nicht einfach nur gut in meiner Rolle, weil ich tief in meinem Inneren wusste, dass jeder Kuss der Wahrheit entsprach. Ich fühlte etwas für diesen Mann und das lag nicht an seinem unglaublich gut gebauten Körper oder seinen fantastischen Küssen. Ich mochte ihn vom ersten Moment an und wollte hinter die kühle Distanziertheit von Hunter Harrington sehen. Ich wollte seine Mauern niederreißen, sein wahres Ich aus dem Kaninchenbau, in den er sich verkrochen hatte, locken. Ich wollte den echten Hunter spüren. In mir. Himmelherrgott noch mal.

Hastig leerte ich den Prosecco und schenkte mir nach. Felix lag neben mir auf der Couch und musterte mich aufmerksam mit seinen goldgelben Katzenaugen. Wenn er mich so ansah, blickte er direkt auf den Grund meiner Seele. Problemlos erkannte er die Ursache meiner verwirrten Gefühle. Und ich erfasste sie auch. Wenn ich mich emotional nicht von Hunter distanzierte, könnte ich mich womöglich in ihn verlieben. Doch das durfte niemals passieren. Wir würden möglicherweise sogar heiraten, alles, was dazu beitrug, seinen Onkel diese ominöse Unterschrift leisten zu lassen. Danach jedoch trennten sich unsere Wege. Ein Für-Immer-und-ewig war nicht vorgesehen in diesem Theaterstück. Diese Geschichte – meine – besaß kein Happy End. Der Gedanke versetzte mir einen tiefen Stich. Wie kam ich nur auf so eine bescheuerte Idee? Zwischen Hunter und mir existierte nicht mehr als eine geschäftliche Verbindung. Jedes romantische Gefühl war hier vollkommen fehl am Platz. Es würde kein *uns* geben. Ende.

Ich füllte mein Glas nach und wollte damit in mein Zimmer gehen, doch dann entschied ich mich um und griff die ganze Flasche. Wenn ich mich schon nicht verlieben durfte, dann würde es einfacher sein, die ganzen Gefühle im Alkohol zu ertränken.

Kapitel 9

HUNTER

»Wie war dein Tag?« Er wollte nicht wissen, wie Lacey ihren Samstag verbracht hatte. Es war ihm schlicht egal. Trotzdem empfand er einen tiefen Stich im Herzen. Als hätte sie das Buttermesser in ihn hineingebohrt. Heute Morgen fehlte von Lacey jede Spur. Kein Frühstück wartete auf ihn. Niemand da, der sich mit ihm stritt oder ihm die Hemdenknöpfe schloss. Nur der Kater. Und ein vorwurfsvoller Blick aus goldgelben Augen. Das Mistvieh setzte sich vor ihm auf die Theke, während er Kaffee zubereitete und ihm den Rücken zuwandte. Als er nur einen kurzen Blick zu dem Vierbeiner riskierte, erhob sich Felix und näherte sich ihm ein paar Zentimeter, bevor er sich wieder niederließ und ihn erneut musterte.

»Was?«, entfuhr es Hunter schließlich. Er drehte sich mit der Kaffeetasse in der Hand um und starrte zurück. Felix maunzte leise und warf einen Blick zu seinem Futternapf. Oh, das Mistvieh hungerte. Gut so, waren sie schon zu zweit. »Willkommen in meiner Welt«, knurrte Hunter und wollte sich mit der Zeitung auf den Balkon verziehen, doch Felix meldete sich erneut zu Wort. Genervt ließ er die Zeitung sinken. Okay, er konnte so tun, als ob er den Kater überhörte, aber andererseits war Felix vollkommen unschuldig. Nicht er war über Lacey hergefallen und dennoch sollte er leiden? Das erschien Hunter unfair. Also stellte er den Kaffee ab und durchforstete unter den forschen Blicken des Katers den Küchenschrank. Felix kam zur Kante der Arbeitsplatte und wippte mit dem Köpfchen.

Hunter ging in die Hocke und durchsuchte die unteren Schränke nach Futter. »Du könntest mir ruhig helfen«, murmelte er dem Kater zu. Felix sprang von der Theke und schlängelte sich um seine Unterschenkel, so dass Hunter das Gleichgewicht verlor und auf seinen Hintern plumpste. Ein Lachen löste sich aus seiner Kehle und als der Kater auch noch auf seinen Schoss kletterte, hielt ihn nichts mehr. Lächelnd fuhr er durch das samtige Fell und genoss die sanften Tritte und das wohlige Schnurren.

»Sie hat uns beide vergessen«, murmelte er und nahm den Kater auf den Arm. »Na komm. Schauen wir mal, wo wir etwas für dich finden.«

Schlussendlich entdeckte er eine Packung Trockenfutter, füllte die Futternäpfe mit den Pellets und frischem Wasser nach und zog sich einen Stuhl neben Felix' Fressplatz. Während er seinen Kaffee schlürfte, beobachtete er die Katze und verspürte eine seltsame Einträchtigkeit. Wo immer Lacey auch sein mochte, die Ereignisse des Vorabends hatten sie offensichtlich ziemlich mitgenommen. Ein unwirkliches Lächeln stahl sich auf Hunters Lippen. Ihm gefiel diese Lacey zu gut.

In der Nacht hatte er einen Entschluss gefasst. Damit der Plan gelang, mussten sie wie ein Pärchen funktionieren. Dass es da eine gewisse Dynamik gab, konnte keiner von ihnen leugnen. Warum diese Anziehungskraft nicht ausnutzen? Wenn er schon seine Finger nicht von ihr lassen konnte? Wieso sollte er es dann überhaupt versuchen? Sie wollte Theater spielen? Das konnte er. Und sie würde es ziemlich durcheinanderbringen. Genau das wollte Hunter. Er wollte diese beherrschte Lacey, die ihm erklärte, dass das alles nur Show war, nicht sehen. Er wollte ihr zeigen, dass da mehr war. Dass es echt war. Und wenn er sie dann einmal gehabt hatte, würde sein Hunger nach ihr endlich gestillt sein und er konnte – nachdem Roger die Verträge unterschrieben hatte – wieder zum Tagesgeschäft übergehen. Ihm gefiel sein Plan so gut, dass er gleich damit anfangen wollte, ihn in die Tat umzusetzen. Schließlich wollte er sie mehr als einmal haben. Bis zu Rogers Entscheidung blieb ihm viel zu wenig Zeit.

»Gut.« Lacey saß neben ihm in seinem nagelneuen BMW xDrive Coupé. Der kobaltblaue Sportwagen war sein absoluter Liebling. Chromfelgen, veredelte Sportsitze, Armaturenbrett aus Mahagoni, über dreihundert PS unter der Haube. Der Motor schnurrte wie eine gezähmte Bestie. Man spürte die Kraft im Hintern und fühlte das Zittern des Gaspedals wie das tiefe Grollen eines brodelnden Vulkans. Es gab nur ein schöneres Gefühl auf der ganzen Welt. Wie magisch angezogen fiel sein Blick auf Laceys Knie. Der seidige

Stoff verrutschte und entblößte die nackte Haut bis zur Mitte des Oberschenkels. Hunter hätte alles für ein europäisches Modell mit klassischer Gangschaltung gegeben, doch in diesem Augenblick dankte er den amerikanischen Vorlieben für Automatikgetriebe. Lässig wechselte er die Hand, mit der er den Wagen lenkte, so dass er nach der Schaltung greifen konnte. Er steuerte den Hebel sozusagen an, treffen wollte er ihn nicht, sondern Laceys Knie. Ihre Haut fühlte sich warm unter seiner Handfläche an. Samtig und weich. Unwillkürlich spannten sich ihre Muskeln an. Hunter schmunzelte und gab vor, sich auf den Verkehr konzentrieren zu müssen. Versonnen streichelte er ihre zarte Haut. Keine Strumpfhose. Wie verführerisch.

»Du warst heute morgen nicht beim Frühstück.«

Laceys Knie zitterte leicht. »Nein. Ich habe verschlafen.«

»Oh. Kein Problem. Es ist ja Samstag. Schläfst du gerne aus?« Innerlich rollte er mit den Augen. Hunter hasste Smalltalk. Wie konnte man überhaupt Zeit mit sinnlosem Geschwätz verbringen, wenn man den Moment mit etwas viel Sinnvollerem füllen konnte. In den letzten zwanzig Jahren seines Lebens wäre ihm nie der Gedanke an Zerstreuung gekommen. Selbst in seiner Studentenzeit brütete er lieber über Betriebswirtschaftslehre, übte sich in der Bilanzierung oder büffelte eine neue Sprache. Chinesisch stand ganz oben auf seinem Programm. Sein Vater schätzte Unterhaltungen in der Landessprache neuer Investoren und der ostasiatische Markt stand an erster Stelle seiner

Agenda. Hunter wollte damals nichts mehr, als seinen Vater stolz zu machen und das funktionierte am besten mit erstklassigen Noten. Selbst Sex diente ihm in erster Linie zur Sicherstellung seiner eigenen Funktionalität. Doch heute änderte sich etwas Grundlegendes in seiner Einstellung. Heute war sein Ziel, diese junge Frau aus dem Konzept zu bringen.

»Ich habe vielleicht dem Prosecco etwas zu sehr zugesprochen. Könntest du dich bitte aufs Fahren konzentrieren?« Das sagte sie, doch was sie meinte, war etwas ganz anderes. *Könntest du bitte aufhören, mich anzufassen?* Nein. Hunter hatte nicht vor, seine Hand wegzunehmen. Ganz im Gegenteil.

»Das ist ein Automatik. Der fährt praktisch ...«

»... automatisch?«

Hunters Kopf fuhr herum. Lacey grinste. Und da war sie wieder. Die freche Zunge, die er so sehr an ihr schätzte. Mit Lacey kam nie Langeweile auf.

»Genau«, brummte Hunter. »Damit ich so etwas tun kann.« Er sah wieder auf die Fahrbahn und ließ seinen Fingern freien Lauf, ließ sie Dinge tun, die er niemals bei einer gewöhnlichen Bekanntschaft mit einer Frau auch nur in Erwägung gezogen hätte. Doch Lacey wollte, dass er sie anfasste. Aus rein geschäftlichen Gründen. Gut, dann würde er es auch richtig machen. Hunters Daumen malte kleine Kreise auf ihr Knie, seine Hand fuhr zwischen ihre Schenkel und unter ihr Kleid. Lacey sog scharf die Luft ein.

»Hunter, sollten wir nicht ...« Ihr Atem ging stoßweise. Ein leichtes Zittern rollte über ihre Muskeln.

Mit einem berechnenden Lächeln registrierte er die Veränderungen ihres Körpers. Absolut hinreißend. Er wollte mehr Reaktionen auslösen, wollte ihren Körper zum Beben bringen. Das leichte Frösteln reichte ihm längst nicht mehr aus.

»Wir sollten.« Hunter hielt an einer Ampel, legte den Unterarm über das Lenkrad und beugte sich zu Lacey. »Uns aufwärmen. Für die Show.« Hunter wollte sie nicht an die verletzenden Worte des gestrigen Abends erinnern. Andererseits hatten sie ihn ebenso gekränkt. Also warum nicht mit gleicher Münze zurückzahlen?

Lacey zuckte zusammen. »Es tut mir leid. Ich hätte das nicht sagen dürfen. Es war …«

»Absolut richtig. Wir spielen hier nur etwas vor, oder? Wir dürfen das auf gar keinen Fall genießen.« Sein Atem ging schwer, während sein Blick über ihren Körper glitt. Sie trug ein am Oberschenkel hochgeschlitztes Abendkleid mit schmalen Trägern und einem Ausschnitt, der ihn regelrecht dazu anstachelte, die Nase zwischen ihre Brüste zu schieben. Herrgott noch mal, er wollte wissen, wie sie dort roch, wie sie schmeckte. Hunter leckte sich die Unterlippe. Er würde es erfahren, definitiv.

»Absolut nicht.« Lacey krallte die Nägel in seine teuren Polster, doch das war ihm gerade herzlich egal, denn sie hörte in diesem Moment auf, seine Handfläche zwischen ihren Schenkeln einzuklemmen. Sie entspannte sich, gab ihm einen Millimeter Platz und lehnte den Kopf an die Stütze in ihrem Nacken.

»Bitte ...«, wimmerte sie. Seine Augen weiteten sich erstaunt. Hunter wusste nicht, ob sie ihn gerade bat, aufzuhören, oder ob sie ihn anflehte, weiterzumachen. Also tat er einfach das, was er wollte. Manchmal war auch er zu Spaß fähig, wenn es denn in den Terminkalender passte. Zufällig fand er heute Zeit dafür. Rein zufällig.

Die Ampel sprang auf Grün und er gab Gas, während seine Hand ihre Oberschenkel zerteilte. Lacey öffnete sich ihm, stellte die Füße ein wenig breiter auf und rutschte tiefer in den Sitz. Hastig warf er einen Blick zur Seite. Sie wölbte sich regelrecht seinen Berührungen entgegen. Hunter schnappte unwillkürlich nach Luft und ließ seine Hand nach oben gleiten, suchte ihre Mitte ... und erschrak. Heiße Feuchtigkeit empfing ihn.

»Ms. Roberts«, keuchte er. Ihre Muskeln erzitterten um seine Hand.

»Ja?«, schnappte sie und bog sich ihm entgegen.

»Sie sind bereits feucht.«

»Ja«, antwortete sie gedehnt. Hunter lachte und malte sanfte Linien auf ihren Oberschenkel. Immer wieder streifte er den Steg ihres Höschens.

»Was trägst du? Ich spüre nicht viel.«

»Einen String.«

Hunters Brust erbebte. Oh, Gott, er wollte sie. Wenn sie nicht bereits spät dran wären, würde er ranfahren und sie nehmen. Irgendwie. Sein Sportwagen war viel zu eng für heißen Sex, also musste er wohl improvisieren. »Spreiz die Beine.«

Lacey sah ihn erstaunt an. Hunter erwiderte ihren Blick. »Das steht nicht im Vertrag«, murmelte sie und folgte seinen Anweisungen.

Seine Finger schlüpften in ihr Höschen, ihre Lider flatterten köstlich, als er sanft ihre Spalte erkundete. »Nein.«

LACEY

Ich wusste, dass ich ihn hätte stoppen können. Ich musste sogar. Doch wollte ich es? Nein. Es fühlte sich einfach zu gut an. Der Wagen röhrte unter mir, Hunters Finger tauchte in mich hinein und ich ließ mich fallen. Geschickt fuhr er durch meine Spalte, verteilte die Feuchtigkeit und rieb mit seinem Handballen immer wieder meine Klit. Mein Atem beschleunigte sich, während er Gas gab. Sein Mittelfinger schob sich in mich und ich schrie auf.

»Hunter, nein!« Hastig griff ich nach seinem Knie und hielt mich daran fest. Immer tiefer drängte er sich in mich. Schließlich krümmte er seinen Mittelfinger und fand genau den richtigen Punkt.

»Oh, Gott, du Arsch!«, keuchte ich, als er mich mit kleinen, kreisenden Bewegungen seiner Fingerkuppe immer höher hinauf trieb. Sein Handballen erhöhte den Druck und schließlich presste ich die Lider fest aufeinander. Meine Mitte explodierte, der Orgasmus rollte wie eine zäh dahinfließenden Masse aus flüssigem Gestein über mich hinweg. Ich erbebte, meine Schenkel zitterten unkontrolliert und ich klammerte mich mit den Innenwänden meiner Vagina an Hunters Finger. Nur ein

Finger! Ich wollte mehr, wollte seinen Schwanz spüren, wie er mich dehnte, mich ausfüllte, bis in die hinterste Ecke meines Seins eroberte. Er ließ mich einen Orgasmus erleben, wie ich ihn noch nie zuvor erlebt hatte – und das nur mit einem Finger!

Meine Lider flatterten, die Atmung ging flach und meine Wangen brannten. Selig lächelte ich und öffnete langsam die Augen. Irritiert bemerkte ich, dass der Wagen stand. Hunters Hand lag noch besitzergreifend auf meiner pochenden Mitte und seine Augen ruhten auf mir. »Was …«, murmelte ich benommen. Sein Lächeln traf mich bis ins Mark.

»Gott, du bist wunderschön, wenn du kommst.« Langsam zog er sich aus mir zurück. Die Feuchtigkeit glänzte im fahlen Licht der Innenbeleuchtung.

Irritiert blinzelte ich. »Danke.« Träge richtete ich mich auf und fuhr mir durchs Haar.

»Warum fahren wir nicht?« Verwirrt sah ich mich um, noch immer zu benommen, um überhaupt begreifen zu können, was hier gerade passiert war.

»Damit ich das tun kann.« Hunter packte mich im Nacken und zog mich hastig an sich. Seine Lippen drückten sich mit unverhohlener Lust auf die meinen. Erschrocken keuchte ich auf. Im gleichen Moment schob er seine Zunge in meinen Mund und füllte mich mit solcher Kraft aus, dass ich in seinen Armen regelrecht dahinschmolz. Gott, wie dieser Mann küssen konnte. Ich ließ mich in den Kuss hineinfallen, ließ ihn die Führung übernehmen und gab mich hin. Nach dem Orgasmus fühlte ich mich weich und nachgiebig und ein Kuss war genau das, was ich brauchte. Meine Hände wanderten über Hunters Seidenhemd, fuhren in sein Jackett und erkundeten starke Brustmuskeln. Ich wollte seine nackte Haut berühren, ihn schmecken, IHN anfassen.

Doch bevor ich mich in tiefere Regionen vortasten konnte, unterbrach Hunter den Kuss. Hastig schob er mich zurück auf meinen Sitz und starrte mich an. Das Verlangen stand ihm in großer Leuchtreklame auf die Stirn tätowiert. »Ich glaube, jetzt sind wir in der richtigen Stimmung für diesen Abend.« Er saugte seine Wangen an, grinste verboten heiß und startete den Motor.

»Du solltest dich etwas herrichten. Du siehst aus, als wärst du gerade vernascht worden.«

Seine Worte lösten einen Strudel widersprüchlicher Gefühle in mir aus. Ich fühlte sein Verlangen, doch dann sagte er so etwas. In der richtigen Stimmung? Himmel, ich würde mich auf der Stelle von ihm nehmen lassen. Selbst wenn er vorschlug, mich auf der Motorhaube seines über einhunderttausend Dollar teuren Autos zu vögeln, würde ich nicht ablehnen. Und er wollte jetzt zu seinem Onkel fahren? Herrgott noch mal! Ich starrte ihn einen Augenblick fassungslos an, bis mir wieder einfiel, dass er mich für dieses Theater bezahlte. Nun gut, dann wollte ich ihm eine Show liefern, die sich gewaschen hatte.

»Das mag daran liegen, dass du mich gerade gefickt hast … Boss.«

Hunters Kinn schnellte herum, wie von einem Gummiband in meine Richtung geschnipst. »Boss? Uh, du lernst schnell. Das gefällt mir.«

Ich seufzte. Okay, alles nur Theater. Dann wollte ich mich mal auf meine Rolle vorbereiten. »Was muss ich wissen über Onkel Roger? Soll ich bestimmte Vorlieben erfüllen?«

Hunter funkelte mich an. »Denk nicht mal dran. Sei einfach du selbst. Mit diesem frechen ... Mund.« Er starrte auf meine Lippen. Hah, er wollte etwas vollkommen anderes als spitze Bemerkungen seinem Onkel gegenüber. Hunter Harrington dachte an einen Blowjob. Ich grinste süffisant.

»Wie du wünschst.«

HUNTER

Das war eine absolut bescheuerte Idee. Er hatte sich sowas von gehen lassen und nun stand er vor einem großen Problem. In seiner Hose. Dank enger Shorts, die alles fest beieinanderhielten, würde sein Ständer kaum auffallen. Doch der Schmerz blieb. Und das Pochen. Der Drang, den Druck irgendwie abzubauen, rannte wie ein hässlicher kleiner Teufel in seinem Hinterkopf herum. Er brauchte nur ranfahren und ... Der Gedanke lockte mit der Erlösung, dennoch würde er das nicht tun. Lacey verdiente mehr als einen kurzen Fick. Er wollte sie genießen. Später. Wenn sie wieder zuhause waren. Er musste nur irgendwie diesen Abend hinter sich bringen.

Hunter lenkte den Wagen durch das offenstehende Tor des Grundstücks. Die Security winkte ihn durch. Im Rückspiegel sah er, wie das Tor sich hinter ihnen schloss. Prima, Flucht ausgeschlossen. Der Wagen schnurrte leise, als er die dreihundert PS starke Maschine mit sanftem Druck auf das Gaspedal die Auffahrt hinaufschob. Er schlug ein und parkte neben dem Haupteingang. Onkel Roger bewohnte mit seinem Sohn Reginald ein großzügiges Anwesen in North Shore an der Küste von Long Island. Seit ein paar Jahren mied er die Stadt und überließ die Leitung der Harrington Group zum größten Teil Hunter. Sein Cousin Reginald hielt sich ebenfalls selten hier auf. Er besaß noch eine Penthousewohnung in Manhattan in einem ihrer Wohnkomplexe. Das Anwesen war eigentlich viel zu groß, doch Roger liebte es, denn seine verstorbene Frau hatte es eingerichtet. Er hielt es als eine Erinnerung an sie in Ehren und Hunter würde nicht im Traum einfallen, die hohen Unterhaltskosten als Kritikpunkt anzuführen. Onkel Roger konnte es sich leisten und gab so ganz nebenbei zwanzig Angestellten einen Arbeitsplatz.

Hunter stellte den Motor ab und wandte sich an Lacey. »Bereit für den großen Auftritt?« Sie zuckte mit den Schultern.

»Yes, Sir.«

Ein Schauer rieselte über seinen Rücken. Daran könnte er sich gewöhnen. Eine gehorsame Lacey schien auf den ersten Blick reizvoll, doch er würde ihr bald überdrüssig werden. Lieber genoss er ihre kleinen Aufsässigkeiten. »Das gefällt mir. Warte, bis ich dir die Tür öffne. Der Geier wird schon hinter der Gardine lauern.«

Laceys Augen weiteten sich. Erblickte er da einen Hauch Angst? Hoffentlich. Nur ein Idiot stürzte sich sorgenfrei in ein Gefecht. Hunter stieg aus, warf beim Umrunden des BMW einen Blick zur Gardine, die vor dem Wohnzimmerfenster hing und grinste amüsiert, als sie sich leicht bewegte. Onkel Roger war ja so berechenbar. Er öffnete die Wagentür und half Lacey auf die Beine. Sie zitterte ein wenig wegen der Kälte und lehnte sich an ihn. Unwillkürlich schloss er sie in seine Arme und warf die Tür zu. Sein Schwanz zog sich schmerzhaft zusammen, als ihr Bauch dagegen drückte.

»Alles okay?«, murmelte er und strich eine Strähne ihres offenliegenden Haares hinter das Ohr zurück.

»Du bist hart.« Sie hob den Blick und funkelte ihn an.

Hunter atmete tief ein. »Einer schönen Frau beim Orgasmus zusehen zu dürfen, lässt selbst mich nicht kalt.«

Lacey funkelte ihn an. »Gut. Wollen wir?«

Hunter grinste, trat ein Schritt zurück und hielt ihr seinen Arm hin. »Gerne.«

Lacey schob ihre Hand in seine Armbeuge und warf einen kecken Blick in seinen Schritt. »Beeindruckend, Mr. Harrington.«

Zügig schritt Hunter voran und zog sie einfach mit sich. »Gewöhn dich nicht zu sehr daran.« Laceys Lachen begleitete sie zur Haustür. Hunter beugte sich zu Lacey. »Am besten bist du ganz natürlich. Hab keine Scheu. Mein Onkel kann manchmal ein wenig einschüchternd wirken. Aber meistens ist er recht umgänglich. Er hat sich bereits vor Jahren zurückgezogen. Der Tod meiner Tante traf ihn ziemlich unvorbereitet.«

»Und wieso überschreibt er dir die Firma dann nicht längst, wenn er sowieso nicht mehr im Geschäft ist?«

Hunter seufzte leise. »Weil er mich für unfähig hält, einen gesitteten Lebensstil zu führen. Er denkt, ich würde mich nur in Clubs herumtreiben und nichts auf die Reihe kriegen.«

Lacey hob eine Augenbraue. »Tust du das denn?«

»Nein. Aber das, was ich tue, und das, was Onkel Roger denkt, dass ich tue, dazwischen liegen Welten. Es könnte noch Jahre dauern, bis er vom Gegenteil überzeugt ist. Und ich …«

»Du willst nicht so lange warten?«

»Ich kann nicht … Roger ist ein alter Mann. Stirbt er, erbt mein Cousin seine Anteile. Und dann habe ich den größten Vollpfosten der Stadt im Vorstand sitzen.«

Lacey schob nachdenklich das Kinn vor. Sie wollte ihm antworten, doch sie erreichten den Eingang. »Wir reden später weiter«, murmelte er und betätigte die Klingel. Wenn sie noch reden würden. Hunter hegte so seine Zweifel. Vielsagend blickte er Lacey an und verlor sich in ihren blauen Augen. Wie konnte eine Frau so viel Feuer und Anmut in sich vereinen?

»Mr. Harrington. Guten Abend.« Der Butler, James, öffnete ihnen die Tür und maß sowohl Hunter als auch Lacey mit einem herablassenden Blick.

»James, guten Abend. Das ist Lacey Roberts, meine …« Hunter ließ den Blick auf ihr ruhen. Ein unglaubliches Gefühl der Genugtuung überkam ihn, als er die Worte sprach, die er für so bedeutungslos hielt. Plötzlich bedeuteten sie alles. »Meine Verlobte.«

»Sehr wohl, Sir. Ma'am, wenn Sie mir bitte folgen würden?« James war ein gepflegter Mann mittleren Alters. Er arbeitete seit über zwanzig Jahren im Haus seines Onkels und stammte aus Großbritannien. Hunter schmunzelte, als Laceys Blick ihm fasziniert folgte. Sanft zog er sie mit sich.

»Verlobte?«, zischte Lacey.

Hunter zuckte mit den Schultern. Den Ring hätte er fast vergessen. Hastig schob er die Hand in seine Anzugtasche und förderte einen Verlobungsring zutage. »Gib mir deine Hand.«

Laceys Augen weiteten sich, als er ihr den Ring auf den Finger schob. »Natürlich. Wir wollen Onkel Roger doch ein wenig motivieren, oder?«

Lacey sog scharf die Luft ein. Ihr schienen unzählige Fragen durch den Verstand zu kreisen, doch Hunter schüttelte bedeutsam das Kinn. Er beugte leicht den Kopf und brachte somit seine Lippen ganz nah an ihr Ohr. Lacey roch unglaublich gut. »Dieses Haus hat Ohren. Denk nur an den Butler.« Vielsagend blickte er auf James' Rücken. Lacey nickte nachdenklich. Bevor sie etwas sagen konnte, küsste er sie hinters Ohr. Sie kicherte leise. Hunter strich genüsslich mit der Nasenspitze über die zarte Haut an ihrem Haaransatz. Oh, wie er diesen Abend jetzt schon verabscheute. Er wüsste eintausend Dinge, die er lieber mit ihr anstellen würde, anstatt mit Onkel Roger zu Abend zu essen. Ein Glück war Reginald in Malibu. Surfen und so.

»Ein Butler?«, hauchte Lacey und erschauerte an seiner Seite. Sie sprach mit gesenkter Stimme, doch nicht leise genug. James besaß Ohren wie ein Luchs, aber auch die Beherrschung und Gleichmütigkeit einer grasenden Kuh. Ihn brachte so schnell nichts aus der Ruhe. Obwohl er Laceys Bemerkung gehört haben musste, gab er vor, absolut taub zu sein. Hunter kannte den Bediensteten allerdings zu lange, um das kurze Heben seiner Schultern zu übersehen.

»Ja, mein Großvater war Brite. Von ihm erbten mein Onkel und mein Vater eine gewisse Vorliebe für einen gehobenen Lebensstil. Wer in Großbritannien über ein großes Vermögen verfügt, beschäftigt Bedienstete. Man sieht es quasi als Pflicht, anderen Arbeit zu geben. Ein Butler verleiht einem Haus eine gewisse Extravaganz. James arbeitet hier schon seit über dreißig Jahren.«

James hielt vor der Tür zum Salon an, öffnete sie und ließ sie ein. »Zweiunddreißig Jahre, Sir.«

Hunter neigte lächelnd den Kopf. »Vielen Dank, James. Ich kann mich nicht erinnern, dass Sie nicht hier gewesen waren.«

»Sie waren vor mir hier, Sir.« James' Mundwinkel zuckte. »Bitte, Ms. Roberts, nach Ihnen.«

Hunter bemerkte Laceys Zögern. Ein Butler musste für sie sehr ungewöhnlich wirken. Hunter tätschelte ihre Hand und zog sie an James vorbei ins Wohnzimmer. Vollkommen fasziniert musterte sie ihn, bis sie den Salon betraten.

»Hunter, da bist du ja, Junge!« Onkel Roger löste sich vom Kamin und trat mit weit ausgebreiteten Armen auf sie zu. Er durchquerte die beiden sich gegenüber stehenden geblümten Sofas und schlängelte sich an dem im passenden Dekor gehalten Einsitzer vorbei. Ein weißer Teppich dämpfte seine Schritte. Seine Absätze klackten deutlich, als er den bunten, italienischen Marmor betrat und auf sie zuschritt. Hunter wagte einen hastigen Rundblick. In dem Wohnzimmer war noch alles so wie früher. Kaum etwas hatte sich verändert. Der Sekretär aus Mahagoni beherbergte noch die gleiche, üppige Anzahl von Familienfotos. In der Vitrine rechts neben dem Kamin stapelte sich Tante Viktorias Meissner Porzellanfigurensammlung und links vom Kamin befand sich noch immer die alte Kommode mit den abgestoßenen Ecken, die Reginalds Rugby-Trophäen präsentierte. Nur der große Spiegel, der einstmals über dem Kamin gehangen hatte, war durch ein Porträt seiner Tante ersetzt worden, das einzige in dem Raum. Alle anderen Bilder zeigten alte Fotografien des Anwesens oder aus London. Hunter liebte dieses Wohnzimmer. Hier hatte er unzählige Stunden verbracht, nicht zuletzt am Klavier, das durch die geöffnete Tür verdeckt wurde. Sein Vater war ein leidenschaftlicher Spieler gewesen und hätte es vermutlich zu einem berühmten Konzertpianisten gebracht, wenn er über weniger unternehmerisches Geschick verfügt hätte. Aber so wählte er den finanziell sicheren Weg für seine Familie zu Ungunsten der Kunst. Hunters Mom war ebenfalls Pianistin gewesen. Das Kastenklavier gehörte ihr und war nach wie vor eines seiner liebsten Stücke in dem alten Haus.

»Guten Abend, Onkel«, begrüßte Hunter Roger Harrington. Rogers Augen huschten immer wieder zu

Lacey. »Das ist meine Verlobte, Lacey Roberts.« Hunter ließ Lacey los, damit sie seinen Onkel gebührend begrüßen konnte. Zunächst warf sie ihm noch einen ängstlichen Blick zu, doch als er ihr aufmunternd zunickte, atmete sie tief durch, straffte die Schultern und begegnete dem forschen Blick seines Onkels mit der gleichen frechen Aufsässigkeit, die er so an ihr liebte. Himmel, liebte? Hatte er das gerade wirklich gedacht? Genoss, die er so sehr an ihr genoss. An Liebe durfte er nicht einmal denken. Lacey war seine Angestellte, bestenfalls Partnerin in Crime. Sie würden niemals Geliebte sein. Niemals.

»Lacey, wie schön, dich endlich kennenzulernen.« Roger nahm Laceys Hände und küsste sie zur Begrüßung auf die Wangen. »Ich darf doch du sagen? Schließlich sind wir fast Familie.« Rogers Blick fiel auf den Diamantring an Laceys Finger. »Hat er es endlich getan, mh?«

Lacey lachte. »Natürlich. Es war sehr romantisch.«

Roger wandte sich ihm zu. »Romantisch und Hunter in einem Satz? Dass musst du mir unbedingt erzählen. Komm, setzt euch. Was wollt ihr trinken?«

LACEY

Wieso nur ließ ich mich eigentlich auf diesen Spießrutenlauf ein? Warum hatte mir niemand gesagt, dass zu einer Fake-Verlobten auch eine Fake-Verlobungsgeschichte gehörte? Mh? Nun ja, vielleicht hätte ich als überaus schlaue Reporterin selbst darauf kommen können? Nun musste ich mir ziemlich schnell eine glaubhafte Geschichte einfallen lassen, die Onkel Roger nicht vor den Kopf stieß und zudem auch noch so nah an der Wahrheit blieb, damit sich niemand in Widersprüche verstrickte. Ich grübelte noch über Rogers Frage nach, wie wir uns eigentlich kennengelernt hatten, da platzte Hunter bereits mit nichts Geringerem als der Wahrheit heraus.

»Beim Pokern.« Süffisant grinsend lehnte er sich zurück in die geblümten Bezüge. In seinem schwarzen Dreiteiler sah er zum Anbeißen aus. Das bunte Dekor bewirkte nur, dass er noch eleganter wirkte als sonst. Doch das alles nahm ich nur am Rand meines Bewusstseins wahr. Er sagte einfach, wie es wirklich gewesen war. Himmel. Schockiert starrte ich ihn an. Erst Onkel Rogers Lachen zog meine Aufmerksamkeit auf ihn.

»Beim Pokern? Das klingt nach einer fantastischen Geschichte. Du spielst selbst, Lacey oder …?« Onkel Roger zwinkerte mir freundlich zu. Ihm schienen ein Dutzend Szenarien durch das innere Auge zu flimmern und bei keinem machte ich eine gute Figur. Wenn Männer pokerten, hüpften Damen häufig als leicht bekleidete Kellnerinnen um die Tische herum und räkelten sich gleich auf dem Schoß der Herren.

Ich beschloss, auf Hunters Spiel einzugehen. »Ja, ich spiele selbst. Aber die Geschichte ist absolut …«

»Faszinierend.« Hunter beugte sich vor. »Du musst mich nicht in Schutz nehmen, Liebling. Onkel Roger weiß um mein Laster.« Hunter zuckte entschuldigend mit den Schultern.

»Auch deshalb, mein Junge, möchte ich dich verheiratet sehen. Männer werden ruhiger, wenn sie für eine schöne, junge Frau an ihrer Seite sorgen müssen. Ruhiger und vernünftiger. Doch dass ihr euch beim Pokern kennengelernt habt, macht mir Sorgen. Einen Spieler verkraftet die Familie. Aber zwei?« Onkel Roger zog die Augenbrauen zusammen und musterte mich mit einem intensiven Blick. Hastig sah ich zu Hunter, der mir mit einem eindringlichen Nicken zu verstehen gab, seinem Onkel zu antworten. Gut, Hunter spielte das Wahrheitsspiel und wir hatten uns nicht abgesprochen, was wir erzählen wollten. Himmel, er hatte doch ahnen müssen, dass es genau auf diese Frage hinauslief. Wollte er uns ins offene Messer rennen lassen oder baute er auf meine Kreativität? Nun ja, so leid es mir auch tat, ich war Ermittlerin und keine Denkfabrik. Also machte ich es ihm nach: Ich spielte mit der Wahrheit.

»Nein, ich spiele schon, aber ich bin nicht süchtig danach, noch habe ich das nötige Einkommen, um mir illegale Pokerspiele zu leisten.« Vielsagend blickte ich meinen Verlobten an. Warum war er eigentlich dort gewesen?

»Es ist der Nervenkitzel, Liebling. Es macht einen deutlichen Unterschied, ob man um Cents oder eintausend Dollar spielt. Erzähl Roger ruhig, warum du dort gewesen warst.« Sein stechender Blick belauerte mich. Aha, wir waren also wieder bei verbalen Stichen und Hieben angelangt. Gut, da meine journalistische Laufbahn absolut nichts mit unserer Vereinbarung zu tun hatte, warum sollte ich nicht darüber reden?

Genüsslich lehnte ich mich zurück und nippte an meinem Champagner. Das herbe Prickeln des perfekt gekühlten Schaumweins knisterte auf meiner Zunge. Sanft leckte er über die Innenseite meiner Kehle und löste meine Verspannungen. Die Wahrheit, so wahr mir Gott helfe. »Ich habe ermittelt.« Im Salon war es mucksmäuschenstill. Nur das Knacken des Feuers im Kamin durchbrach die Schockstarre.

Roger erlangte die Fassung als erster zurück, während Hunter mich anstarrte, als hätte ich die Büchse der Pandora geöffnet. »Ermittelt. Beruflich?«

Ich nickte. »Ich bin Journalistin.« Mein Blick brannte sich in Hunters Augen. Auf gar keinen Fall wollte ich seine Reaktion verpassen. Fassungslos starrte er mich an und ich genoss jede Sekunde. Er hatte mich nie gefragt, was ich beruflich machte, und ich hätte ihm die Wahrheit nicht aus heiterem Himmel um die Ohren gehauen. Schließlich gehörte mein Beruf in mein Privatleben und das war kein Teil unserer Vereinbarung. Ich verstieß gegen keine seiner vertraglichen Klauseln, ganz im Gegensatz zu ihm, als er mich im Auto berührt hatte. Ein wohliger Schauer lief mir über den Rücken. Okay, und ich wollte ihn nicht darauf hinweisen, weil es sich einfach viel zu gut angefühlt hatte. Onkel Roger rettete Hunter, bevor er etwas Falsches sagen konnte.

»Journalistin? Na, das ist ein Ding. Eine ziemlich abgebrühte, wenn du bei einem illegalen Pokerspiel teilnimmst. Und wie ging es weiter?« Onkel Roger war nun Feuer und Flamme für unsere Geschichte. Ich ebenfalls. Und selbst Hunter schien Gefallen daran zu finden. Als ich ihn wieder ansah, kräuselten sich seine Mundwinkel.

»Ich habe ihre Spielschulden beglichen. Denn egal, was Lacey behauptet, sie ist eine lausige Pokerspielerin.« Ha! Hunter sonnte sich genüsslich in der weißen Rüstung des Jungfrauenretters. Pah!

»Ich bin überhaupt keine lausige Spielerin und das weißt du. Ich war so kurz davor, dir die Hosen auszuziehen, dass du …«

»Kinder, Kinder! Das sind zu viele Informationen für mich. Tragt diesen Streit lieber im Schlafzimmer aus.«

Hunter grinste vielsagend. »Das haben wir. Der Rest ist Geschichte. Ich konnte Lacey zu einem Abendessen überreden oder besser, sie mich. Und hier wären wir.«

Hunters Antwort schien Roger sehr zufriedenzustellen. »Wunderbar. Darf ich fragen, seit wann ihr …?«

Hunter nahm einen tiefen Schluck Scotch. Sein Blick bohrte sich in den meinen. Mit einem Nicken gab er mir zu verstehen, fortzufahren. Ich beschloss, nicht allzu genau zu werden.

»Das alles ging ziemlich schnell. Seit ein paar Tagen wohnen wir zusammen, seit Hunter mich gefragt hat …« Ich streckte die Hand aus und ließ den Diamantring im Schein des Feuers funkeln.

»Wirklich? Warum hast du mir noch nie etwas von Lacey erzählt?« Roger wandte sich zu Hunter und sah ihn scharf an. Erneut nahm er einen Schluck Scotch. Auf leeren Magen. Ich atmete tief durch. Alkohol war ein wunder Punkt bei mir, er wusste es und trank trotzdem.

»Lacey ist Journalistin, Onkel. Ich war mir nicht sicher, wie du auf sie reagieren würdest.«

Anerkennend nickte ich ihm zu. Die Erklärung war perfekt. Ach was, die ganze Geschichte war perfekt. So nah wie möglich an der Wahrheit, damit wir uns nicht absprechen mussten und die Gefahr gering blieb, uns in Widersprüche zu verstricken, falls Roger einen von uns alleine erwischte. Ich war beeindruckt.

»Ach was, der Journalismus ist eine anständige Tätigkeit. Gibt es eine ehrbarere Arbeit, als die Wahrheit zu finden. Für welche Zeitung arbeitest du, Lacey?«

Ich löste mich von Hunter und lächelte Roger an, der mittlerweile aufgestanden war und seinen Rücken am Kamin wärmte. Er nahm einen Schluck aus seinem Glas und schenkte mir erneut seine Aufmerksamkeit. »BH Daily. Eine kleine, lokale Zeitung. Ich veröffentliche nicht unter meinem richtigen Namen. Alle meine Artikel erscheinen zum Schutz unter dem Namen meines Redakteurs. Michael fand das nötig, nachdem ich ein paar kleinere Skandale aufgedeckt habe. Du wirst also nichts von mir finden, außer ein paar Katzenbilder.« Ich verdrehte die Augen.

Roger nickte zufrieden. »Das ist gut. Wenn ihr heiratet, wird sich der Fokus der Öffentlichkeit auf dich richten.«

Der Schock traf mich unvermittelt, gerade als ich einen Schluck Perlwein nahm. Die prickelnde Flüssigkeit stieg mir in die Nase, so dass ich heftig hustete. »Verheiratet? Öffentlichkeit?«, stammelte ich. Hunter nahm mir das Glas aus der Hand und reichte mir eine

Serviette, damit ich mir den verschütteten Champagner aus dem Dekolletee wischen konnte. Doch ich reagierte nicht. Er schenkte mir ein sanftes Lächeln und begann, mein Gesicht zu reinigen.

»Natürlich. Du wirst Hunter Harrington heiraten. Als Ms. Lacey Harrington erregst du garantiert eine Menge Aufmerksamkeit. Du kannst unmöglich unter diesem Namen Artikel veröffentlichen«, erklärte Hunter ruhig, während er erst mein Gesicht reinigte, dann über meinen Hals strich und schließlich mit dem Blick auf meine Brüste innehielt. Ganz langsam tupfte er über meinen Ausschnitt.

»Ich ...«, stammelte ich. Meine Brust hob sich schneller, ihm entgegen. Zärtlich fuhr er mit dem Finger die Ausschnittkante nach. Hunter hob das Kinn und sah mich an, während sich sein Finger zwischen meine Brüste schob. Nur wenige Millimeter, doch sie genügten, um zwischen meinen Schenkeln ein Feuer zu entzünden.

»Sir, das Dinner ist serviert.«

Hastig stoben wir auseinander. Roger belächelte uns zufrieden. »Nun, dann lasst uns dieses kleine Malheur vergessen und endlich essen. Ich bin am Verhungern!«

Kapitel 10

LACEY

Das Abendessen verlief herrlich unkompliziert. Bei geschmorter Lammkeule, gebackenen Rosmarinkartoffeln und grünen Bohnen, genoss ich einen absolut traumhaften Lambrusco. Es könnte auch ein Pinot gewesen sein, ehrlich gesagt interessierte ich mich kaum für Weine. Ich sortierte lediglich nach *schmeckt* und *schmeckt nicht.* Rogers Weine jedenfalls waren vorzüglich. Zum Dessert servierte James ein selbstgemachtes Eis mit Amarenakirschen.

»Für die Dame eine extra Portion Kirschen.« Mit einem amüsierten Funkeln in den Augen, das ich dem ansonsten so steifen Butler nie zugetraut hätte, kleckste er eine zusätzliche Portion der alkoholisierten Kirschen auf mein Eis. Ich hob eine Augenbraue. Nun hatte ich eher einen Becher Amarenakirschen mit einer winzigen Kugel Eis. Doch ich war bereits so angeheitert, dass mir das herzlich egal war.

»Vielen Dank, mein Bester!«, säuselte ich hingerissen und klammerte mich an mein Weinglas.

»Lacey«, tadelte mich Hunter, doch er musste eigentlich still sein. Bei zehn Scotchs hatte ich aufgehört zu zählen. Er müsste genauso angetrunken sein wie ich, doch er schien einfach standfester zu sein. Ich kicherte. Standfester, oh, ja, das hatte ich bemerkt.

»Was denn? James meint es nur gut mit mir, nicht wahr?« Ich verrenkte den Hals, um den Butler anlächeln zu können. James' Mundwinkel kräuselte sich.

»Sehr wohl, Miss.«

Der Einzige, der sich mit mir amüsierte, schien Onkel Roger zu sein. Er lachte herzlich und tätschelte seinem Neffen liebevoll den Arm. »Lass sie. Ich mag ihr Lachen. Sie ist so offen und fröhlich und wird dir mehr als gut tun.«

Hunter verzog das Gesicht, nippte immer wieder an seinem Scotch und beobachtete mich, wie ich hingebungsvoll mein Eis löffelte. Oh, Gott, diese Kirschen waren herrlich. Sie zerschmolzen regelrecht auf der Zunge und entfalteten dann ihr süßes Aroma, gepaart mit der scharfen Alkoholnote. »Himmlisch.«

Onkel Roger verzichtete auf seinen Nachtisch. Sein Diabetes verbot ihm zu viel Süßes und die Kirschen schienen geradezu in Zucker und Alkohol ertränkt worden zu sein. Dennoch schien ihm sein Verzicht nichts auszumachen. Zufrieden sah er mir beim Essen zu. »Im Herbst sammeln wir die Kirschen. Reginald hilft immer dabei. Wir legen sie selbst ein.«

Meine Augen wurden groß. »Wow, das ist unglaublich. Sie schmecken köstlich.«

Roger lächelte. »Danke.«

Nachdem ich mein Eis gegessen hatte, erhob sich Hunter ruckartig. »Ich denke, wir sollten gehen. Lacey muss morgen früh raus und wir haben noch eine gute Strecke vor uns. Meinst du nicht auch, Liebling?«

»Müsst ihr wirklich schon gehen?« Onkel Roger erhob sich.

»Ja.« Hunter wandte sich zu mir. Schwankend griff er nach der Tischplatte und klammerte sich daran fest. Er musste sogar den Kopf senken und mehrere Male tief durchatmen. Oho, offensichtlich vertrug mein Verlobter doch nicht so viel Scotch, wie er sich gern einredete. Seine Standfestigkeit glich eher einer schiefen Weide im Sturm. Ich kicherte und pustete, um ihn noch mehr aus dem Konzept zu bringen. Hunter hob den Blick und funkelte mich an. Sofort hielt ich inne.

»Du kannst unmöglich fahren. Gib mir die Autoschlüssel.« Hastig erhob ich mich. Doch die ruckartige Bewegung bereute ich sofort. Prompt landete ich wieder auf meinem Stuhl. Alles drehte sich.

»Du kannst genauso wenig fahren.« Hunter grinste mich fies an, als ob ich ein Spiel verloren hatte.

»Nun, dann bleibt doch über Nacht. Ihr könnt das Gästezimmer nehmen und morgen früh mit mir frühstücken. Das wird ein Spaß.« Roger klatschte fröhlich in die Hände und sprang auf. »Ich lasse James sofort alles herrichten.« Eilig verließ er das Speisezimmer und flitzte in die Küche. Laute James-Rufe begleiteten seinen Abgang.

Verwundert sahen wir ihm hinterher.

»Für einen Mann seines Alters bewegt er sich außerordentlich schnell«, murmelte ich und schraubte meinen Kopf zurück zu Hunter.

»Mh«, machte dieser und starrte mich an, als hätte ich die letzte Praline vom Teller stibitzt.

»Was ist? Hab ich was im Gesicht?« Hastig griff ich mir an die Wange.

Hunter schüttelte den Kopf. »Im Gästezimmer gibt es nur ein Bett. Wir werden es uns teilen müssen, wenn Roger nicht unangenehme Fragen stellen soll.«

»Oh.«

Hunter grinste. »Ja, oh trifft es ganz gut.«

Irgendwie bekam ich gerade das Gefühl, dass wir beide verloren hatten. Die Frage war nur, bei welchem Spiel wir eigentlich mitgemacht hatten.

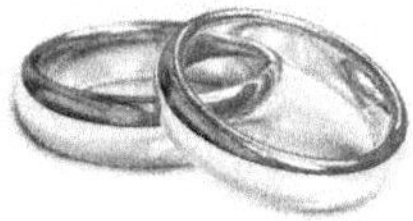

»Du schläfst auf dem Fußboden«, bestimmte ich, als ich die schmale Matratze betrachtete. Früher, in meiner Studentenbude, besaß ich auch ein so schmales Bett. Mit Übernachtungsgästen wurde es immer sehr schnell sehr kuschelig. Vor allem, wenn man nicht nebeneinander, sondern übereinander schlief. Mit Hunter konnte ich mir eine solche Konstellation absolut nicht vorstellen. Nein, ich wollte auch gar nicht daran denken, wie er sich auf oder unter mir anfühlte. Lieber schlief ich mit einem meiner damaligen Kommilitonen, als das Bett mit Hunter zu teilen.

»Tue ich gar nicht«, gurrte mein Fake-Verlobter und ließ sich auf das Bett fallen. »Ich leite ein

Milliardendollar-Unternehmen. Ich schlafe nicht auf dem Fußboden.«

»Hunter! Das kann nicht dein Ernst sein!« Ich griff nach seinem Fußgelenk und zerrte daran. »Hör sofort auf, dich wie ein Neandertaler aufzuführen. Wer ein Unternehmen leitet, sollte auch wissen, wie man sich seiner Verlobten gegenüber zu verhalten hat!« Hunter hob den Kopf.

»Sollte ich das?« Er zog seine Augenbraue Richtung Stirn.

Erleichtert atmete ich auf und ließ ihn los. »Ja.«

»Gut«, antwortete er und rutschte wieder von der Matratze. »Mal sehen, ob ich mich zu ein wenig Verlobtenverhalten hinreißen lassen kann.« Lauernd erhob er sich und blickte mich an, als hätte ich ein Sahnehäubchen auf dem Kopf. Sein Blick gefiel mir überhaupt nicht. Wie der Jäger, dessen Namen er trug, betrachtete er mich und erhob sich.

Langsam wich ich zurück. Mein Herzschlag beschleunigte sich. »Du weißt doch gar nicht, wie sich ein Verlobter zu verhalten hat. Du warst schließlich noch nie verlobt.« Schritt für Schritt entfernte ich mich in dem Maße von ihm, wie er sich mir näherte. Unwillkürlich griff ich mir an die Brust. In meinem Rücken spürte ich plötzlich die Zimmertür. Mist. Hastig tastete ich nach dem Türgriff und verwarf die Idee sofort wieder. Lieber drohte ich.

»Hunter, ich schwöre, ich renne weg, wenn du noch einen Schritt näherkommst.«

Hunter schüttelte leicht den Kopf. »Du wirst nicht wegrennen.«

Er hatte recht. Ich konnte nicht fliehen. Onkel Roger würde misstrauisch werden. Aber hierzubleiben funktionierte auch nicht. Hunter kam immer näher und sein Blick machte mir Angst. Nicht wirklich Angst, eher ... Mist. Langsam stemmte er seine Hände rechts und links neben meinem Kopf gegen die Tür. Drohend reckte ich das Kinn und erwiderte seinen Blick. *Wage es ja nicht!* Der Alkohol verpasste mir eine zusätzliche Portion Wahnsinn. Denn nichts anderes war es, was wir hier taten. Pure Dummheit. Er und ich in einem Zimmer, unser Blut mit so viel Alkohol angereichert, dass wir kaum noch geradeaus laufen konnten. Und wir sollten in einem Bett schlafen? Das konnte nicht gut gehen. Niemals.

»Du hast keine Ahnung, was du hier tust.«

Hunter legte seine Knöchel an meine Wange und fuhr auf und ab. »Und du? Weißt du es denn?«

Ich erschauerte wohlig. Zitternd schloss ich die Augen. »Nicht wirklich.« Meine Stimme versagte. Hunters Nähe berauschte mich, sein Duft vernebelte, was von meinem Verstand dank des Alkohols noch übrig war. Unsere Körper trennten nur noch wenige Millimeter. Er brauchte sich nur vorlehnen und schon war ich eingeklemmt. Doch Hunter rührte sich nicht. Seine Konzentration lag auf dem Streicheln meine Wange. Ich konnte zur Seite zu schlüpfen und wäre frei. Doch ich wollte nicht, ich genoss lieber seine betörend schönen Berührungen.

Hunter beugte sich vor und kratzte seine Bartstoppeln über meine Wange. Zärtlich strich sein

Atem über mein Ohrläppchen. »Lauf weg, Lacey.« Seine Stimme hauchte mir eine Gänsehaut auf den Körper. Ich erschauerte so sehr, dass meine Brustwarzen sich aufrichteten. Rau kratzten sie über die Innenseite meines Kleides. Hitze schoss in meinen Schoss.

»Ich will aber nicht.« Sacht lehnte ich meinen Kopf zur Seite, verstärkte den Druck auf seine Hand. Hunter richtete sich abrupt auf und sah mich an. Trotzig reckte ich das Kinn. »Lauf du doch weg.«

Hunters Augen weiteten sich. »Nein. Das dürfen wir nicht. Wir spielen mit dem Feuer. Du solltest gehen. Ganz dringend.«

»Mir egal.«

»Halt mich auf.«

»Nein.«

Hunters Finger schlossen sich um meine Kehle. Vorsichtig drückte er den Daumen unter mein Kinn. Gehorsam gab ich dem Druck nach und hob den Kopf. Er funkelte mich an. Zorn durchdrang seine Worte. »Kannst du einmal machen, was ich dir sage?«

Ich schüttelte den Kopf, so weit es seine Hand zuließ.

»Du bist unmöglich«, knurrte er und stürzte sich auf mich. Seine Lippen prallten mit solcher Kraft auf meinen Mund, dass ich heftig gegen das Türblatt gedrückt wurde. Der Aufprall trieb mir die Luft aus den Lungen. Ich spürte jede Furche, jede Erhebung des Profils der Tür in meinem Rücken. Schmerzhaft rieben sie sich an meiner Wirbelsäule. Doch das war mir egal. Für mich zählte nur Hunter und seine berauschenden Küsse. Er drängte sich zornig in meinen Mund, grub seine Finger in mein Haar und hielt meinen Kopf so in Position, dass er sich nehmen konnte, was er wollte. Und ich hatte nicht vor, mich ihm zu widersetzen. Ha! Ich konnte auf ihn hören, er musste nur die richtigen Dinge tun.

»Oh, Gott, Lacey!«, stöhnte er zwischen zwei Küssen. »Das dürfen wir nicht.«

»Wieso nicht?«, murmelte ich und klammerte mich an ihn.

»Weil der Vertrag es verbietet.«

»Scheiß auf den Vertrag.«

Hunter lachte und küsste sich meinen Hals hinab. Ich ließ den Kopf in den Nacken fallen, schloss die Augen und genoss die heiße Spur seiner Lippen. »Ich scheiße grundsätzlich nicht auf Verträge.«

Ich lachte. »Ich werd dich nur verklagen, wenn du aufhörst.«

Seine Hände umschlossen meine Taille. Hastig richtete er sich wieder auf. »Es ist dir ernst? Du willst das hier? Ich werde dich kein zweites Mal fragen, Lacey. Wenn ich erst einmal angefangen habe, werde ich es auch beenden. Und ich lasse mich nicht aufhalten. Also frage ich dich erneut. Bist du dir absolut sicher?«

»Ja, ich will das hier. Ich will nicht nur deine Verlobte spielen, ich will es auch sein. So lange wie möglich.«

Hunter keuchte. »Okay.« Zärtlich glitten seine Finger über meinen Hals, hinab über meine Schultern über meine Arme zu meinen Händen. »Dann dreh dich bitte um.« Hunter nahm meine Hand, trat ein Stück zurück und drehte mich herum. Mit Blick zur Tür trat er wieder hinter mich, strich mein Haar zur Seite und ließ seine Finger über meinen Rücken hinab zum Verschluss meines Kleides wandern. »Was trägst du drunter?« Sein Atem liebkoste meine Haut. Ich erschauerte.

»Nur den Tanga.«

»Ich will ihn sehen.« Langsam löste er den Verschluss das Kleides in meinem Rücken und zog den Reißverschluss herunter. Seine Hände wanderten wieder höher und schoben die Träger über meine Schultern. Hastig raffte ich den Stoff vor meiner Brust zusammen. Hunter lachte leise und entfernte sich von mir. Ich hörte seine Schritte, dann das Knarzen der Matratze, als er sich hinsetzte.

»Dreh dich zu mir um.«

Ich gehorchte. Hunters Blick glitt wie eine Ganzkörperberührung über mich. Jeder Nerv in mir kribbelte, jeder Muskel spannte sich an. Ich erbebte, allein von seinem Blick. Hunter schmunzelte zufrieden. Offensichtlich gefiel ihm sehr, was er sah.

»Lass es fallen.«

Ich schluckte. Wenn ich jetzt losließ, stünde ich beinahe nackt vor ihm. Ich erwartete, dass ich mich schämen würde. Ich meine, jede Frau schämte sich doch, wenn sie sich nackt zeigen soll. Zumindest war das bei mir in meinen bisherigen Beziehungen immer der Fall gewesen. Nicht, weil ich dachte, ich wäre nicht schön. Ich gefiel mir und ich mochte es, meine Figur zu zeigen, sexy Kleider zu tragen oder selbstsicher zu posieren. Aber nicht vor einem Mann, unbekleidet. Ich wusste auch genau, wo meine Macken lagen. Es hatte lange gedauert, bis ich diese Art von Selbstbewusstsein erlangt hatte. In einem griechischen Elternhaus aufzuwachsen, bedeutete, ständig von Essen umgeben zu sein. Meine Eltern zählten sich eher zu den Vollschlanken. In unserer Familie wurde gern getrunken, spät gegessen und natürlich üppig gekocht. Es hatte mich Jahre gekostet, die überschüssigen Pfunde abzubauen und noch viel länger, bis ich wieder zu einem gesunden Selbstbewusstsein zurückfand. Nachdem ich Jahre lang unter Mobbing wegen meiner vollschlanken Figur gelitten hatte. Das war vorüber und grundsätzlich fühlte ich mich wohl in meiner Haut. Eigentlich. Doch jetzt so vor Hunter zu stehen, riss die alten Wunden wieder auf. Ich wusste auch nicht, wieso, aber ich wollte ihm gefallen. Ich wollte, dass er mich schön und sexy fand und …

»Ich kann nicht …«

Hunter lehnte sich zurück und betrachtete mich genüsslich. »Du bist unglaublich schön, Lacey Roberts. Du bist sexy und ich mag dich so, wie du bist. Du hast wunderschöne Brüste und jetzt will ich sie sehen. Immerhin bist du meine Verlobte. Ich will dich sehen.« Sein Blick verhakte sich mit dem meinen. Seine ganze Aufmerksamkeit lag auf meinem Gesicht, nicht auf meinen Brüsten, meinem Körper, nur auf meinen Augen. Und was ich sah, ließ mich erschauern. Er wollte mich. So sehr, dass das Verlangen in seinen Augen aufloderte.

Unwillkürlich biss ich mir auf die Unterlippe. »Und ich will dich sehen.« Hunter stützte sich auf die Unterarme. Sein flacher Bauch wölbte sich kaum über dem Hosenbund, ein paar Zentimeter darunter zeichnete sich eine ganz andere, viel üppigere Beule ab. Meine Augen wanderten über seinen Hosenschlitz. Unwillkürlich griff Hunter sich zwischen die Beine. Ich hob die Augenbraue.

»Schüchtern?«

»Nein, aber dein Blick macht mir ... Angst.«

Ich lachte auf. »Ein Hunter Harrington hat keine Angst«, ahmte ich ihn nach. Hunter rappelte sich auf.

»Und eine Lacey Roberts ebensowenig. Ist das die gleiche Frau, die sich in einen Raum voller maskierter Männer begibt und wie ein Profi pokert?« Argwöhnisch runzelte ich die Stirn. Er forderte mich heraus und ich liebte es.

»Eben jene«, konterte ich.

»Dann zeig mir alles und ich gehöre dir.«

»Ist das ein unmoralisches Angebot?« Ich machte einen zögerlichen Schritt auf ihn zu und ließ einen Arm sinken. Hunter sog scharf die Luft ein.

»Die Einzige, die ein Angebot macht, bist du. Einer Offerte, der ich nicht widerstehen kann.«

Ich ging noch einen Schritt vorwärts. Hunter brauchte sich nur zu strecken und könnte mir das Kleid entreißen, doch er überließ mir die Zügel und das gefiel mir sehr. Ich fühlte mich wertgeschätzt, so wie er sich absichtlich zurückhielt, und das machte mich mutiger. Nicht, dass es wegen meines hohen Blutalkohols noch viel mehr gebraucht hätte.

»Zeig mir alles«, knurrte Hunter und ich ließ los. Der samtige Stoff floss mir wie ein Regenschauer über den Körper und bauschte sich zu meinen Füßen auf. Doch davon bekam ich nichts mit. Meine Aufmerksamkeit galt Hunter. In seinen Augen glomm ein Hunger, der mich ein wenig ängstigte. Er betrachtete mich von Kopf bis Fuß. Sein Blick glitt langsam über meinen Körper, genoss jeden Zentimeter, als nähme er mich buchstäblich in sich auf. Und ich verbarg nichts. Sein Blick war wie Balsam für meine Seele. Warm und weich und begierig zugleich.

Hunter erhob sich. Die plötzliche Bewegung hätte mich erschrecken sollen, doch meine Augen hingen in den seinen fest. Er trat auf mich zu und reichte mir die Hand.

»Du kannst ja doch machen, was man dir sagt«, raunte er und half mir aus dem Kleid. Er trat einen Schritt zurück und ich folgte ihm. Erneut ließ er sich auf der Bettkante nieder und zog mich zwischen seine geöffneten Schenkel.

»Manchmal«, murmelte ich und legte meine Hände auf seine Schultern. Seine Nasenspitze befand sich nur Zentimeter von meinen Brüsten entfernt und doch tat er nichts. Er sah einfach zu mir auf. Sein Atem ging schwer. Ich ließ meine Hände durch sein dunkles Haar gleiten, während er meine Oberschenkel umfasste und mich an sich drückte. Seine Finger gruben sich in meine Pobacken und massierten sanft mein Fleisch. Tu es, forderte ich ihn heraus, ohne das ein Wort über meine Lippen kam. Hunters Mundwinkel kräuselten sich. Leicht öffnete er den Mund und schob die Zungenspitze vor. Scharf atmete ich ein. Sanft leckte er über meinen

Nippel. Ein Frösteln durchfuhr mich und setzte sich zwischen meinen Schenkel fest. Es pochte heftig. Hunter starrte mich an und leckte erneut. Himmel! Die Hitze breitete sich wie ein Lauffeuer in meinem Körper aus. Immer und immer wieder neckte er meine Brustwarzen. Stöhnend fiel mein Kopf in den Nacken. Unruhig schob ich mein Becken hin und her. Ich wollte diesen Moment genießen und doch wollte ich mehr.

Hunters Lippen schlossen sich um meinen Nippel und ich zerfloss regelrecht. »Shit. Ich glaube, ich kann nicht mehr stehen.«

»Der Alkohol?« Hunters Stimme klang rau vor Lust.

Ich hob den Kopf. »Nicht nur.«

Zufrieden lächelte er, ließ mich los und zog mich neben sich auf die Matratze. »Leg dich hin.«

Benommen krabbelte ich auf das Laken und fiel erschöpft auf den Rücken. Lustvoll räkelte ich mich, während Hunter mir die Schuhe auszog. Dann legte er sich endlich neben mich. Mittlerweile hatte er sich seiner Anzugjacke und seiner Schuhe entledigt. Zärtlich wanderten seine Finger über meinen Arm, streichelten meine Schulter und umschlossen schließlich meine Brust. Ich seufzte leise, packte ihn bei der Krawatte und zog ihn an mich. Sein Blick glitt lustvoll über mein Gesicht. Ich erhöhte den Druck auf seinen Hals, bis sich unsere Lippen ganz nah waren. Und dann küsste ich ihn, als hinge mein Leben davon ab. Oh, Gott, ich wollte diesen Mann, so sehr, dass es schon wehtat.

Hunter übernahm spielerisch die Kontrolle über den Kuss und drängte mich auf den Rücken. Er nahm meine

Handgelenke und hielt sie über meinem Kopf zusammen.

»Hey«, protestierte ich halbherzig und räkelte mich in seinen Griff. Hunter schob sein Knie über meinen Oberschenkel und fixierte mich, so dass ich stillhalten musste. »Was wird das?«

Hunter lächelte. »Ich will dich ansehen, dich genießen«, murmelte er leise und ließ seine Finger über meinen Körper gleiten. Seine Fingerspitzen schlossen sich um meine Brustwarzen und zwirbelten sie sanft. Ich bäumte mich ihm entgegen, stöhnend und vollkommen verloren in der Berührung. Seine Hand hielt mich, während ich in der Lust aufging. Sein quälendes Spiel wechselte zwischen meinen Brüsten hin und her. Mal zwirbelte er sie, mal beugte er sich über sie und knabberte hungrig daran herum. Ich fühlte mich wie ein Buffet, an dem er sich nach Herzenslust bedienen konnte. Und er machte eindeutig Gebrauch davon.

Irgendwann ließ er von mir ab, so dass ich etwas Atem schöpfen konnte. Ich drängte mich an ihn und genoss seine Nähe. »Ich finde, du hast viel zu viel an.« Unruhig zerrte ich an seinem Schlips.

Hunter lächelte. »Ich find das genau richtig. Du nackt und ich im Anzug. Genau so will ich dich vor mir liegen haben.«

Ich knöpfte sein Hemd auf. Keine Ahnung, woher ich die Beherrschung nahm. Am liebsten würde ich es ihm vom Körper reißen, andererseits was gab es Schöneres, als einen Mann auszuziehen. Meinen Mann. Himmel, ich durfte nicht vergessen, dass wir unsere

Verlobung nur vortäuschten. Trotzdem würde ich entgegen meinen Prinzipien mit ihm schlafen. Hastig schob ich den Gedanken beiseite und konzentrierte mich wieder auf die Knöpfe. Während ich sein Hemd öffnete, zog Hunter sich den Schlips über den Kopf. Und dann war es so weit. Ich würde ihn endlich sehen dürfen.

Hunter kletterte über mich und verharrte still in Position. Meine Hände fuhren unter den Stoff über seinem Bauch. Harte Muskeln erbebten, sein Atem ging schwer. Doch davon ließ ich mich nicht ablenken. Das hier war mein Geschenk und ich wollte ihn genießen. Zärtlich streichelte ich über Hunters Haut, genoss ein wunderschön herausgearbeitetes Sixpack. Ich hatte all die Trainingsgeräte gesehen, mit denen er sich tagtäglich abmühte. Sein Körper war die harte Arbeit definitiv wert.

»Du bist wunderschön«, murmelte ich und schob ihm das Hemd von den Schultern. Hunter schlüpfte aus den Ärmeln und warf es achtlos zu Boden.

»Das Kompliment kann ich nur zurückgeben. Darf ich dann weitermachen?«

Ich legte meine Hände um seinen Nacken und zog ihn auf mich. »Ich bitte darum«, murmelte ich an seinem Hals und setzte leichte Küsse auf seine Haut. Hunter roch unglaublich gut. Seine festen Muskeln fühlten sich fantastisch an.

»Ich bin nicht vorsichtig.« Hunter grub seine Zähne in meine Haut. Erschrocken keuchte ich auf. Doch als er sanfte Küsse auf die Stelle setzte und immer wieder darüber leckte, entspannte ich mich.

»Und ich nicht aus Glas.«

Hunter hob den Kopf und blickte mich gierig an. »Gut.« Und dann machte er seinem Namen alle Ehre.

HUNTER

Lacey fühlte sich fantastisch an. Er küsste sich an ihrem wunderschönen Körper herunter. Der Drang, sie endlich richtig schmecken zu können, überwältigte ihn. Er wusste, dass das, was sie hier taten, keine Zukunft hatte. Ihre Verlobung war nur eine geschäftliche Vereinbarung, doch wenn sie sich so süß unter ihm wand, wollte er nur noch vergessen.

Hunter machte es sich zwischen ihren Schenkeln bequem und brachte seine Nase direkt über ihr Geschlecht. Ein schwarzes Stoffdreieck bedeckte ihre Scham. Doch nicht mehr lange. Lacey lag geöffnet vor ihm und nichts könnte ihn jetzt noch davon abhalten, sie zu nehmen. Das hier jedoch würde er genießen.

Lacey richtete sich auf. Ihre Brüste wölbten sich wie zwei reife Pfirsiche auf ihrem Brustkorb, ihr Atem hob sie ständig in die Höhe. Wie eine fleischgewordene Provokation. Gleich würde er seinen Schwanz zwischen sie stecken, doch vorher musste er etwas anderes tun. Vorher würde er seine kleine Verlobte ein wenig um den Verstand bringen. »Was hast du vor?« Lacey atmete flach und starrte ihn an. Ein Hauch Angst durchzog ihre von Lust schweren Worte.

»Dich schreien lassen.«

Ihre Augen weiteten sich entsetzt, als er herausfordernd seine Zunge durch ihre Scham gleiten ließ. Laceys Lider flatterten. »Bitte ...«

Hunter grinste und saugte sich an ihrem empfindlichsten Punkt fest. Nur der Stoff schützte sie noch vor ihm. Laceys Finger krallten sich in sein Haar. Sie zog daran, wollte ihn hoch zu sich ziehen, doch das würde er nicht zulassen. Er wollte sie genau so, bis sie zitterte und sich ihm ergab. Gemächlich pflückte er ihre Hände von seinem Kopf und platzierte sie neben ihrem Körper. Dann hob er den Kopf und warf ihr einen drohenden Blick zu.

»Okay.«

Hunter lächelte und ließ sie nicht aus den Augen. Lacey wimmerte, als er seine Zunge auf ihren Kitzler drückte. »Bitte …«

»Gleich, lass mich dich schmecken, okay?« Eine Zustimmung brauchte er nicht. Laceys Körper summte vor Verlangen. Langsam schob er den Steg des Tangas beiseite und teilte ihre Schamlippen mit der Zungenspitze. Ein lustvolles Zittern rollte über ihren Körper. Lacey fiel zurück auf die Matratze, krallte die Hände ins Laken und stöhnte seinen Namen. Seine Ohren summten. Nie hatte er etwas Schöneres gehört. Er wollte mehr. Mehr von diesen wunderschönen Geräuschen, die sie seinetwegen ausstieß.

Hunter schob zwei Finger in ihre Mitte und knabberte sachte an ihrer Klit. Immer wieder wechselte er zwischen sanftem Lecken und seinen Zähnen hin und her, während er in sie stieß. Sein Schwanz bettelte regelrecht um Freiheit, doch noch würde er ihn dort lassen, wo er war. Lacey erbebte. Der Orgasmus kam schnell und heftig. Sie warf sich herum, presste die

Schenkel um seinen Kopf zusammen, so dass er eine Hand brauchte, um sie festzuhalten, während er sie mit der anderen fickte. Sie schrie ihre Lust heraus und er verlängerte ihren Orgasmus geschickt, bis sie schließlich zuckend und stöhnend vor ihm lag, betörend schön mit brennenden Wangen, gerötetem Dekolletee und hart aufgerichteten Nippeln. Sie lächelte selig, als er sich erhob und ihr seinen Finger reichte.

»Willst du dich schmecken?«

Lacey starrte ihn an, bevor sie hingebungsvoll seinen Finger sauber leckte. Braves Mädchen.

Dann kletterte er auf sie, hockte sich über ihren Bauch und blickte auf sie herab. »Jetzt du«.

»Ich soll ...?« Mit großen Augen starrte sie ihn an. Hunter nickte.

»Ja.«

Lacey schien zwar noch etwas erschöpft, doch sie ließ sich nicht zweimal bitte. Hastig machte sie sich an seiner Gürtelschnalle zu schaffen, löste den Reißverschluss und ließ die Hand in seiner Hose verschwinden. Hunter stöhnte auf, als sie ihn umfasste.

»Beachtlich, Mr. Harrington.«

Er lächelte selig und schob sich die Hose vom Hintern, während Lacey ihn sanft durch die Unterhose massierte. Gott, das fühlte sich so gut an. Hunter stöhnte tief, als sie ihre Hand in seinen Slip schob und ihn befreite. Scheiße, das fühlte sich so unglaublich gut an, dass er sich am liebsten sofort in ihr versenkt hätte. Er warf den Kopf in den Nacken und überließ sich ihren geschickten Fingern. Ihre Hände glitten seine Länge bis zur Wurzeln und packten fest zu. Unwillkürlich bewegte er die Hüften vorwärts, kam ihr entgegen und grub sich in ihre Finger. Einem Urinstinkt folgend, zog er sich wieder zurück, nur um erneut zuzustoßen.

»Zieh deine Hose aus«, forderte Lacey. Ihre Stimme durchdrang den Nebel der Lust nur langsam. Schwerfällig vom Verlangen erhob er sich, schlüpfte aus Hose, Slip und Strümpfe und kletterte wieder auf sie. Sein Schwanz pochte und schmerzte. Sehr viel länger würde er sich nicht mehr zurückhalten können. Er war noch nicht ganz über ihr, da fanden ihre geschickten Finger ihr Ziel und umschlossen ihn erneut. Hunter verharrte über ihr und biss sich in die Fingerknöchel.

»Lacey, ich kann nicht länger warten«, knurrte er und warf einen Blick zur Seite. Sie lächelte ihn an.

»Dann fick mich endlich.« Sie packte fest zu und drängte ihn an ihren Eingang. Hunter schüttelte heftig den Kopf.

»Ich will noch nicht, dass es vorbei ist.« Er fühlte die heiße Feuchtigkeit an seiner Spitze, spürte, wie Lacey ihr Becken anhob und sein Schwanz ein paar Millimeter vorglitt.

»Es fängt gerade erst an«, schnurrte sie und hob ihr Becken an.

Hunter stöhnte. Mit einem einzigen Stoß versenkte er sich in ihrer heißen Mitte. Lacey schloss die Arme um ihn und verschränkte die Knöchel an seinem Po. Still verharrte er in ihr, fühlte das sanfte Pulsieren ihrer engen Scheidenwände, wie sie ihn massierten und drängten, sie endlich zu nehmen. Hunter biss ihr in die

Schulter und begann sie mit langen, tiefen Stößen zu nehmen. Sein Blick verhakte sich mit dem ihren und bei jedem Stoß flatterten ihre Lider hingebungsvoll. Lacey lächelte glücklich. Ihre entspannten Züge spornten ihn an, sie zu nehmen, ihr das zu geben, was sie wollte.

Hunter richtete sich auf und veränderte somit den Winkel. Die tiefen Stöße fühlten sich gut an, schienen genau richtig, doch jetzt wollte er mehr. Er packte ihre Schenkel und drückte die Knie weit auf die Matratze. Eine Hand platzierte er auf ihrer Scham und dann fing er an, das Tempo zu erhöhen. Sein Daumen rieb ihren Kitzler, sein Schwanz bohrte sich in sie und ihre Schreie wurden lauter, abgehackter. Er wartete das heftige Pulsieren ihres Körpers ab, packte ihre Brüste und fickte sie, als hätten sie nur diese eine Nacht.

Laceys Scheide saugte an ihm, als sie sich heftig um ihn zusammenzog.

»Hunter, nein!«, schrie sie und er kam mit einem tiefen Schrei, pumpte in sie, was er besaß, und noch mehr. Dreimal, viermal. Die letzten Stöße raubten ihm regelrecht die Besinnung. Erschöpft brach er auf ihr zusammen.

Irgendwann, es könnten Stunden vergangen sein, zog er sich aus ihr zurück und richtete sich auf. Lacey lächelte ihn glücklich an. Hunter erwiderte ihr Lächeln, beugte sich vor und küsste sie zärtlich.

»Warte hier, ich bin gleich zurück.« Er rutschte von der Matratze und eilte ins Bad, wo er mit einem feuchten Lappen zurückkehrte. Lacey lag noch genauso erschöpft auf den Decken, wie er sie verlassen hatte.

»Was hast du vor?«, murmelte sie träge.

»Dich saubermachen.« Er legte sich neben sie und reinigte sie vorsichtig. Lacey sog scharf die Luft ein, als die kühle Feuchte des Lappens ihren empfindlichen Intimbereich traf. Sanft wusch er die Überreste seiner Lust von ihrem Körper, setzte immer wieder federleichte Küsse auf ihre Haut. Nachdem er auch den letzten Tropfen abgewaschen hatte, legte er den Lappen weg und griff nach den Bettdecken. Lacey rollte sich an seiner Seite zusammen, schmiegte ihren Po in seinen Schritt und ihren Rücken an seine Brust. Hunter schloss sie in seine Arme ein und vergrub die Nase in den seidigen Wellen ihres Haares.

Eine angespannte Ruhe breitete sich zwischen ihnen aus. Niemand sagte etwas, doch Hunter spürte, dass da etwas zwischen ihnen war, etwas, dass er nicht greifen konnte. Und er fürchtete, wenn er jetzt den Mund öffnete und etwas sagte, könnte der Moment irgendwie kaputtgehen. Gerade war etwas passiert. Ja, sie hatten Sex gehabt. Aber da war viel mehr. Er fühlte eine tiefe Zuneigung zu dieser Frau in seinen Armen. Nicht irgendeine Frau, Lacey. Und das machte ihm schreckliche Angst.

Was war hier nur gerade passiert?

Kapitel 11

LACEY

Im ersten Moment wusste ich nicht, wo ich war. Sonnenstrahlen streiften über meine Haut, kitzelten mich in der Nase und wärmten mein Gesicht. In meinem Schlafzimmer in Hunters Wohnung schien die Sonne erst am späten Nachmittag durch das Dachfenster. Dort konnte ich also nicht sein.

»Mh.« Ich seufzte träge. Natürlich könnte ich die Augen öffnen und einfach nachsehen, wo ich war, aber ich wollte die angenehme Wärme des Bettes und das süße Vergessen des Schlafs noch nicht loslassen. Später war genug Zeit für den Aufschlag auf dem harten Beton der Realität.

Jemand regte sich hinter mir. Und ich erstarrte. Hastig riss ich die Augen auf. Die Erinnerung kehrte wuchtig zurück, traf mich mit der Kraft eines heranbrausenden Vierzigtonners. Schlagartig wurde mir klar, was letzte Nacht passiert war, wo ich mich befand und wer langsam hinter mir erwachte. Beziehungsweise erwachte noch etwas ganz anderes und das drückte sich zwischen meine Schenkel. Himmel! Ich hatte mit Hunter Harrington geschlafen.

Zärtlich zog er mich an sich, schob seine halbsteife Erektion gegen meinen Hintern und vergrub seine Nase in meinem Haar. Hunters Hand umfasste meine untere Brust und massierte sie sanft.

Das passierte hier nicht wirklich, oder? Ich befand mich in einem dieser surrealen Träume, die das Unterbewusstsein schickte, um mir meine heimlichen Fantasien vorzuführen. Träume, die so echt waren, dass man beim Aufwachen sexuelle Lust verspürte und bereits feucht war? Schön wär's. Ich war wach, definitiv.

Hastig hob ich die Bettdecke an und sah nach. Scheiße. Hunter knetete wirklich meine Brust und es fühlte sich so himmlisch an. Ich schluckte und schloss die Augen. Nein! Ich musste das hier sofort beenden. Ich versagte mir sämtlichen Genuss und riss mich zusammen, obwohl ich mich viel lieber seinen Händen ergeben hätte. Schluss damit. Wir führten keine echte Beziehung. Wir taten nur so. Mein Blick fiel auf den Diamantring an meinem Finger. Oh, nein, auch Edelsteine würden mich nicht vergessen lassen, dass ich hier nur meine Schuld abtrug.

»Sag mal, was tust du da eigentlich?«

Hunter erstarrte hinter mehr. »Meiner Verlobten guten Morgen sagen?« Er drückte mir ein paar Küsse auf die Schulter. »Guten Morgen, Liebling.« Wärme breitete sich in meinem Magen aus, begleitet von einem lustvollen Ziehen im Unterleib.

»Guten Morgen, Hunter.« Ich blieb hart. Verschämt presste ich die Lider zusammen. Genau, Lacey, bleib hart. Ein dämlicheres Wortspiel fiel mir auf die Schnelle nicht ein.

»Das ist nur ein halbes guten Morgen.« Hunter drehte mich um und rollte sich auf mich, schneller als ich protestieren konnte. Noch dazu machte mein Körper sein eigenes Ding. Meine Schenkel fielen wie auf Knopfdruck auseinander und gewährten ihm uneingeschränkten Zugang. Schockiert starrte ich ihn an, als seine mächtige Erektion es sich an meinem Eingang gemütlich machte. »Und jetzt sage ich dir richtig guten Morgen.«

»Hunter, nein, ich-« Er presste seine Lippen auf meinen Mund, drang mit der Zunge in mich ein und schob die Hüften vor. Ich war noch vom gestrigen Abend feucht und in der Zwischenzeit schien mein Körper für ordentlich Nachschub zu sorgen. Hunter stieß kraftvoll zu und ich vergaß, warum ich ihn eigentlich von mir schieben wollte. Seine Küsse überwältigten meinen Verstand und begrenzten meine Welt auf das Hier und jetzt, auf tiefe, sinnliche Stöße und lustvolles Stöhnen. Von mir.

Oh, nein! Ich warf den Kopf in den Nacken und stöhnte seinen Namen. Hunter beschleunigte, packte meine Hüften und richtete sich auf. Dann nahm er meine Beine und legte sie sich auf eine Schulter, so dass er kraftvoll in mich stoßen konnte.

»Knet deine Titten.« Seine Stimme glich einem tiefen Grollen, direkt aus seinem Bauch. Ich gehorchte. Zu mehr war ich nicht fähig. Mein Verstand löste sich auf, das Verlangen überwältigte mich. Hunter fickte mich, als hätten wir gestern Abend nur nutzlos auf der Couch gelegen. Himmel, ich konnte nicht mehr. Jeder

Muskel verweigerte sich, doch die Lust überlagerte den Schmerz und schließlich traf Hunter genau den richtigen Punkt.

»Nein!«, schrie ich auf, als ich mich zuckend und stöhnend um seinen Schwanz zusammenzog. Er grinste verboten gierig und erhöhte noch mal sein Tempo, verlängerte so meinen Orgasmus, bis auch er sich in einem letzten gutturalen Schrei aufbäumte und seine Ladung in mich pumpte.

Hunter ließ meine Beine los und brach neben mir zusammen.

»Du bist so tot, Harrington, so tot!«

HUNTER

Er musste einfach grinsen, seine letzten Kraftreserven aufsammeln und sich über Lacey beugen, um sie hingebungsvoll zu küssen. Sie wütete zwar, aber sobald er ihre Lippen berührte, schmolz sie dahin. Als wüsste ihr Körper längst, was ihr Verstand noch zu begreifen versuchte. Sie gehörte ihm, sie wusste es nur noch nicht.

»Es ist ja nicht so, als ob du keinen Spaß hättest.«

Wütend funkelte sie ihn an. Er trieb es gerade mächtig auf die Spitze, doch er liebte diesen Blick. Wenn er sich nicht erst verausgabt hätte, würde er erneut über sie herfallen. Aber diesmal würde er sie von hinten nehmen, und ...

»Ich geh duschen! Und du kannst mal darüber nachdenken, wie es bei mir ankommt, wenn du ständig über mich herfällst.« Lacey schwang die Beine aus dem

Bett und huschte ins Bad. Ihr nackter Arsch wackelte vor seinem Gesicht hin und her. Die Versuchung war groß, doch er blieb liegen, legte den Kopf in den Nacken und starrte an die Decke. Was er getan hatte, war falsch gewesen. Sex stand niemals im Raum. Und trotzdem fühlte er sich genau richtig an und würde seinen Onkel zusätzlich überzeugen. Wenn er erst einmal unterschrieben hatte, konnte jeder wieder seiner Wege gehen. Doch aus irgendeinem Grund wünschte sich Hunter, dass sein Onkel sich noch ein wenig Zeit lassen würde. Er grinste und stand auf, wusste, dass er das nicht tun sollte, doch er wollte so lange in Laceys Nähe sein wie möglich.

Als er die Badezimmertür aufschob, stand sie bereits unter der riesigen Wasserfalldusche. Hunter genoss einen Augenblick ihren Anblick, bevor er zu ihr unter die Brause trat und sich an ihren Rücken schmiegte. Lacey stöhnte genervt auf.

»Darf ich nicht alleine duschen?«

»Nein. Ich würde gerne eine Zusatzvereinbarung treffen«, schnurrte er und verteilte den Schaum, mit dem sie sich bereits einseifte, über ihren Brüsten, wusch ihren Bauch und bahnte sich dann einen Weg zwischen ihre Schenkel.

»Kein Sex.« Lacey keuchte kurz auf, zerfloss aber dann unter seinen Berührungen.

Hunter seufzte. Früher hätte er sofort wieder gekonnt, aber er war keine einundzwanzig mehr. Sein Schwanz brauchte sehr zu seinem Leidwesen eine Pause. »Selbst wenn es dir Spaß macht? Dir gefällt es doch?«

Lacey atmete überdeutlich aus. »Darum geht es nicht.« Sie drehte sich in seinen Armen um, drückte ihre Brüste gegen seine Brustmuskeln und legte ihm die Arme um die Schultern. »Was, wenn wir ...?«

Hunter legte seine Hände auf ihren Hintern und drückte sie gegen seinen Unterleib. Himmel, was hätte er für eine Erektion gegeben. »Das wird nicht passieren«, sagte er die Worte, die sie hören wollte. »Wir leben in vollkommen verschiedenen Welten. Du bist Reporterin, ich habe ein Multimilliardendollar Unternehmen zu leiten. Wir sind viel zu verschieden. Jeder wird verstehen, wenn wir uns zügig wieder trennen. Man wird sagen, sie passten ja doch nicht zusammen.« Wieso wünschte er sich dann, dass genau das Gegenteil der Fall war?

Lacey schien nicht überzeugt. »Und wenn wir uns verlieben?«

Hunter lachte laut auf. »Das wird nicht passieren. Man munkelt, Hunter Harrington kann gar nicht lieben.«

Lacey sah ihn ernst an. »Versprichst du es? Dich nicht zu verlieben?«

Er nickte grimmig. »Und du? Wirst du dich an die Vereinbarung halten und ein wenig Spaß mit mir haben? Ich kann mich schon deshalb nicht verlieben, weil ich diesen ganzen Beziehungsscheiß in meinem Leben nicht gebrauchen kann. Ich arbeite viel zu viel.«

»Ich ebenfalls. Beziehungen sind anstrengend.«

Hunter nickte. »Genau. Also nur ein wenig Spaß, wenn uns beiden danach ist?«

Lacey bejahte. »Das macht es auch viel authentischer.«

»Eben.« Hunter drückte ihren Hintern, zog ihre Pobacken auseinander und suchte ihr Loch.

»Aber nicht dort!« Panisch starrte Lacey ihn an, so dass Hunter lachte.

»Okay, okay. Nicht dort.« Er beugte sich vor und küsste ihren Hals. Lacey wurde sofort nachgiebig in seinen Armen. Er liebte es, wie sie sich an ihn schmiegte, wie er sie halten durfte, wenn er sie liebte ... küsste, wenn er sie küsste. Liebe stand nicht im Vertrag.

»Aber du könntest dich anderweitig erkenntlich zeigen«, begann sie leise. Ihre Finger wanderten über seinen Rücken, hinab zu seinem Po. Sie seufzte genüsslich.

»Mh?« Zu mehr war er nicht fähig. Antworten zu wollen, würde bedeuten, sich von ihr zu lösen. Und das wollte er dringend vermeiden. Er hatte sowieso viel zu wenig Zeit.

»Du könnest nach dem nächsten Pokertermin schauen.«

Nun richtete er sich doch auf. »Du meinst es damit wirklich ernst, oder?«

»Ja, ich brauche die Story. Kein Poker, kein Sex.« Sie grinste ihn vielsagend an. Hunter biss sich auf die Unterlippe. Wie er es hasste, wenn Vertragsparteien die Bedingungen nachträglich anpassten. Aber in Laceys Fall war er durchaus bereit, eine Ausnahme zu machen. Mal sehen, wie weit sie gehen würde.

»Okay, du kriegst dein Poker.« Lacey strahlte, während Hunter vor ihr in die Knie ging. Erfreut klatschte sie in die Hände.

»Wann?«

Hunter hob ihr Bein an. »Heute Abend«, murmelte er und lächelte zu ihr auf. »Halt dich fest, ich will dich schmecken.«

»Hier? Jetzt?«

Er grinste sie an. »Hier und jetzt, so oft ich will. Denk an das Pokerspiel.«

Genervt rollte Lacey mit den Augen, doch sie gehorchte brav und griff nach den Stangen, die zu beiden Seiten der Kabine in den Fliesen verankert waren. Damit man sich beim Sex festhalten konnte, natürlich. »Na, dann mach schon. Ich habe Hunger.«

Hunter biss sich auf die Unterlippe und genoss den Anblick ihrer feucht glänzenden Schamlippen. »Oh, den habe ich auch«, murmelte er und beugte sich vor.

LACEY

»Ihr seid spät.« Onkel Roger saß lässig im Hausmantel am Kopfende des Esstisches und faltete die Zeitung zusammen. Er grinste dabei so schelmisch, dass ich augenblicklich mit jeder Tomate in Konkurrenz treten könnte.

»Verzeihung«, murmelte ich. Hunters Hand auf meinem unteren Rücken schob mich sanft vorwärts. Er ging dicht hinter mir, so dass sein Atem meine Ohrmuschel streifte.

»Guten Morgen, Onkel. Entschuldige die Verspätung.«

»Ihr müsst euch nicht entschuldigen. Junge Liebe ist doch so erfrischend. Setzt euch, setzt euch.« Roger deutete hektisch auf die beiden freien Plätze am Kopfende zu seiner rechten und linken. Wir sollten also gegenüber sitzen? Okay. Dann sprang er auf und rief nach dem Butler. »James!«

Lächelnd griff Hunter nach meiner Hand und führte mich zu dem mir zugewiesenen Platz. Ganz gentlemanlike zog er den Stuhl für mich unter dem Tisch vor und half mir beim Hinsetzen. »Was ist denn in dich gefahren?« Misstrauisch zog ich die Augenbrauen zusammen. Hunter grinste.

»Darf ich meine Verlobte nicht hofieren?«

Ich beobachtete ihn lauernd, während er den Tisch umrundete und mir gegenüber Platz nahm. Da stimmte doch etwas nicht. »Was willst du?«

Hunter grinste breit. »Ich habe schon alles bekommen.« Onkel Roger eilte zurück an den Tisch. Außer Atem ließ er sich auf den Polstern nieder.

»Immer dieser James. Er war schon im Garten unterwegs. Offensichtlich hat er eure Anwesenheit vergessen. Dieser Schussel.« Roger lachte. »Also erzählt mal, wie habt ihr geschlafen? Falls ihr überhaupt geschlafen habt.« Wieder dieses listige Grinsen. Roger schien jedenfalls außerordentlich gut gelaunt zu sein.

»Roger, hast du uns etwa ... belauscht?« Hunter griff nach der Kaffeekanne und schenkte erst mir, dann sich selbst ein. Zudem gab er einen Schuss Milch in meinen Kaffee, genau so, wie ich es mochte. Ich nahm meine Tasse und lächelte hinein. Nicht, dass ich meinen Kaffee nicht selbst zubereiten konnte, aber es fühlte sich irgendwie schön an, wenn es jemand anderes für mich tat. Ich sah auf und begegnete Hunters Blick. Fragend hob er eine Augenbraue. Ich nickte. Ja, der Kaffee war perfekt. Zufrieden widmete er sich seiner eigenen Tasse.

»Ich habe euch nicht belauscht. Ihr wart nicht zu überhören!« Roger winkte James heran, der gerade mit einem Tablett aus der Küche erschien und neben mir Stellung bezog.

»Eier, Speck, Pancakes, Ms. Roberts?« Er hielt mir das mit Köstlichkeiten beladene Tablett förmlich unter die Nase.

»Oh, ja, bitte. Von allem! Ich bin am Verhungern!«

»Kein Wunder«, murmelte Hunter in seine Kaffeetasse. Ich warf ihm einen bösen Blick zu, der sowohl Roger als auch Hunter amüsiert grinsen ließ. Ich könnte jetzt eine spitze Bemerkung über Hunters morgendliche Aktivitäten verlieren, doch ich konzentrierte mich lieber auf mein Frühstück. Ungelogen hatte mich die vergangene Nacht ziemlich erschöpft. Dazu der Alkohol. Ein üppiges Frühstück war genau das, was ich jetzt brauchte.

Onkel Roger schien der Einzige zu sein, den diese Nachricht fröhlich stimmte. Er freute sich wie ein kleines Kind und lächelte abwechselnd Hunter und mich glücklich an. Irgendwie freute ich mich für ihn. Meine Stimmung trübte nur die Tatsache, dass Hunters und meine Verbindung nicht von Dauer sein würde. Roger wäre am Boden zerstört. Ich kam allerdings nicht dazu, Trübsal zu blasen, denn James lud derweil Speck und

Eier auf Hunters Teller ab und versprach, frischen Toast zu bringen.

»Und vergessen Sie den Orangensaft nicht für Ms. Roberts. Ich möchte sie bei bester Gesundheit wissen.«

Ich hielt beim Zerschneiden meiner in Sirup getränkten Pancakes inne. »Gesundheit? Wieso? Ich fühle mich hervorragend.«

Roger tätschelte meine Hand. »Davon gehe ich aus, meine Liebe. Aber du wirst deine Kraft brauchen. Für meinen Großneffen.« Roger strahlte mich an. Großneffen?

»Ich bin nicht …«, stammelte ich. Schwanger. Das Wort konnte ich noch nicht einmal denken. Ich und schwanger? Um Himmels willen, meine Mutter würde an einem Anfall von Glückseligkeit sterben. Und mein Vater erst. Ich sah es schon vor mir. Hunter und Markos Roberts, benebelt vom Ouzo, wie sie auf meinen dicken Bauch anstießen und sich anstößige Sprüche zuwarfen, während Mom bereits Babysöckchen strickte. Himmel!

»Noch nicht, meine Liebe, noch nicht. Wir wollen doch vorsorgen.«

Besteckklappern schreckte mich hoch. Onkel Roger und ich wandten uns uni sono zu Hunter um. »Lacey wird nicht … wir werden nicht … Niemand ist schwanger oder hat vor, in absehbarer Zeit schwanger zu werden. Ist das klar?« Hunters grimmiger Blick versetzte mir einen Stich. Okay, ich gab ihm natürlich recht, im Moment. Aber irgendwann wollte ich schon eigene Kinder. Nur vielleicht jetzt noch nicht.

»Nicht jetzt, aber vielleicht ... später? Das würde einen alten Mann sehr glücklich machen.«

Hunter knurrte unwillig. »Lass dir bloß nicht einfallen, eine weitere Bedingung zu deiner nicht enden wollenden Liste an Vorrausetzungen für meine Übernahme deiner Anteile einfallen. Es reicht, Roger. Wirklich!«

Roger hob abwehrend die Hände. »Keine Sorge, mein Junge. Du bekommst deine Anteile.« Er wandte sich lächelnd an mich. »Mit dieser wundervollen jungen Dame an deiner Seite bin ich davon überzeugt, dass du das Schiff schon schaukeln wirst.«

»Ich schaukle das Schiff seit Jahren. Mir fehlen nur noch deine Prozente, um absolute Entscheidungsfreiheit zu haben.«

»Die wirst du bekommen. Wenn ihr verheiratet seid. So wie abgesprochen.«

Die beiden Harringtons fochten ein Blickduell aus, während sie sich eine Kampfansage nach der anderen an den Kopf warfen. Wäre ich Hunters echte Verlobte, hätte ich mich wohl über diese Bedingungen aufregen sollen. Man knüpfte eine Firmenübernahme nicht an eine Heirat. Wie beknackt war denn das? Heiraten sollte man aus Überzeugung, wenn man die Person gefunden hatte, die man liebte, mit der man sein Leben verbringen wollte. Nicht weil ein tattriger Onkel antiquierte Vorstellungen vertrat und darauf bestand. Aber so war ich nur die Bedingung, damit Hunter die Firma übernehmen konnte. Und als solche hielt ich lieber meinen Mund. Auch wenn ich mich absolut unwohl fühlte.

Eine Weile aßen wir schweigend vor uns hin, bis Onkel Roger sich räusperte. »Wisst ihr denn schon einen Termin?«

Hunter ließ klappernd das Besteck fallen. Er sah seinen Onkel an, als ob er gerade mit dem Gedanken spielte, die Erbschaft zu beschleunigen, indem er ihn mit dem Buttermesser erdolchte. »Können wir das Thema für den Moment auf sich beruhen lassen?«, knurrte mein Verlobter und zerhackte seinen Speck, so dass ich um das gute Porzellan fürchtete.

»Nein, noch nicht. Aber wir werden Ihnen den Termin mitteilen, sobald er steht.« Ich tätschelte Onkel Rogers Hand. Er schenkte mir ein freundliches Lächeln.

»Du gutes Kind. Sag doch bitte auch Onkel Roger zu mir. Schließlich gehörst du zur Familie, nicht wahr?«

Ich erwiderte sein Lächeln und fühlte mich dabei absolut schäbig. Wieso betrogen wir eigentlich diesen herzensguten alten Mann? Weil er ein paar verschrobene Ansichten hatte? Weil Hunter die Firma wollte? Das alles fühlte sich nicht richtig an. Das einzige, was sie wirklich perfekt anfühlte, war der Sex letzte Nacht gewesen. Verdammt. »Danke, Onkel Roger.«

»Gut, dann nutzt den heutigen Tag und entscheidet euch, damit ihr ihn morgen der Hochzeitsplanerin mitteilen könnt. Sie hat ein kleines Restaurant vorgeschlagen. Zum Mittagessen? Wenn ihr es einrichten könnt?«

Erneut klapperte Hunter mit dem Besteck. »Du kannst nicht einfach eine Hochzeitsplanerin für uns bestellen und Termine ausmachen. Lacey und ich gehen arbeiten. Wir haben vielleicht morgen Mittag etwas anderes zu tun -«

»Vielen Dank, Onkel Roger. Wir werden versuchen, dazusein. Wenn es nicht klappt, gebe ich Bescheid, ja?«

Onkel Roger lächelte mich freundlich an. »Gut, dann gib mir noch deine Nummer. Dann nehme ich dich in die Familiengruppe auf.«

Entsetzt weitete ich die Augen. »Familiengruppe?«

»Kleiner Scherz. Nein, wir haben keine Familiengruppe. Mein Sohn und mein Neffe sind froh, wenn sie sich nur einmal pro Monat hier blicken lassen müssen. Ich hoffe auf dich, Lacey. Und auf viele Großnichten und Großneffen, die ihren alten Großonkel regelmäßig besuchen.«

Unwillkürlich legte ich das Besteck beiseite und starrte beklommen auf meinen mit Köstlichkeiten überladenen Teller. Das war so falsch. Hilfesuchend blickte ich zu Hunter, doch der schien meine Bedenken gar nicht zu bemerken. Ungerührt schaufelte er Rührei in sich hinein und spülte mit Kaffee nach. Als sei Essen seine Bewältigungsstrategie – oder der verzweifelte Versuch, nicht reden zu müssen. Die Art, wie seine Fingerknöchel die Gabel malträtierten, ließ keinen Zweifel zu. Er fühlte sich genauso unwohl wie ich. Doch vermutlich aus anderen Gründen. Er war es leid, sich von seinem Onkel Vorschriften machen zu lassen, während mich das schlechte Gewissen plagte.

Ich zwang mir ein Lächeln auf die Lippen. »Ich werde mein Bestes geben.«

Roger nickte freundlich. »Davon bin ich überzeugt. Ah, es ist so schön, endlich eine junge Frau an Hunters Seite zu erleben. Du musst mir alles über deine Familie erzählen. Deine Eltern? Wo wohnen sie? Wo kommen sie her?« Während er mich mit Fragen bombardierte, fiel sein Blick auf meinen Teller. »Hast du keinen Hunger mehr? Vorhin schienst du noch einen gesunden Appetit zu haben.«

Ich verneinte. »Nein, danke. Ich bin satt. Also meine Eltern wohnen in Brooklyn. Sie betreiben ein kleines griechisches Restaurant namens Akropolis ...«

»Er verhält sich absolut übergriffig. Hochzeitsplanerin? Ist das noch zu glauben? Und dann verfügt er auch noch über meine Zeit. Ich kann mir nicht einfach so ein, zwei Stündchen über Mittag abknappsen. Ich habe ...«

»... ein Multimilliardendollar Unternehmen zu leiten. Ich weiß.«

Wütend starrte mich Hunter an, während ich mir die Nasenwurzel rieb. Die Hochzeitsplanerin sollte mich genauso abschrecken wie Hunter, aber ich wälzte gerade ein anderes Problem hin und her. Mein schlechtes Gewissen. »Es wird deinem Onkel das Herz brechen, wenn wir uns wieder trennen. Er wird das nicht verkraften und ich weiß nicht, ob ich da mitmachen kann.«

Hunter drehte sich zu mir um und starrte mich einen Augenblick an. Fassungslosigkeit durchtränkte seine Miene. »Moment!« Er fuhr noch paar hundert Meter weiter, bis eine Parkbucht in Sicht kam, und scherte aus. Als der Motor verstummte, wandte er sich erneut zu mir um, doch darauf war ich vorbereitet.

»Er erwartet Kinder! Himmel, dein Onkel will einfach eine große Familie. Er liebt dich über alles und er möchte, dass du glücklich bist.«

Hunter schnaubte. »Ich bin glücklich, wenn ich in meinem Büro sitzen und Milliarden hin und herschieben kann.«

Ich hob eine Augenbraue. »Ernsthaft? Sim City spielen für Erwachsene erfüllt dich?«

»Ich spiele nicht Sim City.« Seine Augenbrauen zogen sich dicht zusammen und in seiner Stimme schwang ein unterschwelliger Zorn mit, der mich warnte, ihn nicht weiter zu provozieren. Doch ich war nun mal ich und sobald ich roch, worauf mein Gegenüber ansprang, konnte ich einfach nicht meinen Mund halten.

»Doch, das tust du. Du lenkst dich von den wirklich wichtigen Dingen im Leben ab. Dein Onkel ist dein einziger Verwandter, oder?«

Hunter warf mir einen wütenden Blick zu, startete den Motor und trat das Gaspedal durch. »Dieses Gespräch führen wir nicht. Ich bezahle dich dafür, meine Verlobte zu spielen, nicht, mich zu analysieren. Was bist du jetzt? Meine Therapeutin?«

Puh, das hatte gesessen. »Nein, bin ich nicht, ich will deine Freundin sein und ich versuche herauszufinden, warum du dich so gegen die Fürsorge deines Onkels wehrst. Er meint es nur gut.«

Hunter ließ den Motor aufheulen und lenkte den Wagen auf die Überholspur, wo er noch einmal an Geschwindigkeit zulegte. »Er denkt vor allem an die Öffentlichkeitswirkung. Und du, meine Liebe, passt perfekt in sein Beuteschema. Wunderschöne Haare, lange Beine, eine Figur zum Niederknien. Noch dazu ein freches Mundwerk. Du bist die Tochter, die er sich immer gewünscht hat. Deshalb habe ich dich ausgesucht.«

Fassungslos starrte ich ihn an. »Du hast mich nicht ausgesucht. Unsere Begegnung war rein zufällig.«

Ein teuflisches Lächeln umspielte seine Lippen. »Meinst du, ja? Du bist eine lausige Pokerspielerin, Lacey. Ich wusste, dass ich dich kriege, wenn mein Einsatz nur hoch genug sein wird. Und du bist voll drauf eingestiegen.«

Ich schnaubte entrüstet, verschränkte die Arme vor der Brust und starrte aus dem Fenster. »Du lügst.«

»Und wenn schon? Spiel meine Verlobte. Ansonsten halt den Mund. Mehr will ich gar nicht von dir.«

Ich schüttelte den Kopf. Er log, wie gedruckt. Er wollte mehr, sehr viel mehr. Ein boshaftes Lächeln umspielte meine Lippen. »Ach wirklich? Überhaupt nicht mehr?« Ich legte meine Hand auf seinen Oberschenkel und strich sanft über die Naht an der Innenseite seiner Hose. Hunter spannte sich an.

»Das ist keine gute Idee. Ich muss mich aufs Fahren konzentrieren.« Sanft fuhr ich höher und neckte seinen Schritt. Hunter zuckte zusammen. »Verdammt, Lacey.«

Ich kicherte. »Ach, ich dachte, du willst nicht mehr von mir. Dann sollten dir meine Berührungen ja auch nichts ausmachen.«

»Du bist unmöglich.«

Ich grinste. »Ich weiß. Und jetzt erzähle mir noch mal genau, warum du dich so gegen deinen Onkel wehrst. Was stört dich an ihm?«

Hunter atmete tief durch. »Nein, darüber werden wir nicht reden. Das ist privat. Nimm einfach deine Hand weg.« Die Art, wie er antwortete, sagte mir, dass er tatsächlich nicht darüber reden wollte. Okay, das konnte ich möglicherweise akzeptieren. Aber das, was er über das Pokerspiel gesagt hatte, brachte mich zum Nachdenken. Er wollte mich. Warum ausgerechnet mich? Weil ich in das Beuteschema seines Onkels passte? Weil ich sein imaginäres Bild der perfekten Verlobten verkörperte? Wohl kaum. Er konnte nicht wissen, dass ich dort sein würde. Er wusste ja noch nicht einmal, dass ich Journalistin war. Also warum hatte er das gesagt?

Hunter lenkte den Wagen in die Tiefgarage und stellte ihn auf dem zum Penthouse gehörigen Parkplatz ab. Der Motor verstummte, doch er stieg nicht aus. Nachdenklich sah ich ihn an. »Warum hast du das gesagt? Mit dem Pokerspiel?«

Ein Lächeln züngelte über seine Lippen, aalglatt. »Das hat dir echt zu denken gegeben, oder?«

Ich schob das Kinn vor und musterte ihn herausfordernd. »Wieso, Hunter?«

»Das, meine Liebe, nennt man Ablenkung. Ich wollte, dass du dich auf etwas anderes als die Beziehung zu meinem Onkel konzentrierst. Wie es aussieht, ist es mir gelungen.«

Verblüfft starrte ich ihn an. »Du Arsch ...«

Hunter kräuselte die Mundwinkel. »Und das, meine süße kleine Lacey, ist der Grund, warum du nicht Pokern solltest. Man kann in deinem hübschen Gesicht lesen wie in einem Buch.« Er hob die Hand und wollte sie an meine Wange legen.

»Wag es ja nicht.« Die Wut brodelte in mir wie in einem kurz vor dem Ausbruch stehenden Vulkan. Eine falsche Bewegung und ich ging hoch.

Hunter lächelte und ließ seine Hand sinken. »Wenn du kochst, bist du noch reizender. Niemand kann sich so schön aufregen wie du, Lacey Roberts.«

Ich stieß ein irrationales Geräusch aus. Am liebsten würde ich ihm den Hals herumdrehen. Gott, wie ich diesen Kerl manchmal verachtete. »Du bist ... Ah!« Ich fuhr herum, stieß die Tür seines teuren BMW aus und knallte sie gegen einen Betonpfeiler. Hunter schrie hinter mir auf, als hätte ich ihm einen Tritt in die Weichteile verpasst.

»Sag mal, spinnst du?! Der Wagen kostet einhunderttausend Dollar!«

Ich stand auf und stapfte wütend davon. »Du kannst dir das Geld ja beim Pokern wiederholen, du Gott aller Pokerspieler! Für ne Ehefrau hat es jedenfalls gereicht. Ein neues Auto kriegst du Allemale hin!« Ich stapfte

Richtung Aufzug, zog meine Stola, die ich zu dem schwarzen Abendkleid trug, enger um meine Schultern und blieb erst wieder stehen, als ich vor dem Bedienfeld stand. Die Karte befand sich in meiner Handtasche. Hastig wühlte ich danach, wurde aber nicht schnell genug fündig. Ich warf einen Blick über die Schulter. Hunter folgte mir bereits. Super. Auf eine gemeinsame Fahrstuhlfahrt hatte ich nun wirklich keine Lust. Also hielt ich kurzerhand einfach meine Clutch vor das Bedienfeld. Das Licht sprang auf Grün und die Türen öffneten sich. Erfreut hob ich die Augenbrauen und schlüpfte in den Fahrstuhl. Die Türen schlossen sich bereits, als Hunter wie eine wild gewordene Bestie heranrauschte. Aber er war zu weit weg.

Grinsend streckte ich ihm den Mittelfinger durch den sich schließenden Spalt zwischen den Aufzugtüren entgegen.

»Wir sehen uns später, Liebling!«

Kapitel 12

HUNTER

Dieses Miststück! Sein nachtblauer BMWM850i xDrive Coupé wies eine hässliche Schramme an der Beifahrertür auf. Selbst nachdem Hunter den Betonstaub entfernt hatte, blieb ein tiefer Kratzer. Wut ballte sich in seinem Magen zusammen. Glühend heiß schoss sie ihm durch die Adern. Wie konnte sie es wagen! Okay, er hatte sie ein wenig aus der Reserve locken wollen, aber nur, weil sie nicht Ruhe gegeben und auf der Beziehung zu seinem Onkel herumhacken musste. Es ging sie einen feuchten Scheißdreck an, wie er zu Roger stand! Überhaupt wie er zu seiner Familie stand. Sie alle konnten ihm gern am Arsch vorbeigehen. Familie bedeutete für ihn in erster Linie Verlust. Sie alle hatten ihn alleingelassen. Erst seine Mutter, dann sein Vater. Und nun wollte Roger einen auf heile Welt machen? Nein, der alte Kauz konnte sich seine Gutmütigkeit gern dorthin schieben, wo niemals die Sonne schien. Niemals!

Hunter strich ein letztes Mal über die Schramme und atmete tief aus. Ob bis zehn zählen half? Wohl kaum. Sein Puls raste noch genauso wie vor einer halben

Minute. Langsam erhob er sich und verengte die Augen. Lacey stand an der Fahrstuhltür und kramte nach der Schlüsselkarte. So leicht entkam sie ihm nicht. Für die Schramme würde sie bezahlen. Der BMW war neu, verdammt noch mal! Er ballte die Fäuste und marschierte Richtung Aufzug. Sie schien sein Kommen zu spüren, denn sie warf einen hastigen Blick über die Schulter. Gut. Sollte sie ruhig Angst haben. Er war wirklich in der Stimmung für eine Fortsetzung ihrer verbalen Auseinandersetzung.

Doch dann öffneten sich die Aufzugtüren und sie schlüpfte in die Kabine. Verdammt! Hunter beschleunigte seine Schritte, doch er konnte sie nicht mehr erreichen. Vor seinen Augen schlossen sich die Aufzugtüren, während Lacey ihm grinsend den Mittelfinger zeigte. Dieses Biest! Hunter heulte auf und hämmerte gegen das Display, doch natürlich öffneten sich diese Scheißtüren nicht wieder. Der Aufzug fuhr ins Penthouse und würde dann wieder herunterkommen und ihm blieb nichts anderes, als in seinem Zorn zu brodeln, während er darauf wartete. Er konnte ja nicht mal die Treppe nehmen, denn ins Penthouse führte keine Treppe. Was im Umkehrschluss bedeutete, dass Lacey dort oben sein würde und nicht entkommen konnte. Ein boshaftes Lächeln huschte über seine Züge. So ließ sich die Wartezeit problemlos ertragen.

Wenige Minuten später stapfte Hunter in seine Wohnung und sah sich gehetzt um. Die Wartezeit hatte ihn doch mehr zermürbt, als er sich eingestehen wollte. Wenn überhaupt möglich steigerte sich sein Zorn mit jeder Sekunde, die er mit untätigem Warten verschwenden musste. Endlich im Penthouse angekommen, drehte er eine kurze Runde durch den Wohnbereich und die Küche.

»Lacey!« Seine Stimme hallte in den weitläufigen Räumen. Er lauschte. Niemand antwortete. Natürlich nicht, was hatte er auch erwartet? Dass sie brav am Esstisch sitzen und ihn mit einer Tasse Kaffee erwarten würde? Nicht seine ... Verlobte. Sein Schwanz zuckte gierig. Natürlich war ER wieder anderer Meinung. Statt sie übers Knie zu legen, wollte er sie vögeln. Erregung schwoll in ihm an. Warum eigentlich nicht ... beides?

»Lacey!« Er wiederholte seinen Ruf. Die folgende Stille schrie ihn regelrecht an. Hunter erklomm mit energischen Schritten die Treppe, stürmte an seinem Arbeitszimmer, seinem Schlafzimmer und einem weiteren, leerstehenden Raum vorbei und rammte seine Schulter gegen die Tür des Gästezimmers. Sie sprang auf und Lacey wirbelte herum. Sie stand vor dem Kleiderschrank, mit nichts mehr an als einem Slip. Hunter erstarrte. Das hatte er nicht erwartet.

»Was soll das? Wieso stürmst du in mein Schlafzimmer? Kannst du nicht anklopfen?« Der Schreck weitete ihre Augen. Hastig griff sie nach einem Shirt und hielt es sich vor die Brust. Ihre Atmung ging schwer, als sei sie ebenfalls gerannt und ihr Blick zuckte hin und her, als suchte sie nach einer Fluchtmöglichkeit. *Irrtum, Süße. Das ist meine Wohnung.* Hunter schloss die Tür hinter sich und drehte den Schließer.

»Du hättest absperren können.«

Zornig erwiderte sie seinen Blick. »Ich habe es nicht für nötig gehalten, weil ich dachte, du seist ein Gentleman!«

Hunter machte einen Schritt in ihre Richtung. Lacey wich ein Stück zurück, den dünnen Stoff vor sich haltend wie eine Rüstung. »Ich bin ein Gentleman, wenn du dich wie eine Lady benimmst und nicht mein Auto demolierst.«

Lacey stieß einen entrüsteten Laut aus. »Der kleine Kratzer ...«

»Auf einem einhunderttausend Dollar teuren Auto. Weißt du, was die Ausbesserung kostet? Mehr als du je in einem Monat verdienen könntest.«

Lacey funkelte ihn an. »Lies meine Lippen: Dein Auto ist mir scheißegal!«

Das war's. Irgendwo in seinem Hinterkopf brannte eine Sicherung durch. Er spürte das Klicken, kurz bevor sich ein undurchdringlicher Nebel über sein Sichtfeld legte und er vorpreschte. In einem früheren Leben spielte er Rugby. Auf dem Internat war er einer der besten Stürmer gewesen. Seine Schnelligkeit war legendär. Und auch heute noch galt er als ernstzunehmender Gegner auf dem Spielfeld. Doch das hier war kein Spiel. Sie forderte ihn heraus, beschädigte sein Eigentum und dafür würde sie bezahlen. Nicht mit Geld. Davon hatte er mehr als genug.

Hunter bekam das Stück Stoff zu fassen und entwand es ihr. Lacey schrie auf.

»Du Neandertaler!« Dann wich sie Richtung Nachtschränkchen zurück. Hunter warf das Shirt achtlos hinter sich, machte einen Ausfallschritt und bekam ihr Handgelenk zu fassen. Sie hielt sie praktischerweise vor ihre Brüste. Er zerrte daran und Lacey prallte gegen ihn. Hunter fackelte nicht lange und schubste sie aufs Bett. Lacey landete bäuchlings auf der Matratze. Sie keuchte auf, als er sich auf sie stürzte.

»Du Tier!«, fauchte sie und strampelte mit Armen und Beinen. Zu viel Gewirr. Hunter knurrte, klemmte ihre Schenkel mit seinen Knien fest und packte ihre Handgelenke, um sie ihr auf dem Rücken festzuhalten. So fixiert, keuchte und wütete sie zwar noch vor sich hin, aber sie konnte ihm nicht entkommen.

Hunter atmete schwer aus. »Du nennst mich Tier! Du beschädigst mein Auto und rennst dann fort.« Ihr Hintern hob und senkte sich vor seinem Schwanz. Sie wackelte ganz vorzüglich mit ihren Arschbacken. Er konnte der Versuchung nicht widerstehen und schlug zu. Lacey schrie auf.

»Du wirst mich nicht schlagen!«

Hunter lachte. »Ich schlage dich nicht, ich bestrafe dich. Wieso hast du das getan?«

Lacey keuchte auf. »Weil mir dein Auto egal ist. Lass mich los, du Mistkerl!« Wieder hob sie ihren Hintern. Der String teilte ihre Pobacken vorzüglich. Vielleicht sollte er ihr nicht den Hintern versohlen, sondern lieber etwas anderes machen. Hunter drückte die Knie zusammen, so dass sie fest zwischen seinen Schenkeln eingepfercht war, hob den Hintern an und drückte seine Erektion gegen ihren Arsch. Lacey keuchte auf.

»Wag es ja nicht!«

Hunter rieb sich genüsslich an ihr. »Einen Scheiß geb ich auf das, was du gerade willst. Waren das nicht deine Worte?«

Lacey wimmerte und hob erneut ihren Hintern. Zu köstlich. Er stieß zu. Sie keuchte auf. Oh, Scheiße, das war zu viel des Guten. Er musste in ihr sein, musste sie spüren ... Hunter griff nach seinem Hosenknopf, öffnete ihn und zerrte den Reißverschluss herunter. Erleichterung überkam ihn, als er sich endlich bereit aufrichten konnte. Gierig rieb er sich an Laceys Arsch, spreizte ihre Pobacken und rieb sich dazwischen. Lacey schrie auf.

Sein Verstand kehrte zurück. Was tat er hier eigentlich? Er war drauf und dran, sie gegen ihren Willen zunehmen. Himmel noch mal! Diese Frau machte ihn wahnsinnig. Hastig ließ Hunter ihre Hände los, beugte sich über sie und küsste ihren Hals. »Scheiße, Lacey, es tut mir leid. Ich war so wütend und du bist so heiß, wenn du mich anschreist.« Er lehnte seine Stirn gegen ihre Wange. »Verzeih mir.«

Lacey atmete heftig ein und aus. Sie stöhnte genüsslich auf und drückte ihren Hintern demonstrativ gegen seinen Schwanz. Hunter versteifte sich. »Was zur Hölle tust du da?«

Sie schnurrte. »Ich habe keine Ahnung, aber mir gefällt es, wenn du mich so anfässt.«

Hunter erstarrte. »Willst du damit sagen, dass ich ... weitermachen soll? Ich würde dir niemals wehtun, Lacey. Niemals.« Er knabberte zärtlich an der empfindlichen Stelle hinter ihrem Ohr.

»Bitte, tu es trotzdem.« Er weitete die Augen und richtete sich auf, stützte sich links und rechts neben ihrem Rücken ab. Zärtlich kämmte er ihr das Haar aus dem Nacken.

»Ich hätte dich nicht aufs Bett werfen sollen.« Sein Temperament war mit ihm durchgegangen, doch das war keine Entschuldigung dafür, so dermaßen wild über sie herzufallen. Egal wie sehr sie sich anschrien, wie ausfallend ihre Beleidigungen auch wurden, er durfte niemals handgreiflich werden.

»Mich macht es an, wenn du das tust.« Lacey hob den Hintern und rieb sich an ihm. Sie drückte die Knie gegen seine Schenkel, so dass er ihr Raum gab. Überrascht schnappte er nach Luft, als sie die Beine spreizte. Automatisch hob er die Knie an und platzierte sich zwischen ihren Beinen. Sie richtete sich auf und kniete nun unter ihm. Hunter schob einen Arm unter ihren Körper, packte ihre Brust und drückte sie an sich. Er genoss ihren Geruch, ihre Hingabe, ihre Nacktheit unter ihm. »Es war trotzdem falsch. Ich war geil, als ich dich so gesehen habe, und ich wollte über dich herfallen wie ein Höhlenmensch. Aber davor war ich so wütend auf dich. Wenn du es magst, dann mag ich es auch, aber nicht so. Nicht, wenn ich wütend auf dich bin.« Er biss in ihren Hals. Das Auto war ihm im Prinzip auch scheißegal. Er hatte so viel Geld, dass er sich einhundert neue kaufen könnte. Die Reparaturkosten entnahm er der Portokasse, wie man so schön sagte. Das, was ihn tatsächlich wütend gemacht hatte, waren Laceys bohrende Fragen gewesen. Ohne dass sie es bemerkte, las sie in ihm wie in einem offenen Buch. Sie zerrte seine Gefühle an die Oberfläche und spielte mit ihnen wie ein Riesenbaby, das mit Bauklötzen auf Dörfer schmiss. Sie wusste nicht, was sie tat. »Tut es dir denn leid?«

»Was?«

Hunter lachte leise. Die Lust musste ihr den Verstand vernebeln. »Das mit der Autotür?«

»Es ging gar nicht ums Auto«, konstatierte sie und blickte ihn lustvoll an. »Aber ja, es tut mir leid. Und könnten wir jetzt bitte aufhören zu diskutieren. Du musst mir jetzt den Hintern versohlen.«

Hunter weitete die Augen. »Du willst es wirklich?«

Lacey blickte ihn lustvoll an. »Ja, ich will.«

Oh, Gott, wenn sie diese drei Wörtchen zu ihm sagte, gingen die Pferde mit ihm durch. Ja, er wollte er den Arsch versohlen, aber so richtig. Hastig richtete er sich auf und setzte sich auf die Bettkante. Auffordernd schlug er sich auf die Knie. Laceys Blick verdüsterte sich. »Dann, Ms. Roberts, empfangen Sie Ihre Strafe.«

LACEY

Ich hätte nie geglaubt, dass ich mal einen ganzen Tag mit einem Mann in einem Bett verbringen würde. Noch weniger hätte ich gedacht, dass es sich bei diesem Mann um meinen Verlobten handelte. Und, dass es mir schrecklich viel Spaß machen würde, seinen wirklich perfekten Körper zu erkunden. Nein, ich hätte nicht einmal erwartet, irgendwann einen Mann zu finden, den ich heiraten würde. Okay, Hunter und ich führten keine echte Beziehung, aber im Augenblick fühlte es sich verdammt real an. Vor allem seine Bemerkungen.

»Das kannst du unmöglich anziehen.« Als wären wir bereits ein eingespieltes Team, hielt er mir sein Handgelenk hin, damit ich die Manschettenknöpfe schloss. Dabei fielen seine Augen regelrecht in meinen Ausschnitt. »Ich kann deinen Bauchnabel sehen.«

Ich lachte herzlich. »Den, mein Lieber, hast du den ganzen Tag bereits gesehen.«

»Ja, aber ich hatte nicht vor, diesen Anblick mit jemandem zu teilen. Schon gar nicht mit einer Reihe blasierter Aufschneider. Jeder wird dich anglotzen.«

Ich packte sein Revers, stellte mich auf die Zehenspitzen und küsste ihn innig. »Das ist genau das, was ich damit beabsichtige. Ich will wissen, wer hinter den Masken steckt, und wenn sie mich geifernd anglotzen, vergessen sie womöglich, ihre Identitäten zu verbergen.«

»Ich mag es trotzdem nicht«, knurrte Hunter.

»Du hast in diesem Punkt leider kein Mitspracherecht.«

»Ich könnte mich weigern, dich -«

»Wage es ja nicht. Du hast es versprochen.«

Hunter knirschte mit den Zähnen. »Nun gut, aber wenn es brenzlig wird, gehen wir. Sofort. Immerhin bin ich für deine Sicherheit verantwortlich.« Er hielt mir den Arm hin, damit ich mich bei ihm unterhakte.

»Du bist nur für dein Kartenspiel verantwortlich. Ich kann auf mich selbst aufpassen.«

Hunter unterdrückte ein Lachen. »Natürlich, meine Liebe, natürlich.«

Die illegalen Pokerspiele fanden im Hinterraum eines asiatischen Restaurants in Chinatown statt. Man ließ uns mit einem Nicken ein, ohne dass wir uns vorstellen mussten. Das übernahm die Spitzenmaske. Die Gäste des Lokals sahen nicht einmal auf, als uns ein Mitarbeiter in Kellneruniform durch das Restaurant nach hinten geleitete. Hunter spannte sich unwillkürlich an.

»Was ist?«

»Nichts. Ich war nur noch nie mit einer Frau hier.«

»Aber ich war bereits hier.«

»Das ist etwas anderes. Diesmal bist du meine Frau.«

Innerlich schüttelte ich den Kopf. Wer hätte das gedacht. Hunter Harrington zeigte mir gegenüber Besitzansprüche und mein verdammtes kleines Herz zog sich erfreut zusammen. So sehr ich mich auch dagegen wehrte, ich entwickelte echte Zuneigung für diesen blasierten Höhlenmenschen. Das Brennen meines Hinterns erinnerte mich noch an heute Mittag. Und wie sehr ich es genossen hatte, über seinen Oberschenkeln zu liegen und seine Schläge zu spüren. Oh, Himmel. Hastig rieb ich die Schenkel aneinander. Hunter warf mir einen sorgenvollen Blick zu.

»Sag nicht, dass du auf die Toilette musst? Das wäre äußerst unpassend.«

»Nein, ich muss nicht. Mein Arsch brennt.«

Hunter lachte leise. »Bitte drücke dich etwas gewählter aus, wenn wir die Pokerrunde erreichen.«

»Willst du jetzt etwa behaupten, ich könnte nicht -«

»Psst, jetzt. Ich will von dir nichts hören da drinnen.«

»Du kannst mir nicht einfach den Mund -«

»Doch, kann ich. Wenn du nämlich nicht aufhörst rumzuplappern, wird das nichts und dann ist deine Story im Eimer. Also wirst du jetzt einmal machen, was ich sage!« Hunters Miene verriet mir eindeutig, dass er es ernst meinte. Okay, ich auch. Nur wenn ich mit ihm stritt, verlor ich wirklich den Fokus. Herrgott noch mal! Er ging mit mir hierher, weil ich es wollte. Also reiß dich zusammen, Roberts.

»In Ordnung.« Ich hob die Hand an meine Lippen und verschloss sie mit einem imaginären Reißverschluss.

Hunter hob die Augenbraue, nickte jedoch zufrieden. »Na geht doch.«

Nachdem das geklärt war, führte man uns an der Küche vorbei in einen separaten Raum, der Gleiche wie beim letzten Mal. »Die Räumlichkeiten wechseln monatlich«, raunte mir Hunter zu. Wir betraten den Raum, in dessen Mitte sich ein runder Pokertisch mit grünem Bezug befand. Sechs Stühle drapierten sich darum, genau wie beim letzten Mal. Vier der sechs Stühle waren bereits mit Herren besetzt. Sie rauchten Zigarre und schwiegen sich an. Stilecht, als befänden wir uns in einem Gangsterfilm der Zwanziger.

Hunter und ich trugen bereits, seit wir den Laden betreten hatten, unsere Masken. Jeder besaß eine eigene. Grundvoraussetzung, um überhaupt eingelassen zu werden. Neben der Tür befand sich rechter Hand eine kleine Theke. Dahinter stand eine asiatische Frau. Sie musterte uns mit einem knappen Nicken. »Ihr Einsatz, Madame?«, wandte sie sich direkt an mich.

»Oh, vielen Dank, aber ich spiele heute Abend nicht.« Ich schob meinen Arm in Hunters Armbeuge und lächelte ihn an. »Ich unterstützte heute nur.«

»Was darf es dann für Sie sein, Sir?«

Hunter zog seine Börse aus der Hosentasche und blätterte zehntausend Dollar hin. Meine Augen weiteten sich unwillkürlich. Selten sah ich so viel Geld auf einem Haufen. Selbst mein Einsatz von letzter Woche kam nicht annäherend an Hunters heran. Er klotzte. Wollte er mich damit beeindrucken? Er warf mir einen Blick zu, um meine Reaktion zu sehen. Oh, ja. Er wollte mir definitiv imponieren. Ich zog schnell ein müdes Lächeln auf, als sei dieser immense Betrag eine Lappalie. Hastig wandte Hunter sich wieder ab und nahm seine Chips entgegen. Offensichtlich enttäuschte ihn meine Reaktion. Sehr gut. Mit Geld konnte er mich nicht beeindrucken.

»Komm, setzen wir uns.« Hunter führte mich am Pokertisch vorbei in den hinteren Bereich, wo sich mehrere kleine Tische mit Sitzgelegenheiten für die Begleitungen befanden. Natürlich durfte ich nicht neben Hunter stehen. Damit könnte ich das Spiel beeinflussen. Bei solchen Summen ließ sich niemand gern in die Karten gucken.

Ich nahm Platz und überschlug die Beine. Der ein oder andere Herr warf mir einen Blick zu, der ganz in meinem Interesse lag. Ich ließ ein Lächeln durch die Runde wandern. Es wurde durchaus erwidert.

Hunter beugte sich herunter und schob mir einen Chip in den Ausschnitt. »Für deine Ausgaben, meine Liebe. Und jetzt küss mich brav, damit alle sehen, wem du gehörst.« Hunter legte den Knöchel unter mein Kinn und hob meinen Kopf an.

»Höhlenmensch«, hauchte ich ihm entgegen. Seine Mundwinkel kräuselten sich, bevor er mich intensiv küsste. Mit Zunge. Himmel. Dieser Abend würde interessant werden.

Während das Pokerspiel lief, musterte ich der Reihe nach die Herren. Ich fertigte mir eine geistige Skizze an, notierte mit gedanklich besondere Merkmale und schoss ein paar versteckte Bilder mit meiner Kamera. Da wir unsere Smartphones nicht mitnehmen durften, trug ich eine extra präparierte Handtasche bei mir. Selbst die Untersuchung einer Dame am Eingang konnte die Kamera in der Spezialanfertigung nicht entdecken. Sie war direkt in das Leder gearbeitet und wurde über einen versteckten Druckknopf am Griff betätigt. Die Fotos waren nicht besonders gut, aber ich wollte die fünf anwesenden Herren ja nicht bloßstellen, ich wollte nur so viele Informationen preisgeben, dass diejenigen, die die Spieler persönlich kannten, wussten, um wen es sich handelte. Und natürlich die Spieler selbst.

Da die Perspektive der Fotos natürlich darauf schließen ließ, wer die Bilder gemacht hatte, wechselte ich hin und wieder die Position. Ich erhob mich, ging zum Tresen, um mir ein neues Getränk zu besorgen, oder stattete der Damentoilette einen Besuch ab. Wann immer ich mich unbeobachtet fühlte, schoss ich Bilder aus allen möglichen Positionen. Als ich mit genug Bildmaterial an meinen Platz zurückkehrte, setzte ich die Arbeit an den geistigen Skizzen fort. Die gemachten Fotos reichten kaum, um Details zu erkennen, und möglicherweise enttarnte ich bereits den einen oder anderen Mitspieler.

Ich meinte, den einzigen dunkelhäutigen Mitspieler als Cesar West enttarnen zu können. Die Goldketten verrieten ihn, dazu die immense Statur. Um seine imposante Erscheinung zu verbergen, müsste er schon eine Ganzkörpermaske tragen. Ich schmunzelte. Cesar hatte sich als Rapper einen Namen gemacht. Ich wusste nicht, dass er auf Poker stand, noch dass er die Gesellschaft vieler Weißer suchte. Zumal er ja immer vorgab, sich nur mit seinesgleichen zu umgeben. Das konnte tatsächlich interessant werden und eine weitere Story beinhalten.

Neben Cesar saß ein schlaksiger Typ mit der Statur eines Spargels. Er war mir schon beim letzten Mal aufgefallen. Sein Spiel zeichnete sich durch besonders gewagte Einsätze aus. Zudem vermutete ich, dass er betrog. Ich beobachtete ihn eine Weile und dann fiel es mir wie Schuppen von den Augen. Er zählte! Und zwar so geschickt, wie nur ein Profispieler zählen konnte.

Mein Vater besaß dieses Talent, aber er spielte nicht mehr. Zum Glück. Die Spielsucht hatte meine Eltern erst ihr gesamtes Vermögen gekostet und dann das Restaurant eingebracht. Mein Vater fand, dass er das Glück nicht herausfordern sollte, nicht zweimal. Also hörte er auf. Doch dieser Typ war gnadenlos gut. Hunter gewann nur deshalb hin und wieder, weil der Spargel ausschließlich dann aktiv war, wenn der Geldhaufen in der Mitte besonders üppig war. Wahnsinnig lukrativ. Was mich aber an ihm am meisten faszinierte, war sein Alkoholkonsum. Diese Trinkfestigkeit besaß nur ein geübter Konsument, kurzum, ein Alkoholiker. Ich beobachtete den Typen noch eine Weile weiter, aber mir wollte nicht einfallen, wer sich hinter der Maske verbarg.

Neben dem Spargel saß Kristian Merill, ihn hatte ich bereits beim letzten Mal enttarnt. Die auffällig getönten blonden Spitzen und sein Verhalten ließen gar keinen anderen Schluss zu. Merill vermarktete Luxusapartments. Um ihn zu erkennen, brauchte man keine Spürnase. Rolex, Ring und das rosé farbene Hemd gehörten genauso zu seinen unverwechselbaren Markenzeichen wie der karierte Tweedstoff seines Sakkos. Warum noch mal trugen die Herren Masken? Sie könnten sich auch gleich Namensschilder umhängen.

Den Typen neben Hunter kannte ich nicht. Dunkles, volles Haar, markante Nase, hervorstechendes Kinn. Er sah ein wenig aus wie ein Raubvogel französischer Abstammung. Sein Akzent verriet ihn. Vielleicht kannte Hunter ihn.

Der letzte im Bunde neben Hunter erregte meine Aufmerksamkeit, weil er ständig zu mir sah. Er verfolgte mich mit Blicken und verlor dadurch eine Partie nach der anderen. Nachdem ich mir die restlichen Spieler am Tisch eingeprägt hatte, konzentrierte ich mich auf ihn. Dunkelbraunes Haar, eine stattliche Figur und kräftige Hände. Immer wieder warf er mir ein Lächeln zu. Ich schlug die Beine übereinander und ließ den Stoff so zur Seite fallen, das meine Oberschenkel bis weit über die Mitte freilagen. Seine Augen weiteten sich. Lächelnd biss ich mir auf die Unterlippe und strich mir mit dem Finger über das Dekolletee. Unwillkürlich kaute er auf der Innenseite seiner Wange herum. Als sein Einsatz fällig wurde, musste er sogar ermahnt werden. Ich grinste in mich hinein und beschloss, noch einen draufzusetzen. Konnte meinem Verlobten ja nur dienlich sein, wenn ein Kontrahent abgelenkt war, oder? Ich ließ mein Bein heruntergleiten und stellte es so hin, dass man zwischen meine Schenkel spähen konnte. Der Typ sog scharf die Luft ein. Sehr schön. Ich ließ meine Hand wie zufällig über meinen Körper nach unten gleiten und fuhr die Innenseite meines Beines nach. Die Augenbrauen des Typen sprangen regelrecht nach oben.

»Wir gehen!«

Erschrocken fuhr ich zusammen. Hunter stand neben mir und hielt mir auffordernd die Hand hin. Enttäuscht schob ich das Kinn vor. »Wieso denn? Ich habe gerade angefangen -«

»Hab ich gesehen. Wir gehen, trotzdem.« Seine Stimme ließ keinen Widerspruch zu. Ich zog die Augenbrauen zusammen.

»Stimmt etwas nicht?«

Hunters Blick fiel auf meine Schenkel. »Ja. Wir gehen. Sofort.«

Ich seufzte enttäuscht auf, nahm seine Hand und ließ mich von ihm hochziehen. Den verbliebenen Pokerspielern warf ich ein aufreizendes Lächeln zu. »Auf Wiedersehen, die Herren.« Man nickte mir reihum zu, während Hunter mich aus dem Raum führte. Seine Hand landete besitzergreifend auf meinem Hintern. Erschrocken atmete ich ein.

»Was soll denn das?«

»Nichts, ich will nur mein Revier markieren.«

Ich schnaubte. »Träum weiter. Ich flirte, mit wem ich will.« Also hatte er mich beobachtet. Sehr gut. Vielleicht musste mein Fake-Verlobter daran erinnert werden, dass wir die Beziehung nur vortäuschten. Wir waren nicht zusammen. Doch die Art und Weise, wie er meinen Hintern betatschte, machte mir unmissverständlich klar, dass er das irgendwie anders zu sehen schien.

»Tust du nicht.« Hunter beschleunigte seine Schritte und zerrte mich förmlich aus dem Lokal. Ich stöckelte eilig hinter ihm her und verdrehte die Augen.

»Du musst nicht den Platzhirsch markieren. Ich laufe dir schon nicht weg.« Männer zeigten anderen Kerlen gern, was ihnen gehörte, gaben an und führten ihre Frauen vor. Aber im Grunde waren sie doch alle kleine, ängstliche Jungs, die sich davor fürchteten, die Angebetete könnte zur Konkurrenz überlaufen. Aber das gab ihm noch lange nicht das Recht, mich so zu behandeln.

»Darum geht es nicht. Ich will nicht, dass andere Männer dich auf diese Weise ansehen!« Wütend starrte Hunter auf mich herab.

»Hey, du Arsch, ich gehöre dir nicht. Ich kann flirten, mit wem ich will. Ich habe zwar einen Vertrag unterschrieben, aber das bedeutet nicht, dass ich nicht anderen Männern schöne Augen machen darf. Im Übrigen hast du doch davon profitiert oder etwa nicht?« Mittlerweile hatten wir die Seitengasse, wo Hunters BMW parkte, erreicht. Abrupt blieb er stehen, wirbelte mich herum und drückte mich gegen die Hauswand. Die Straßenbeleuchtung der Hauptstraße erhellte nur noch den Bereich zu unseren Füßen, so dass ich sein Gesicht nicht sehen konnte, sondern nur seine Augen als wütendes Funkeln wahrnahm.

»Das interessiert mich nicht!«

Ich schob das Kinn vor, hob die Hand und umspielte einen Hemdknopf auf seiner Brust. »Bist du etwa eifersüchtig?« Herausfordernd blickte ich ihn an.

Hunter schnaubte, stützte die Hand über meinen Kopf gegen die Wand und lehnte sich gegen mich. Kräftig drückte seine Erektion gegen meinen Bauch. »Ja, wahnsinnig«, knurrte er und rieb seinen Dreitagebart an meiner Wange. Scharf atmete ich ein.

»Ich hatte nicht nur einen Zuschauer, oder? Dich hat es total scharf gemacht«, raunte ich. Meine Hand wanderte tiefer. Ich umfasste ihn durch den Stoff seiner Leinenhose und drückte ihn fest. Hunter stöhnte.

»Wahnsinnig. Ich hätte es keine Sekunde länger dort drinnen ausgehalten.« Seine Stimme floss mir rau über den Rücken. Er drückte mich fest gegen die Wand, so dass der harte Beton meine Haut aufzuscheuern drohte. Doch das alles interessierte mich nicht, ja, ich registrierte noch nicht einmal die kalte Wand. Hitze durchströmte mich. Seine Erregung machte mich total an, seine Härte in meiner Hand zu fühlen, steigerte meine Lust und das Verlangen, ihn anzufassen schien übermächtig. Wir sollten bis zuhause warten, doch ich konnte nicht. Ich wollte ihn jetzt spüren.

»Wie gut, dass ich keinen Slip trage.«

Hunter versteifte sich. »Du läufst unten ohne herum und erlaubst fremden Männern solche Einblicke?«

Ich verdrehte die Augen. »Es war viel zu dunkel, um etwas erkennen zu können.« Nur eine Lampe über dem Pokertisch erhellte den Raum. Der hintere Bereich für die Begleitungen befand sich im gedimmten Licht indirekter Beleuchtung. »Alles hat sich nur in seinem Kopf abgespielt. Und in deinem.«

Hunter stöhnte. »Du bringst mich um.«

»Überhaupt nicht.« Ich hob mein Bein an und schlang es um seinen Oberschenkel. »Aber du könntest vielleicht die Gelegenheit nutzen ...«

Hunters Atem ging schwer. Hastig nestelte er an seinem Gürtel herum, zog den Reißverschluss herunter und holte ihn raus. Innerhalb von drei Sekunden drang er in mich ein. Erleichtert seufzte ich auf und klammerte mich an ihn, genoss seine tiefen und ekstatischen Stöße.

»Doch, definitiv, du bringst mich um«, knurrte er, biss mir in den Hals und rammte sich immer wieder in mich. Ich schloss die Augen, schlang die Arme um seinen

Nacken und stöhnte eine Lobeshymne auf den Designer dieses Kleides. Hätte er den Schlitz noch höher angebracht, hätte Mr. Unbekannt garantiert sehr viel mehr gesehen, als für seine Gesundheit einträglich gewesen wäre. Dann stünden wir jetzt nicht hier im Halbdunkel und würden vögeln, nein, vermutlich würde sich Hunter mit ihm unterm Pokertisch herumwälzen und auf ihn einschlagen. Nein, der Schlitz war genau richtig gewählt. Und dann dachte ich nicht mehr viel nach, sondern brauchte meine ganze Konzentration, um auf den Beinen zu bleiben und das hier schnell zu beenden. Am allerwenigsten wollte ich nämlich die Nacht auf dem Polizeirevier wegen unzüchtigem Verhalten in der Öffentlichkeit verbringen.

Hunter keuchte in mein Ohr, als er kam. Ich biss mir in die Faust, um die orgastischen Schreie zu unterdrücken. Keuchend lehnten wir aneinander.

»Du bringst mich um, Lacey. Du bringst mich wirklich um.«

Ich lachte und küsste zärtlich sein Gesicht. »Für einen Toten bist du aber noch ziemlich lebendig.«

HUNTER

Hunter Harrington sah sich als Gentleman. Seine Mutter verließ die Familie bereits früh, und sein Vater legte besonders großen Wert auf gesellschaftliche Etikette. Niemals wäre es Hunter in den Sinn gekommen, sich einer Frau gegenüber nicht als formvollendeter Ehrenmann zu geben. Er führte sie aus, hielt Konversation, kaufte Geschenke, wenn es erwartet wurde. Aber noch nie, nie, niemals in seinem Leben hatte er eine Frau beim Sex festgehalten, ihr den Hintern versohlt oder ... auf der Straße gevögelt. Lacey war absolut nicht gut für ihn. Sie brachte das Tier in ihm zum Vorschein oder – wie sie es ausdrücken würde – den Höhlenmenschen. Vollkommen fassungslos hatte er sie zum Auto gebracht, mit dem Wissen, dass sein Samen in ihr war und nun seine teuren Ledersitze ruinierte. Es hätte ihn ärgern müssen. Er hätte sich in Grund und Boden schämen müssen. Doch weder das eine, noch das andere war der Fall. Er ertappte sich eher dabei, wie er darüber nachsann, wo er sie als Nächstes nehmen könnte. Und dabei drehte sich sein Gedankenkarussell nur um den Kerl, der ihr zwischen die Beine geglotzt hatte. Nein, es tat ihm nicht leid, sie auf der Straße gevögelt zu haben, er bedauerte nur, dem Kerl keine reingehauen zu haben. Aber vielleicht konnte er das noch nachholen. Wütend trommelte er auf das Lenkrad, während er den Wagen im gemächlichen Tempo über die Fünfte lenkte.

»Und hast du herausfinden können, wer die Typen sind?«

Lacey rutschte auf ihrem Hintern hin und her, was ihn schmerzlich daran erinnerte, dass sie nichts drunter trug. »Ja und nein.«

Hunter hob die Augenbraue. »Was bedeutet? Wir werden nicht noch einmal dorthin gehen.«

Sie lachte auf. »Hat dir das Spiel keinen Spaß gemacht?«

»Meinst du das Pokern oder ...?«

Sie platzierte ihr Kinn auf der Schulter und schmunzelte ihn an. »Beides?«

Hunters Mundwinkel kräuselten sich. »Mal mehr, mal weniger. Wen hast du erkannt?«

»Aha, keine Spoiler. Wenn du etwas erfahren willst, musst du dir eine Zeitschrift kaufen.«

Hunter hob eine Augenbraue. »Ich könnte auch gleich die ganze Zeitung kaufen. Dann wäre ich dein Boss.« Zufrieden sah er dabei zu, wie Laceys Gesichtszüge entgleisten.

»Das wagst du nicht. Wie reich bist du eigentlich?«

Hunter lachte. »Verdammt reich, meine liebe zukünftige Mrs. Harrington.«

Laceys Augen weiteten sich. »Oh, heißt das, ich bin auch reich?«

Hunter neigte den Kopf zur Seite. »Nein. Du bist meine Frau. Selbstverständlich lasse ich einen Ehevertrag aufsetzen. Du wirst allerdings dein Auskommen haben.«

Lacey lehnte sich in ihrem Sitz zurück. »Wie rücksichtsvoll.«

»Wärst du denn gerne reich?«

»Nein. Zu viel Geld zu haben, bedeutet auch, zu viel zu haben, um sich Dinge zu kaufen. Ich würde nur unnötig viel ausgeben. Mir genügt, was ich habe. Außerdem arbeite ich gern für mein Einkommen. Ich mag es, mein Geld zu haben. Dafür habe ich gearbeitet. Mir ein Kleid oder ein schönes Paar Schuhe von meinem eigenen Geld zu kaufen, ist viel mehr wert. Verstehst du?« Verunsichert sah sie ihn an.

Hunter lächelte. Wärme breitete sich in seinem Inneren aus. Auch wenn er mehr Geld besaß, als er je ausgeben konnte, verstand er sie. Lacey wollte sich ihr Auskommen mit ehrlicher Arbeit verdienen. Das machte sie so viel wertvoller als alle anderen Frauen, die er je richtig kennengelernt hatte. Die meisten lebten vom Geld ihrer Familie in Saus und Braus. Doch Lacey … »Ja, ich verstehe dich.«

»Wirklich?«

»Ja.« Hunter verfestigte den Griff ums Lenkrad und steuerte den Wagen in die Tiefgarage. »Entgegen der landläufigen Annahme, Reiche würden nicht arbeiten, ist in meiner Familie genau das Gegenteil der Fall. Die Harrington Holding ist nicht durch Liegen auf der faulen Haut entstanden und meine Firma erfordert ebenfalls sehr viel Aufmerksamkeit. Ich bin nicht über Nacht reich geworden.« Er schenkte ihr einen deutlichen Blick, der klarmachte, was er von solchen Meinungen hielt.

»Ich wollte dich auf gar keinen Fall beleidigen, sondern nur klarmachen, dass ich dein Geld nicht will.«

»Wir haben uns auf eine Million Dollar geeinigt.«

»Du hast mir das Geld angeboten. Ich bin nur hier wegen meiner Spielschulden. Ich hab Mist gebaut und dafür stehe ich gerade.«

»Dafür schläfst du mit mir.«

Lacey schnaubte. »Siehst du das so, ja?«

Noch ehe der Wagen richtig auf seinem Parkplatz stand, riss Lacey die Wagentür auf. Doch diesmal hatte er einen Parkplatz etwas weiter links gewählt, so dass sie für spontane Wutausbrüche genug Platz hatte. Hastig stürmte sie davon. Das laute Stöckeln ihrer Absätze prallte von den Betonwänden ab. Hunter krampfte die Hände um das Lenkrad. Genau das schien ihr Ding zu sein, oder? Wann immer der Abend toll verlief, sie sogar grandiosen Sex im Stehen hatten, endete er in einem heftigen Streit. Langsam atmete er aus. Diesmal würde er sich nicht von seinen Gefühlen hinreißen lassen. Er hatte ja gesehen, wohin das führte. Wohin das immer führte. Zornig knirschte er mit den Kiefern, stieg aus und folgte ihr. Doch zu seiner grenzenlosen Überraschung wartete Lacey auf ihn. Etwas verloren stand sie vor der Fahrstuhltür, ihre Schlüsselkarte hielt sie in der Hand und warf ihm einen zerknirschten Blick zu.

»Ich wollte nicht …«, begann er.

»Ich ebenfalls nicht …«, unterbrach sie ihn.

Unisono hielten sie inne und starrten einander verblüfft an, bevor sie gleichzeitig in Gelächter ausbrachen.

»Du zuerst.« Lacey legte ihre Hand auf seinen Unterarm und lächelte ihn an.

Hunter nickte. »Ich wollte nicht andeuten, dass du für Geld mit mir schläfst.« Hastig fuhr er sich durchs Haar. Nein, so hatte er das ganz und gar nicht sagen wollen. Sex stand niemals zur Debatte. Und wenn er ehrlich war, wusste er nicht, warum sie überhaupt übereinander hergefallen waren. »Ehrlich gesagt, weiß ich gar nicht, warum du es tust, warum du mir nicht eine Ohrfeige gegeben und mich zum Teufel gejagt hast.«

Lacey trat auf ihn zu und schmiegte sich an ihn. »Ich weiß nicht, warum ich es tue. Ich weiß noch nichtmal, warum ich hier auf dich warte.«

Unwillkürlich schloss er sie in seine Arme, weil er das dringende Bedürfnis nach Nähe verspürte. »Weil der Sex gut ist«, schlug er vor und könnte sich im gleichen Moment auf die Zunge beißen. Seine Überheblichkeit hatte ihn in diese Situation gebracht und er hatte nichts Besseres zu tun, als sie immer wieder zur Schau zu stellen. Kein Wunder, wenn Lacey ihm deswegen eine Abfuhr erteilte. Doch entgegen seiner Annahme tätschelte sie ihm nur die Brust und schlang dann die Arme um seine Taille.

»Ich weiß. Und du bist unerträglich, wenn du recht hast.«

Hunter küsste sie auf den Scheitel. »Wir sollten hochfahren«, murmelte er. Lacey seufzte, sah zu ihm auf und nickte. Sie schien sich nur widerwillig von ihm zu lösen und als sie es dann doch tat, verschränkte sie ihre Finger mit den seinen, bevor sie die Schlüsselkarte vor das Display hielt.

Gemeinsam warteten sie in einträchtigem Schweigen. Und es fühlte sich gut an. Niemand sagte ein Wort. Hunter genoss einfach den Moment, diese traute Zweisamkeit, dieses Zusammensein nur mit Lacey. Der Fahrstuhl kündigte seine Ankunft mit einem leisen Pling an. Unwillkürlich schraken sie hoch. Erst da wurde Hunter klar, dass er nicht sagen konnte, wie lange sie gewartet hatten. Eine Minute? Eine Stunde? Es spielte überhaupt keine Rolle, nur die Frau an seiner Seite war wichtig. Er spürte ihre Hand in der seinen und nichts fühlte sich besser an. Überhaupt nichts.

Im Fahrstuhl durchbrach Lacey als Erste die Stille. Sie hob ihre verschränkten Hände und starrte sie an. »Was ist das hier?«

Hunter zuckte mit den Schultern. »Wir halten Händchen?«

»Das sehe ich. Aber warum halten wir Händchen? Wir sind alleine. Wir müssen niemandem etwas vorspielen?«

Hunter hätte sagen können, das sie sich hier gerade selbst etwas vorspielten, aber dann hätte sie ihn vermutlich losgelassen und das wollte er auf jeden Fall vermeiden. »Um uns aneinander zu gewöhnen«, log er. »Schließlich soll es doch echt sein, oder?«

Lacey verzog das Gesicht. Die Zweifel standen ihr förmlich auf die Stirn geschrieben. Doch schließlich nickte sie. »Ja, das wird es wohl sein. Wir müssen allen etwas vorspielen.« Ihre Worte versetzten ihm einen Stich und zum ersten Mal merkte er, dass er eigentlich niemandem etwas vorspielte. Das hier fühlte sich echt an und er wollte verdammt sein, wenn er nicht dafür sorgte, dass es echt blieb.

Oben angekommen, traten sie aus dem Fahrstuhl, die Hände noch immer miteinander verschränkt. »Da wären wir.« Hunter betrachtete die Spitzen seiner Schuhe, kam sich vor, wie ein Schuljunge. Er wollte nicht, dass dieser Abend endete, er wollte, dass Lacey bei ihm blieb, bei ihm schlief, noch einmal mit ihm schlief.

»Ja.« Lacey sah ihn mit ihren wunderschönen, großen Augen an. »Ich sollte schlafen gehen. Schließlich muss ich morgen früh raus.«

Hunter verlor sich in ihren blauen Augen. Wie kristallklares Meerwasser in der Karibik, mit türkisfarbenen Sprenkeln. Wunderschön. »Ja, ich auch.«

Lacey lächelte ihn an, so warm und liebevoll, dass es ihm fast das Herz zerriss. Warum nur musste er sie für seinen beschissenen Plan aussuchen? »Vielleicht solltest du mich dann loslassen, damit ich duschen gehen kann?« Demonstrativ hob Lacey die Hand.

Hunter atmete tief ein. »Vielleicht könnten wir ... gemeinsam ... und dann ...«

Lacey starrte ihn an. »Wie bitte?« Sie schien genau zu wissen, was er sagen wollte, oder aber, sie gab vor, es nicht zu wissen. Aber er konnte unmöglich sagen, was er wollte. Nicht so. Hastig ließ er sie los und kämmte sich durchs Haar. »Ich will ...«

Lacey trat einen Schritt zurück. »Du willst, dass ich heute Nacht bei dir bleibe?«

Hunter schluckte trocken, starrte sie an und nickte. »Bitte?« Ein Harrington bat nicht, ein Harrington nahm sich, was er wollte. So war er aufgewachsen, so hatte man ihn erzogen. Er sollte von klein auf begreifen, dass in der Welt der Unternehmer ein rauer Wind wehte. Doch das hier war anders. Dieses zarte, elfenhafte Wesen wollte er zwar unbedingt besitzen, aber nicht so, nicht wie er eine Firma dem Portfolio der Holding hinzufügte, nein, er wollte, dass sie ihn wollte. Und wenn sie ablehnte, wäre er am Boden zerstört.

»Oh, Hunter.« Lacey trat einen Schritt auf ihn zu und nahm seine Hände. »Ich halte das für keine gute Idee. Unsere Wege werden sich nach dieser Hochzeit und der Unterschrift deines Onkels wieder trennen. Es wird kein wir geben. Sex ist okay, sehr okay sogar. Aber ich werde nicht die Nacht mit dir in einem Bett verbringen.« Sie schob das Kinn vor. Ihr Entschluss schien unumstößlich.

Etwas in ihm brach. Eine Sicherung vielleicht? Er wusste, warum er so war, wie er war. Warum er sich diesen dicken Panzer aus Emotionslosigkeit zugelegt hatte. Lacey durchdrang ihn mühelos, fand sein schutzloses Ich und wies ihn dann zurück. Der Schmerz senkte sich wie ein undurchdringlicher Vorhang herunter, hüllte ihn wieder ein. Hunter ließ ihre Hände los und machte einen Schritt zurück und an seine Stelle trat derjenige, der er immer vorgab, zu sein. Ein aalglatter Geschäftsmann, der sich jegliche Beziehung verwehrte.

»In Ordnung«, entgegnete er kühl. »Dann wünsche ich dir eine gute Nacht. Vergiss den morgigen Termin nicht.«

Laceys Kinn zitterte. Sie schien zu bemerken, dass er sich vor ihr zurückzog, dass sie etwas falsch gemacht hatte, doch nun war es zu spät. »Hunter?« Er konnte nicht auf ihre Gefühle Rücksicht nehmen, er kam ja nicht einmal mit seinen eigenen klar. Der Moment verflog und Lacey hatte sich wieder im Griff. »Dein Onkel hat mir die Adresse und die Uhrzeit geschickt. Ich leite die Daten an dich weiter. Gute Nacht«, murmelte sie und stürzte die Treppen hinauf ins Obergeschoss.

Er folgte ihr mit Blicken, erinnerte sich an ihren perfekten Hintern in seinen Händen, seinen Schwanz in ihr und ballte die Fäuste. Verdammt. Er brauchte einen Drink, einen sehr großen Drink.

Kapitel 13

LACEY

Ich hatte einen unglaublichen Fehler begangen. Gestern Abend war irgendetwas passiert. Überhaupt war in den letzten vierundzwanzig Stunden eine Menge geschehen. Doch ich war zu dumm und zu naiv, zu begreifen, was abgelaufen war. Ich wusste nur, dass ich einen Fehler begangen hatte, als ich Hunter abwies. Aber das wurde mir erst im Nachhinein klar. Er hatte so verloren gewirkt, so verletzlich, ganz anders als ich es von ihm gewohnt war. Weder unnahbar noch distanziert. Fast … warmherzig. Mein Inneres zog sich schmerzhaft zusammen, als ich an seinen Blick dachte. Und dann war er zu seiner alten Form zurückgekehrt. Kalt, abweisend, aalglatt. Als würde er unser Zusammensein wie einen Deal abwickeln.

Gut, er wollte kühle Distanziertheit. Die konnte er haben. Ich war so aufgewühlt, dass ich gar nicht darüber nachdachte, ob ich zu dem Zeitpunkt einen Fehler beging. Gestern Abend, ja, das war ein Fehler gewesen. Aber alles andere nicht. Es war ja nicht so, als ob wir nach dieser Sache zusammenbleiben wollten. Und überhaupt lebten wir in vollkommen verschiedenen Welten. Wir passten ja nicht einmal zusammen. Also tat ich uns doch nur einen Gefallen, wenn ich die Sache möglichst emotionslos betrachtete. Mein Verstand stimmte mir zu, nur mein kleines, verletzliches Herz fühlte sich irgendwie … betrogen.

Egal, ich musste zur Tagesordnung übergehen. Es war Montagmorgen und ich hatte ein Meeting in der Redaktion. Hunter war noch nicht aufgestanden oder bereits im Büro. Ich wusste es nicht. Also fütterte ich Felix, der ständig um meine Beine herumstrich, als wollte er mich trösten. Ich brauchte keinen männlichen Beistand, aber auf den Kater konnte ich trotzdem nicht wütend sein. Also nahm ich ihn hoch, während ich meinen Kaffee herunterstürzte und so lange wie möglich auf Hunter wartete. Doch er kam nicht. Oder war bereits fort. Egal. Ich musste los.

Mit einer Minute Verspätung stürmte ich die Redaktion des BG Daily und hetzte in den Konferenzraum. Wie erwartet, waren bereits alle anwesend. Super. Ich sollte mir vielleicht angewöhnen, die zusätzliche Entfernung von Hunters Wohnung zur Redaktion in mein Zeitmanagement einzuplanen, ansonsten lief ich Gefahr, von Michael mit Blicken erdolcht zu werden. Mein Redakteur hasste nichts mehr als Zuspätkommen. Und da er mich sowieso schon auf dem Kieker hatte, fiel er gleich über mich her.

»Schön, dass du uns mit deiner Anwesenheit beehrst, Lacey.« Mit Adleraugen verfolgte er mich, bis ich auf dem letzten freien Stuhl Platz genommen hatte und meinen zweiten Kaffee abstellte. Nervös kramte ich nach Notizblock und Stift und lächelte ihn schließlich entwaffnend an. Doch Michael musste ein schlechtes Wochenende gehabt haben, denn seine Laune schien heute Morgen noch mieser als sonst.

»Vielen Dank!«, knurrte er mich an und fuhr mit der Besprechung fort. Routiniert verteilte er die Aufgaben für die kommende Woche. »Und nun zu dir, Lacey.«

Ich brach gespielt auf dem Konferenztisch zusammen, während Tiffy mir den Rücken tätschelte. »Keine Katzenbabys, Michael, bitte!«, wimmerte ich.

Michaels Mundwinkel zuckten. »Katzenbabys sind aus, du hast mir eine Story versprochen, von der ich dich gebeten hatte, die Finger zu lassen. Aber so wie ich dich kenne, hast du meinen Rat selbstverständlich beherzigt, oder?«

»Natürlich beherzige ich deinen Rat«, log ich und bog mir hastig eine andere Story zurecht. Immerhin war ich nicht direkt am Pokerspiel beteiligt gewesen. »Ich habe an keinem illegalem Pokerspiel teilgenommen, aber ich hätte vielleicht eine andere Geschichte für dich.« Mit den halb verpixelten Bildern müsste selbst Michael zufrieden sein. Michael rollte mit den Augen. »Erzähl.«

Mein Chefredakteur liebte mich doch. Ich strahlte Michael an, doch wegen der kleinen Auseinandersetzung mit Hunter vom gestrigen Abend war ich noch nicht dazu gekommen, das Material zu sichten. Ich konnte gerade mal ein Gedächtnisprotokoll anfertigen. Zerknirscht zog ich den Kopf ein. »Ich habe noch nicht viel, aber es hat mit ein paar Promis zu tun, die sich in illegale Machenschaften verstricken. Kann sein, dass ich noch zwei, drei Wochen brauche, aber dann präsentiere ich dir eine handfeste Story?«

Michaels Gesichtszüge entgleisten. »Kein Poker?«, hakte er nach. Ich nickte.

»Okay, Roberts, ich weiß, deine Stories sind der Hammer, aber so langsam geht mir deine Hinhalterei auf die Nerven. Was hast du?«

Ich seufzte. »Ein bisschen, aber noch nichts Verwertbares. Ich arbeite gerade an einem Gedächtnisprotokoll und habe Fotos, die ich allerdings erst noch sichten muss.«

Michael hob das Kinn. »Mhm. Du gibst fünftausend Dollar vom Spesenkonto aus. Dafür erwarte ich bis Freitag brauchbare Informationen.«

»Freitag? Spinnst du?«

Im Raum wurde es mucksmäuschenstill. Wo vorher noch mit den Tassen geklappert und sich leise unterhalten wurde, verstummten sämtliche Gespräche. Alle starrten uns an. Selbst Tiffy, die sich sonst nicht aus der Ruhe bringen ließ, schluckte beklommen.

»Ich, meine Liebe, spinne überhaupt nicht. Ich leite hier eine verdammte Redaktion, die ein knapp vor dem finanziellen Ruin stehendes Käseblatt herausbringen muss. Deine Worte. Und du, Ms. Roberts, hast mir eine bahnbrechende Story versprochen. Also liefere! Sonst bist du geliefert!«

»Die Pokerstory darf ich ja nicht bringen«, giftete ich zurück.

»Aus gutem Grund. Also halt dich ran, Roberts, sonst, schwöre ich, setze ich dich vor die Tür.« Michael wuchtete seine neunzig Kilo aus dem Schreibtischstuhl und rauschte zur Tür hinaus. Wie sollte ich nur bis Freitag aus dem dürftigen Material eine Story erstellen? Noch dazu ohne zu sehr auf das Pokern einzugehen. Das konnte doch nicht funktionieren.

Die Schockstarre hielt noch einige Sekunden, doch nachdem sich alle von Michaels Abgang erholt hatten, nahmen sie ihre Gespräche wieder auf. Ich erhielt noch ein wenig Schützenhilfe von den Kollegen. Michael war meistens eigentlich ganz umgänglich, doch ein solches Verhalten waren wir ebenfalls gewohnt. Der Stress, das Blatt und unsere Jobs irgendwie am Laufen zu halten, zehrte an seinen Nerven. Wir nahmen ihm Wutausbrüche also selten übel, zumal er sich relativ schnell wieder einkriegte. Wenn man lieferte. Was ich nicht konnte. Aber üblicherweise tat. Michael ging vermutlich einfach davon aus, er müsste nur genug Druck auf mich ausüben und schon würde der Artikel am Freitag zu Redaktionsschluss auf seinem Schreibtisch liegen. Mist.

»Hey, du kriegst das hin.« Tiffy tätschelte mir den Rücken. »Wenn ich irgendetwas für dich tun kann? Dich unterstützen?«

Ich seufzte meine beste Freundin an. »Das ist wirklich lieb von dir, aber in diese Scheiße habe ich mich ganz alleine reingeritten.« Damit meine ich nicht nur diese Story, sondern vor allem die Sache mit Hunter. Wir waren jetzt seit einer Woche verlobt und ich hatte es noch immer nicht geschafft, meiner besten Freundin davon zu erzählen. Weil ich ihr dann nämlich alles beichten müsste. Angefangen von dem Pokerspiel, meinen gewagten Ermittlungen, Hunters Beteiligung und diese verflixte Fake-Beziehung und bald Fake-Ehe. Shit, ich würde Hunter Harrington heiraten und hatte meiner besten Freundin noch nichts davon erzählt. Wenn sie mich noch nicht hasste, weil ich sie praktisch die letzte Woche ignoriert hatte, würde sie mich spätestens danach verachten.

»Nein, vielen Dank für dein Angebot, aber das kriege ich alleine hin. Vielleicht könnten wir diese Woche mal Kaffeetrinken gehen?«

Tiffy strahlte mich an. »Das wäre super. Wir haben schon so lange nicht mehr gequatscht. Wie wäre es gleich heute in der Mittagspause?«

Verdammt. Gerade heute hatte ich keine Zeit. Bedauernd lächelte ich sie an. »Leider habe ich schon etwas vor. Aber vielleicht nach der Arbeit?« Das war so dämlich. Ich wusste ja nicht, was mein Verlobter noch so alles mit mir vorhatte, allerdings wollte ich Tiffy auch nicht vor den Kopf stoßen. Sie hatte schon genug von mir auszuhalten. Lachend winkte sie ab.

»Na klar, kein Problem. Wir können auch nach der Arbeit was trinken gehen.«

Ich erwiderte ihr Lächeln. Tiffy war einfach die Beste und ich die schlechteste beste Freundin ever. »Du bist super, danke dir.«

»Und jetzt erzähl mal, was macht mein Lieblingskater?«

Drei Stunden später und einer halbgaren Version einer vorläufigen Zusammenfassung meiner bisherigen Ermittlungen sowie dem Gedächtnisprotokoll und einem Ansatz eines Artikels verließ ich die Redaktion. Ich war richtig stolz auf mich. Wenn ich in den nächsten Tagen noch etwas daran feilte, konnte ich Michael zumindest am Freitag ein paar Ergebnisse präsentieren. Meinen Termin im Fotolabor hatte ich bereits gebucht. Die Jungs vom Grafikdesign verfügten über das passende Equipment, um die Fotos aufzuhübschen. Mit ihnen wollte ich meine Ergebnisse aufpimpen und dann konnte ich am Freitag mit Michael das weitere Vorgehen besprechen. Ja, der Plan war gut. Ich schrieb ihm noch schnell eine E-Mail, dass er meinen Artikel noch nicht einplanen sollte, aber wenn ich weiter so hart arbeitete, konnte er am nächsten Freitag eine Titelstory abdrucken, die sich gewaschen hatte. Jawohl!

Ich suchte noch einmal die Adresse für das Treffen mit der Hochzeitsplanerin aus meinem Kalender. Vollkommen in Gedanken versunken verließ ich das Gebäude, in dem sich die Redaktion von BH Daily befand, und steuerte die Subwaystation an. Roger hatte mir seit Samstag ein Dutzend Nachrichten geschickt. Er war wegen unserer Verlobung völlig aus dem Häuschen. Mein schlechtes Gewissen meldete sich erneut zu Wort, doch ich schob es beiseite. Ja, ich fühlte mich wegen Roger mies, aber letztlich musste ich die Ehe wie Hunter betrachten: als rein geschäftliche Abwicklung. Schließlich fand ich die Adresse und sah auf.

»Ms. Roberts?« Ein Mann in schwarzer Chauffeurmontur stand vor mir neben einem Bentley in der gleichen Farbe. Unter der stilechten Chauffeursmütze lugte dunkles Haar hervor und ein freundliches Lächeln zierte seine jungenhaften Züge. Glattrasierte Wangen, ein ausgeprägtes Kinn. Er sah unglaublich gut aus und sprach mich an. Mit Namen. Hastig blinzelte ich. Ob ich etwas fallen gelassen hatte?

»Ja?« Ich starrte ihn mit großen Augen an.

»Mein Name ist Andrew, Ms. Roberts. Mr. Harrington schickt mich. Ich soll Sie zu Ihrem Termin fahren.«

»Termin?« Ich blinzelte erneut. »Oh, ja, mein Termin. Aber wieso schickt er einen Wagen? Ich wollte gerade zur Sub. Zeit genug ist. Also können Sie ruhig wieder fahren. Ich brauche keinen Wagen.« Wieso zur Hölle sollte Hunter mir einen Wagen schicken? Das hatte er ja noch nie gemacht. Ob er sich wegen unseres Streites unsicher war, ob die Vereinbarung noch galt. Ganz sicher. Ich hakte den Chauffeur und den Bentley bereits ab und lenkte meine Schritte in Richtung Sub.

»Aber, Ms. Roberts!«

»Nein«, winkte ich ab. »Sagen Sie Hunter, ich finde mich schon zurecht.«

»Mr. Roger Harrington schickt mich.«

Wie angewurzelt blieb ich stehen. Roger? Warum zur Hölle …? Ich seufzte und drehte mich auf dem Absatz herum. Nun gut, wenn er denn meinte. Wäre die Limousine tatsächlich von Hunter gekommen, hätte ich das Angebot gedankenlos ausgeschlagen. Bei Roger lagen die Dinge etwas anders. Mich plagte ja so schon das schlechte Gewissen. Ich wollte der Liste nicht noch einen Punkt hinzufügen.

Andrew lächelte erfreut, als ich ihn wieder erreicht hatte. »Es freut mich, dass Sie Mr. Harringtons Angebot annehmen.«

Ich seufzte. »Nun gut, dann lassen Sie uns fahren.«

»So?« Er maß mich von Kopf bis Fuß. Ich folgte seinem Blick.

»Ja, so. Was stimmt denn nicht mit mir?« Ich trug lässige Jeans mit ausgefransten Stellen über den Knien, flache Ballerina und ein knappes Top. Meine übliche Arbeitskleidung. Schließlich musste ich Texten und kreativ tätig werden. Und außerdem lief niemand in der Redaktion im Anzug oder in einem Kostüm herum.

»Mit Ihnen ist alles in Ordnung, Ms. Roberts. Aber Mr. Harrington hat im Ritz einen Tisch gebucht. Ich denke, Sie sollten etwas von der Kleiderauswahl überstreifen, die Mr. Harrington mitgeschickt hat. Damit Sie sich nicht deplatziert fühlen.«

Fassungslos starrte ich Andrew an. »Er hat Kleidung mitgeschickt?«

»Ja, bitte, Ms. Roberts.« Andrew trat zur Seite, griff nach der Wagentür und öffnete sie für mich. »Wenn ich einen Vorschlag machen darf, nehmen Sie das Kleid in apricot.«

»Apricot«, stammelte ich und ließ mich auf den Rücksitz gleiten. »Er hat ein Kleid in apricot mitgeschickt und einen Chauffeur mit Stylingtipps.« Wo war ich hier nur gelandet?

HUNTER

»Das ist absolut inakzeptabel«, murrte Hunter und verschränkte die Hände hinter dem Rücken. Immer wieder glitt sein Blick zu den beiden Frauen, die bereits an ihrem Tisch Platz genommen hatten.

»Ach, stell dich nicht so an.« Roger tätschelte ihm gutmütig den Arm. »Das wird eine ganz wunderbare Hochzeit werden.«

»Ich wollte etwas Kleines, im familiären Kreis. Und du schleppst diese Agentur an. Das kann doch nur ein monströses Mega-Event werden.«

Roger schnaubte. »Du bist der Erbe der Harrington Holding, natürlich wird das ein Mega-Event. Lacey heiratet nicht einfach nur einen Marketingburschen, nein, sie wird in Zukunft riesige Veranstaltungen ausrichten. Mit der Hochzeit kann sie sich schonmal an die Vorgehensweise gewöhnen.«

Hunter schnaubte. Es war hoffnungslos. Vor wenigen Minuten war er eingetroffen. Sein Onkel fing ihn am Eingang ab und schob ihn mit einem vielsagenden Blick auf seine bleiche Miene direkt zur Bar. »Ein bisschen Alkohol im Blut und du fühlst dich gleich besser.« Nach einem Whiskey war er tatsächlich nicht mehr ganz so nervös. Sie unterhielten sich über die Firma und welche Ziele Hunter in den nächsten Jahren mit der Holding verfolgte, während sein Blick immer wieder zum Eingang huschte. Wo blieb Lacey nur? Er rechnete eigentlich nicht mehr damit, dass sie noch kommen würde, als Roger erfreut in Richtung Eingang sah. Was? Hatte er sie etwa entdeckt?

Hunter kniff die Augen zusammen und … erstarrte. Eine junge, dunkelhaarige Frau in einem Kleid in apricot wurde von einem Mann, der wie ein Chauffeur gekleidet war, durch die Vorhalle des Ritz geführt. Der glänzende Marmor, das goldene Licht und die protzige Einrichtung in dunklem Holz, roten Teppichen und prunkvoller Möbel verliehen ihrer Erscheinung etwas Pompöses. Sie hing ein wenig verloren an seinem Arm und schien mit dem Schuhwerk zu kämpfen. Ihre Füße steckten in zarten Riemchensandalen, die in zentimeterhohen Absätzen mündeten. Um ihre schlanken Waden wanden sich Schnüre, die sich bis zur Mitte der Unterschenkel schlängelten. Das Kleid endete kurz über dem Knie und umschmeichelte ihre Kurven. Bei jedem Schritt wogten ihre Hüften hin und her und er ertappte sich dabei, wie er sich wünschte, sie würde eine Drehung am Arm des Chauffeurs vollführen, damit er ihren Hintern in Augenschein nehmen konnte. Ihre schmale Taille setzte ein Gürtel in einem dunkleren Apricot-Ton in Szene. Er zog seinen Blick magisch an.

Hunter hob das Kinn und starrte auf ihre Brüste. Das Kleid umspannte sie wie eine zweite Haut. Schmale Träger zierten ihre zarten Schultern wie ein exklusives Schmuckstück. Verzierte Spangen hielten es an Ort und Stelle. Der Farbton der Spangen harmonierte perfekt mit ihren dunklen Locken. Hunter blinzelte dreimal, dann erkannte er sie. Lacey lächelte ihn unsicher an, als der Chauffeur Roger zunickte und sie an ihn übergab.

»Entschuldige, die Absätze sind wirklich zu hoch. Andrew war so freundlich, mich beim Laufen zu unterstützten. Könntest du vielleicht?« Lächelnd sah sie zu ihm auf. Hunters Herz stellte für einen Moment seine Arbeit ein. Doch dann hatte er sich wieder im Griff und reichte ihr seinen Arm.

»Natürlich«, murmelte er und legte seine Hand auf die ihre, die sich vertraut in seine Armbeuge schmiegte. »Du siehst umwerfend aus.«

Lacey stöhnte. »Erinnere mich nicht daran.«

Hunter schmunzelte. »Es stimmt. Ich habe dich noch nie so gesehen. Das Kleid ist ... es steht dir hervorragend.«

Lacey senkte beschämt den Blick. Offenbar war sie den Umgang mit Komplimenten nicht gewohnt.

Roger erschien auf ihrer anderen Seite. »In so einem Moment bedankt man sich einfach, meine Liebe. Du siehst wirklich grandios aus.«

Laceys Lider flatterten und sie strahlte Roger an. »Vielen Dank.«

Hunter wünschte sich einen Augenblick, sie würde ihn genauso ansehen. Er ertappte sich sogar dabei, wie er ihren Blick herbeisehnte, doch als sie sich zu ihm umwandte, sank die Temperatur ihres warmen Lächelns um mehrere Grad unter null. Die Erinnerung an den gestrigen Abend trübte ihren Blick. Sie schluckte und zwang sich zu einem krampfhaften Lächeln.

Roger schien ihr stummes Zwiegespräch mitzubekommen. »Also, ich geh schon mal vor und kümmere mich um die Damen. Lasst euch Zeit.« Lächelnd drückte er Hunters Schulter und wandte sich dann ab. Hunter sah ihm jedoch nicht nach. Er hatte nur

Augen für Lacey. Obwohl er sich vorgenommen hatte, ihre Beziehung rein geschäftlich zu betrachten, verlor er schon jetzt den Fokus. Sie brauchte nur den Raum zu betreten und sein Verstand verabschiedete sich. Sie war so schön, so liebreizend, so anschmiegsam.

Lacey sah ihm in die Augen. »Es tut mir leid.« Sie schmiegte sich an ihn und Hunter versteifte sich. Wie bitte? Es tat ihr leid?

»Was …?« In ihrer Nähe verwandelte sich sein Gehirn in Pudding. Noch vor wenigen Augenblicken war er der selbstsichere CEO einer weltweit agierenden Holding. Er besaß mehr Geld, als er jemals ausgeben konnte, doch sobald diese kleine, zierliche Frau den Raum betrat, fühlte er sich wie am ersten Schultag.

»Gestern Abend. Ich hätte dich nicht abweisen dürfen.« Ihre Augen schimmerten feucht. Hatte sie etwa geweint? Wegen ihm. Himmel. Ja, er fühlte sich schrecklich zu ihr hingezogen, doch im Prinzip hatte sie recht. Sie durften keine Gefühle füreinander entwickeln. Er brauchte seine Konzentration für den Job und sie war Reporterin. Meine Güte, das gäbe einen ausgewachsenen Skandal.

»Nein, du hattest recht. Wir müssen uns auf unsere Jobs konzentrieren. Wir mögen uns und der Sex funktioniert, aber wir dürfen keine Gefühle füreinander entwickeln. Das ist es doch, was du mir sagen wolltest. Das verstehe ich jetzt. Unsere Wege trennen sich, sobald ich Mehrheitseigner der Holding bin oder mein Onkel endlich zur Vernunft kommt. Aber der alte Trottel plant offensichtlich eine romantische Traumhochzeit. Das wird hart werden, Lacey. Sehr hart. Kriegst du das hin?«

Lacey Kinn erbebte. »Keine Gefühle. Natürlich kriege ich das hin.«

Hunter drückte ihre Hand. »Nichts anderes erwarte ich von dir.«

Sie biss sich auf die Unterlippe. Er konnte ihr ansehen, dass sie gern mehr gesagt hätte, doch dann straffte sie die Schultern und hob ihr zartes Kinn, das er zu gern in die Hand genommen und sie nach allen Regeln der Kunst geküsst hätte. Doch der Kuss wäre vergeudet. Schließlich würde ihn niemand sehen. Und doch ... der Schein musste gewahrt werden, oder? Hunter hob die Hand an ihr Kinn und schob ihren Kopf in den Nacken. Unwillkürlich leckte er sich die Lippen. Lacey sah einfach zu verführerisch aus.

»Keine Gefühle«, erinnerte sie ihn.

Hunter schmunzelte. »Alles nur Show.« Und dann küsste er sie doch und Lacey schmolz dahin. Seufzend lehnte sie sich gegen ihn und erwiderte die Berührung seiner Lippen. Als Hunter sich von ihr löste, blickte sie benommen zu ihm auf. Er hob die Hand an ihre Wange und streichelte sie. »Perfekt, einfach nur perfekt.«

Sie lächelte ihn an. »Komm, wir sollten deinen Onkel und die Dame von der Agentur nicht warten lassen.«

LACEY

Hunter verwirrte mich. Auf der einen Seite wurde er nicht müde, immer wieder unseren Vertrag zu erwähnen, demnach wir keine echte Beziehung führten. Doch dann küsste er mich so gefühlvoll, dass ich mir regelrecht wünschte, er würde sich auf der Stelle in mir versenken. Er war ein verdammt guter Schauspieler. Das musste man ihm schon lassen. Doch gestern Abend ... ich schüttelte den Kopf. Dieser Mann machte mich wahnsinnig. Also beschloss ich, die Gefühle außen vorzulassen, und mich einfach auf meinen Job zu konzentrieren. Es gab genug zu tun. Der Artikel, den ich ohne die illegalen Pokerspiele schreiben musste, meine Fake-Beziehung und die Fake-Hochzeit. Für Gefühle fehlte mir tatsächlich die Zeit.

Hunter geleitete mich durch die im großen Saal des Ritz verteilten Tische. Sein Onkel hatte einen Platz im ruhigeren hinteren Bereich ausgewählt. Als wir uns näherten, entdeckte ich zwei Frauen an Onkel Rogers Seite. Er unterhielt sich leise mit ihnen. Die Dame zu seiner Linken wandte den Blick und lächelte mich an. Sie trug ihr blondes Haar zu einem zweckmäßigen Knoten gebunden. Ihr freundliches Gesicht nahm mich sofort für sie ein. Dazu dezente Schminke und ein strahlendes Lächeln. Sie erhob sich, als sie uns bemerkte, und strich den beigen Rock glatt. Dazu trug sie ein weißes Top und eine schlichte Perlenhalskette. Die zum Rock passende Jacke hing über ihrem Stuhl.

»Mr. Harrington«, begrüßte sie Hunter und streckte ihm ihre Hand entgegen. »Ich bin Iris Lynn von *Magic*

Moments. Ihr Onkel, Mr. Harrington, hat mich heute zu diesem ersten Kennenlernen gebeten.«

Hunter erwiderte ihren Händedruck mit ausdrucksloser Miene. »Ms. Lynn, sehr erfreut. Das ist meine Verlobte, Lacey Roberts.«

Iris streckte mir ihrerseits die Hand entgegen. »Sehr erfreut.«

Ich nahm ihre Hand und lächelte. »Ebenso, Ms. Lynn.«

»Lacey?«

Ich war noch ganz mit Iris und ihrer zauberhaften Erscheinung beschäftigt, als die zweite Dame sich erhob. Iris stand ein wenig ungünstig, so dass ich nur braune Locken sah, doch als sie sich umdrehte, entgleisten meine Züge. Ich kannte sie nur mit geflochtenem Zopf, zweckmäßiger Schürze und geblümter Bluse, ungeschminkt. Sie so herausgeputzt zu sehen, zog mir wortwörtlich den Boden unter den Füßen weg. Ich stammelte, schluckte, suchte nach den richtigen Worten, doch alles, was ich zustande brachte, war ein einziges Wort, in dem sich nicht weniger Entsetzen widerspiegeln konnte.

»Mom?«

So lange ich mich erinnern konnte, war meine Mutter niemals schockiert gewesen. Natürlich brachten mein Bruder und ich sie regelmäßig zur Weißglut und hin und wieder war sie auch laut geworden. Als waschechte Griechin verfügte sie über ein urgewaltiges Temperament. Man meinte immer, Italiener seinen temperamentvoll, aber wer das behauptete, kannte keine

Griechen. Mir wäre es viel lieber gewesen, sie würde jetzt ein wenig dieser südeuropäischen Eigenschaften zeigen. Doch stattdessen starrte mich Sofia Roberts nur an, die Augen vom Schock geweitet, die üblicherweise strahlende Bräune wich einem ungesunden Weiß. Ich zwang mich zu einem kurzen »Hi«, doch sie schüttelte nur fassungslos den Kopf und ließ sich wieder auf ihren Stuhl plumpsen.

Onkel Roger schien von diesem kleinen Skandal nichts mitzubekommen. Heiter ging er zum nächsten Programmpunkt über. »Ja, ich dachte, es wäre eine nette Geste, deine Mutter einzuladen. Es war nicht einfach, sie zu finden, und schließlich wollte ich dich ja nicht mit Fragen belästigen. Sonst wäre es ja keine Überraschung gewesen, oder?« Er deutete auf die beiden freien Plätze. »Kommt, setzt euch. Damit wir bestellen und anfangen können.«

»Ich wusste nicht, dass deine Mutter kommt«, raunte mir Hunter zu.

»Ich auch nicht«, zischte ich zurück.

»Gehe ich recht in der Annahme -«

»Ja, sie hatte keine Ahnung.«

»Mist.«

Ich kicherte leise. So ein Wort aus Hunters Mund zu hören, war einfach zu komisch, und außerdem verspürte ich das dringende Bedürfnis, die Angst, meine Mutter könnte die ganze Scharade ruinieren, in mir aufsteigen. Unzählige Szenarien spielten sich während des kurzen Weges zu unseren Plätzen vor meinem inneren Auge ab. Und alle endeten damit, dass Hunter die Unterschrift seines Onkels nicht bekam. Schlimmer noch. Mein Verstand spann sich begeistert eine Horrorversion nach der anderen zusammen. Bis Hunter mir den Stuhl zurechtrückte und ich mich setzte. Moms schockierter Gesichtsausdruck legte sich etwas.

»Du hättest anrufen können«, murmelte sie und musterte mich von Kopf bis Fuß. Hunter nahm neben mir Platz und griff automatisch nach meiner Hand, als ob er mir beistehen wollte. Das war süß und ich hätte seine Geste durchaus zu schätzen gewusst, wenn ich mich nicht gerade mit dem absolut skurrilen Anblick meiner Mutter befassen müsste. Ihrer Anwesenheit, hier. Scheiße.

»Ihr habt immer so viel zu tun«, rechtfertigte ich mich.

»Und außerdem sollte es ja eine Überraschung werden, oder?« Onkel Roger winkte nach dem Kellner, damit er unsere Getränkebestellungen aufnehmen konnte. Nachdem er wieder verschwunden war, wandte sich meine Mutter erneut an mich.

»Du siehst toll aus.« Ich lächelte sie an.

»Du auch.« Mom trug ein sommergelbes Kleid in A-Linie, das ihre schlanke Figur hervorhob. Ihr kastanienbraunes Haar fiel ihr in weichen Wellen über die Schulter und ihre Wangen und ihre Nase zierten unzählige Sommersprossen. Zärtlich griff sie nach meiner Hand und lächelte mich an.

»Was mach ich hier, Lacey? Du hast mir gar nicht …?« Sie nickte in Hunters Richtung. Vielsagend blickte sie mich an.

Ich seufzte. Erst Roger, jetzt Mom. Was immer mich geritten hatte, ich hatte doch nicht wirklich daran geglaubt, Hunter heimlich zu heiraten, die Unterschrift zu bekommen und mich dann wieder in aller Stille von ihm scheiden lassen zu können? Wir fakten eine verdammte Ehe und belogen nicht nur seinen Onkel, sondern die ganze Welt. Inklusive meiner Familie. Wie konnte ich nur so dumm gewesen sein? Das war an Naivität ja nicht mehr zu überbieten. »Es kam spontan.« Die Worte bohrten sich wie Nadelstiche in mein Herz.

»Und du konntest nicht anrufen?«

Ich schüttelte den Kopf. »Ich war … beschäftigt.«

Moms Augen weiteten sich, dann lachte sie schallend. »Oh, okay. Ich verstehe.«

Sie verstand überhaupt nicht. Ich hatte nicht anrufen können, weil Hunter und ich uns besinnungslos vögelten. Okay, das stimmte nicht so ganz. Wir vögelten, aber dazwischen wäre genug Zeit gewesen, meinen Eltern reinen Wein einzuschenken. Nicht die Fake-Geschichte. Gott bewahre. Meine Eltern liebten Hochzeiten. Sie waren Griechen. In ihrem Kulturkreis heiratete man nicht einfach nur still und heimlich, nein, man zelebrierte eine Eheschließung tagelang. »Nein, du verstehst nicht.«

»Mh, vielleicht doch. Du wolltest nicht, das wir von der Hochzeit erfahren, oder? Du hattest Angst?«

Ich blinzelte mehrfach. »Was?«

Mom seufzte. »Ich weiß, wie du zu Familienfesten stehst. Du hattest Angst, wir würden daraus ein Großereignis machen.«

»Oh, es wird ein Großereignis«, schaltete sich Roger ein.

Mom belächelte ihn. »Nicht so eines. Lacey hat griechische Wurzeln. Wir feiern nicht einfach nur, wir … veranstalten ein mehrtägiges Gelage.«

Gequält verzog ich das Gesicht. Stimmt, da war ja was.

»Und du hattest darauf keine Lust?«

Mein Einsatz. Ich nickte, auch wenn ich gar nicht darüber nachgedacht hatte, nahm ich die Vorlage dankbar an. Zumindest würde es helfen, Mom und Dad – oh, mein Gott. Mein Vater! – nicht vor den Kopf zu stoßen.

»Ich kann das verstehen. Wir sind eben speziell. Aber es würde mich trotzdem freuen, wenn du und dein … Verlobter«, sie schenkte Hunter einen Blick, »uns vielleicht heute Abend besuchen könntet? Das Restaurant ist montags immer geschlossen. Der Abend wäre also perfekt. Nichts Dramatisches. Ein kleines Familienessen, vielleicht? Ich koche. Schließlich würde ich gerne meinen zukünftigen Schwiegersohn kennenlernen.« Ich überhörte die Vorwürfe, die in ihrem Tonfall mitschwangen, geflissentlich. Da steckte so viel mehr drin. Warum ich ihn ihr nicht vorgestellt hatte? Wie lange wir schon zusammen waren? Warum ich nicht mal nach Hause kam? Und überhaupt hatte ich schon lange nicht mehr im Restaurant mitgeholfen. Wenn ich darauf jetzt einging, würden wir uns zanken wie die Kesselflicker und ich könnte Onkel Roger gleich offenbaren, dass wir hier nur etwas vorspielten. Mom bot mir gerade an, ihr alles heute Abend zu erklären.

Wenn die Familie in geballter Ladung auftrat, Mom, Dad und Nikos. Ich war so tot.

Ich rang noch mit einer Antwort, da entschied Hunter bereits für uns. Er beugte sich zu Mom und reichte ihr die Hand. »Natürlich. Es würde uns freuen, Ihre Einladung anzunehmen. Ich heiße Hunter, übrigens.«

Mom nahm seine Hand. »Hunter, also. Sehr schön.« Moms Lächeln gab mir den Rest. Wie konnte sie nur so perfekt unbedarft aussehen und die Harmlosigkeit in Person raushängen lassen? Nur wer sie so gut kannte, wie ich, entlarvte hinter dem freundlichen Lächeln ein heißblütiges südeuropäisches Temperament. Sie konnte ihren Zorn ganz langsam auf kleiner Flamme köcheln lassen. Wie eine gute Sauce schmorte er dahin und wurde mit jeder Stunde kräftiger. Oh, Mann. Hastig griff ich nach meinem Glas Weißwein und stürzte die Flüssigkeit in einem Zug herunter. Wenn das so weiterging, war ich nach dieser Hochzeit Alkoholikerin. Aber das machte ja nichts. In meinem Kulturkreis wurde eh viel getrunken. Nämlich Ouzo.

Das Essen zog sich in die Länge. Roger, Iris und Mom waren voll in ihrem Element, während Hunter und ich nur hin und wieder um unsere Meinung gebeten wurden. Das selbsternannte Planungskomitee stellte Farbkonzepte zusammen, redete über Blumen, die Tischdekorationen und die Einladungen. Iris machte sich eifrig Notizen, versicherte uns aber, dass das nur ein erstes Kennenlernen war und wir im Laufe der Woche in ihre Agentur kommen sollten, um die genauen Auswahlen zu treffen.

»Dort habe ich dann auch Beispiele parat. Geschirr, Stoffe, Dekorationen. Wir können uns austoben.« Sie lachte und mir wurde ganz anders. Mehr Wein, ich brauchte mehr Wein.

»Aber nun brauche ich einen Termin. Wann, dachten Sie, soll Ihr großer Tag stattfinden? Haben Sie schon etwas ins Auge gefasst?« Iris blickte uns vielsagend an. Vor allem mich, da ich ja offensichtlich die Braut war, aber hier so wenig mitzureden hatte, wie der Kellner, der hin und wieder Getränke nachschenkte. Vielleicht konnte ich mich ja bei der Veranstaltung einfach wie eine Dekoration neben den Blumenkübeln verstecken. Fiel ja niemandem auf, oder?

Roger räusperte sich. »Nun, ich dachte an nächsten Samstag.«

Mom ließ ihre Gabel fallen, Hunter verschluckte sich an seinem Wasser und Iris' Augen weiteten sich in schierem Unglauben, während ich Roger nur anstarren konnte. Hunter fand als Erster seine Sprache wieder.

»Wie bitte? Findest du den Zeitrahmen nicht etwas knapp bemessen?«

Roger schüttelte den Kopf. »Absolut nicht. Ich möchte eure Trauung so schnell wie möglich über die Bühne bringen. Du weißt, wie viel mir daran liegt.«

Hunter atmete tief durch. »Iris?« Wie ein Ertrinkender auf hoher See bat er sie um einen Schwimmring.

Die Hochzeitsplanerin hatte sich allerdings noch nicht von dem Schock erholt und sah Roger an, als hätte er den Verstand verloren. »Ich dachte, wir treffen uns hier für ein erstes Kennenlernen. Wir haben ja noch nicht einmal die Verträge unterschrieben oder den finanziellen Rahmen festgelegt. Haben Sie überhaupt schon einen Veranstaltungsort? Wir müssen Einladungen drucken lassen, sie verschicken. Das wird alles Zeit in Anspruch nehmen.«

»Ms. Lynn«, begann Roger geduldig. »Ich bin Roger Harrington, mir und meinem Neffen gehören unzählige Immobilien in der Stadt. Glauben Sie, ich kann nicht einen passenden Veranstaltungsort finden? Aus meinen zahlreichen Immobilien? Wahlweise kann ich auch nach Belieben gleich den Veranstaltungsort kaufen.«

Iris blinzelte. »Natürlich. Aber ...«

»Ich weiß, dass eine Hochzeitsplanung in dieser Geschwindigkeit kostspielig ist. Mein Neffe ist es mir allerdings wert. Ich möchte die beiden so schnell wie möglich in sicherem Fahrwasser wissen, wenn Sie verstehen, was ich meine.« Iris nickte stoisch. Sie schien noch immer mit dem Schock zu kämpfen. Roger fuhr ungehindert fort. »Aber wenn Sie es möglich machen, winkt Ihnen eine saftige Provision. Und denken Sie an die Publicity. Sie richten die Hochzeit von Hunter Harrington aus. Das wird das gesellschaftliche Ereignis des Jahres.«

»Umso wichtiger ist eine detailgegenaue Planung. Ich überlasse gerne nichts dem Zufall.«

Roger nickte. »Deshalb habe ich Sie hergebeten. Ich möchte unserem Paar eine langwierige Planung ersparen. Im Übrigen möchte ich, dass die Heirat auf meinem Anwesen stattfindet.« Er nannte ihr die Adresse. »Kennen Sie die Lokalität? Wir haben außerdem schönes Wetter. Vielleicht ein Pavillon?«

Iris erholte sich langsam von dem Schock und nickte nachdenklich. Man konnte förmlich sehen, wie die Rädchen in ihrem Kopf ineinandergriffen und sie bereits den Zeitplan durchrechnete. »Okay, aber dann müssen Mr. Harrington und Ms. Roberts spätestens morgen vormittag in meiner Agentur sein, die Verträge unterschreiben und im Eilverfahren die Einladungskarten, das Geschirr und die Tischdeko auswählen. Ich werde noch heute nachmittag ein Design für die Einladungskarten entwerfen lassen. Ich habe Muster zur Verfügung und kann Sie, wenn Sie sie bestätigen, noch heute Abend in den Druck geben. Ist ein Eilzuschlag in Odnung?«

Roger nickte. »Was immer es kostet, wir werden es bezahlen.«

Iris lächelte. Ich sah förmlich das Dollarzeichen in ihren Augen aufblitzen. »Haben Sie bereits ein Kleid?«

Völlig überfordert blinzelte ich. Sie hatte mich direkt angesprochen. Wieso denn das? Ich war hier doch nur … die Braut. Verdammt. »Kleid? Ähm …« Ich blickte an mir herunter. »Nein …?«

»Doch, hast du.« Mom nahm meine Hand. »Darum kümmern wir uns. Was meinst du? Wir gehen Hochzeitskleidshoppen?«

»Ähm, okay.« Überfordert nickte ich. Das ging mir alles viel zu schnell.

Iris lächelte zufrieden. »Ich mache einen Termin in einem Salon. Natürlich könnte es bei den knappen Zeitrahmen nur ein …«

»Das Wort *nur* möchte ich nicht hören«, schaltete sich Hunter ein. »Lacey bekommt, was sie haben möchte. Ich zahle.«

Mom starrte ihn an. Ich starrte ihn an. Ich wollte sein Geld nicht, Mom genauso wenig. Ihre Gedanken standen ihr praktisch auf die Stirn geschrieben. Auch wenn mein Vater das Kapitel für das Restaurant am Pokertisch gewonnen hatte, waren meine Eltern sehr stolz. Sie wollte – genauso wenig wie ich – Hunters Geld nehmen. Mom brannte etwas auf der Zunge, doch statt etwas zu sagen, entschied sie sich dagegen. Mir war jedoch sonnenklar, dass das letzte Wort in dieser Angelegenheit noch nicht gesprochen war. »In Ordnung.« Mom knirschte mit den Zähnen. Innerlich schmunzelte ich. Hunter Harrington würde sich noch umgucken, in welche Familie er da einheiratete, denn – so viel war sicher – die Roberts ließen sich nicht wie ein Juniorpartner abwickeln.

HUNTER

»Das war ein schöner ... Nachmittag.« Lacey ließ sich tatsächlich von ihm führen. Gemeinsam spazierten sie die Fünfte entlang, vorbei an Geschäften, Schaufenstern und Restaurants. Er hätte ihnen auch ein Taxi gerufen, doch da das Studio von *Magic Moments* nur wenige Blocks von seinem Apartment entfernt lag, beschlossen sie zu laufen. Sie hatten den Nachmittag mit Iris in den Räumlichkeiten ihrer Firma verbracht und unzählige Entscheidungen bezüglich der Ausstattung der Hochzeit getroffen.

Die Sonne ging gerade unter und er genoss die kühle Brise, die sich zwischen den Häuserschluchten verfing – und natürlich die Gesellschaft dieses zauberhaften Nervenbündels. Er lächelte auf sie herab, während Lacey neben ihm herstakste. Oh, Mann, ihre Schuhe! Hunter hatte nur an sich gedacht, dass ihm ein kleiner Marsch guttun würde, bevor sie sich umziehen und zum Restaurant ihrer Eltern aufbrechen mussten. Warum hatte Lacey denn nichts gesagt? Himmel, die Sache mit der Hochzeit sollte er vielleicht noch einmal überdenken, wenn er es nicht einmal schaffte, ihre Bedürfnisse herauszufinden.

»Ist alles okay?«, unternahm Hunter einen lahmen Versuch, seine Blauäugigkeit zu überspielen.

»Ja, natürlich. Lass uns weitergehen.« Natürlich versuchte Lacey, sich nichts anmerken zu lassen. Die Frau war einfach zu stur. Hunter knirschte mit dem Kiefer. Aber er konnte ihr in Sachen Dickschädel durchaus das Wasser reichen.

»Nichts ist okay«, murrte er, hielt inne und ehe sie sich beschweren konnte, schob er seinen Arm unter ihre Kniekehlen und den anderen um ihren Rücken und hob sie hoch.

»Hey!« Lacey gab ein entrüstetes Geräusch von sich. »Ich bin viel zu schwer für dich!«

Hunter hob eine Augenbraue und ging weiter. Natürlich wog sie genug, damit er nach ein paar Metern ins Schwitzen kam, aber er würde in wenigen Minuten sowieso unter der Dusche stehen. Von daher störte ihn die kleine zusätzliche Trainingseinheit nicht. »Meinst du, die Hanteln und Gewichte im Fitnessraum stehen da zu Dekozwecken?«

Lacey schlang die Arme um seinen Hals. »Ich war noch nicht im Fitnessraum«, gestand sie und sah ihn an.

»Nicht? Solltest du mal in Erwägung ziehen. Du bist viel zu dürr. Ein paar Muskeln täten dir sicher gut. Oder etwas Ausdauertraining.« Hunter sah nach vorn und konzentrierte sich auf die Straße. Seine Hand unter Laceys Hintern bescherte ihm schon wieder unanständige Gedanken. Wenn er nicht aufpasste, war er nach ein paar hundert Metern steif wie ein Brett. Natürlich wog Lacey ihr Gewicht, aber es machte ihm nichts aus. Ihr Körper an seinem fühlte sich viel zu gut an. Er könnte sie noch stundenlang tragen.

Lacey tippte ihn gegen die Stirn. »Warum grinst du so dämlich?«

Hunter schmunzelte. Tatsächlich. Er grinste. Wie ein Idiot. »Tue ich gar nicht.«

»Dooochhh!«, machte sie langgezogen.

»Nun, vielleicht ein bisschen.«

»Wieso?« Lacey legte den Kopf auf seine Schulter.

Hunter stöhnte. »Weil es so wahnsinnig anstrengend ist, dich zu tragen. Entweder ich grinse dämlich oder ich keuche wie ein Walross!«

Ihre Augen weiteten sich. »Ist nicht wahr!«

Hunter lachte. »Nein, überhaupt nicht. Also erzähl mir lieber, was mich bei deinen Eltern erwartet. Worauf muss ich mich enstellen?«

Lacey seufzte und malte kleine Kreise auf sein Sakko. »Ich hatte nicht erwartet, meine Mutter im Restaurant zu treffen, noch, dass ich meinen Eltern überhaupt erzählen muss, dass ich – wir – heiraten werden.«

Hunter verfestigte den Griff um ihre Kniekehlen und bog um die Ecke. In wenigen Augenblicken erreichten sie den Haupteingang zu seinem Wohnblock. »Nur daran zu glauben, war naiv.«

»Ich weiß.«

»Also, was muss ich wissen?«

Laceys Eltern waren ganz gewöhnliche Leute. Sie stammten aus Griechenland, wo der Rest der Familie lebte. Ihr Großvater war im Zweiten Weltkrieg in einem kleinen Dorf an der Küste kleben geblieben, hatte Laceys Großmutter geheiratet und ihren Vater, Markos, bekommen. Sofia, ihre Mutter, stammte ebenfalls aus Griechenland. In den späten Neunzigern war ihr Großvater nach dem Tod seiner Frau zurück in die Staaten gegangen und Laceys Eltern hatten ihn kurzerhand begleitet. In Griechenland selbst lebte noch eine Tante mit ihrer Familie und ein riesiger Zweig ihrer Verwandtschaft mütterlicherseits. Lacey hatte noch einen jüngeren Bruder namens Nikos. Gemeinsam mit den Eltern betrieb er das kleine Restaurant. Also alles ganz chillig, wenn man Laceys Aussagen glauben schenken durfte.

Hunter durchschritt die Eingangshalle und begrüßte den Portier mit einem knappen Nicken. Vor dem Fahrstuhl ließ er Lacey herunter und fischte seine Schlüsselkarte aus der Anzugtasche. »Und warum machst du dir dann Sorgen?« Denn offensichtlich tat sie das. Während ihrer Erzählung legte sich ihre Stirn in Falten und ihr Körper, den er liebend gern noch etwas länger an sich gedrückt hätte, spannte sich an.

Lacey wickelte ihre Hand um seinen Arm und lehnte sich an ihn, während sie auf den Fahrstuhl warteten. »Das Problem ist, das meine Eltern wirklich griechisch leben, inklusive derber Sprüche, Ellenbogen und gutem Essen mit viel Alkohol. Und so solltest du auf gar keinen Fall dort auftauchen.«

Irritiert blickte Hunter an sich herunter. »Was stimmt denn nicht mit meinem Anzug?«

»Oh, dein Anzug ist perfekt. Nur dass er mehr gekostet hat, als das Restaurant wert ist, das ist ein Problem.«

»Aber ich habe hart dafür gearbeitet …«

»Das spielt keine Rolle. Du siehst aus wie ein reicher Schnösel, was vermutlich daran liegt, dass du ein reicher Schnösel bist …«

Verstimmt zog er die Brauen zusammen. Der Fahrstuhl kündigte seine Ankunft mit einem leisen Pling an, so dass er nicht sofort antworten konnte. Gemeinsam traten sie in die Kabine. »Ich bin kein reicher Schnösel.«

»Doch, bist du. Und mein Vater respektiert keine reichen Schnösel.«

»Okay … und nun?«

LACEY

Ich sollte nicht hier sein. Wie ein Mantra murmelte ich die Worte vor mich hin, während ich mich durch Hunters Kleiderschrank wühlte. Doch er konnte unmöglich im Anzug bei meinen Eltern aufschlagen. Die Roberts-Jungs würden ihn fertigmachen.

»Hat der Mann keine Jeans?«, murrte ich vor mich hin und schob einen teuren Anzug nach dem anderen zur Seite. Ich hatte mich bereits umgezogen. Jeans und T-Shirt mit einer lockeren Collegejacke waren mir deutlich lieber als das teure Apricot-Kleid, obwohl ich mir darin durchaus gefiel. Was mir allerdings noch viel mehr gefallen hatte, war Hunters Anflug von Ritterlichkeit. Ich könnte mich seufzend an die Kleiderstange hängen und mich in dem Gefühl seiner starken Arme verlieren. Himmel, fühlte sich das gut an. Ich hatte bereits zweimal in den Genuss seiner Fähigkeiten kommen dürfen. Der Sex war unvergleichlich. Nur das Gefühl, von ihm getragen zu werden, kam auch nur annäherend an den Sex heran.

»Natürlich habe ich eine Jeans. Schau mal ganz unten bei den anderen Hosen. Da müssten ein paar schwarze Jeans liegen.«

Automatisch ging ich in die Hocke und wühlte mich durch dunkle Hosen, als mir ein frischer Duft in die Nase stieg. Feuchte Hitze drängte sich an meinen Rücken. Ich blinzelte zur Seite und sah die Tür zum Badezimmer offenstehen. Ein quadratischer Lichtkegel fiel auf den Holzboden in Hunters Schlafzimmer. Mein Gehirn spulte hastig ein Szenario ab, bei dem mir schon vor dem Intro heißkalte Schauer über den Rücken rieselten. Hunter, der gerade der Dusche entstiegen war und hinter mir stand, um seinen Schrank nach brauchbarer Freizeitkleidung zu inspizieren. Nur mühsam unterdrückte ich den Drang, mich nach links zu wenden und einen Blick auf … zu spät. Nackte Zehen wackelten auf dem Holzboden, Wassertropfen perlten über seine kräftigen Waden. Mein Blick kletterte seine Beine hinauf und blieb an einem flauschigen Handtuch hängen, das er sich lässig um die Hüften geschlungen hatte und das eindeutig zu tief hing. Der Knoten, mit dem er es notdürftig befestigt hatte, saß kurz unterhalb eines perfekt austrainierten Sixpacks. Wassertropfen perlten über seine nackte Haut, als stünde er just in diesem Moment vor der Kamera für einen Werbespot für einen ultrateuren Männerduft. Wie David Beckham oder so. Vor zehn Jahren. Scheiße, sah Hunter gut aus. Ich meine, wir hatten Sex gehabt, mehrfach, aber ich hatte ihn nie so ausgiebig betrachten dürfen. Nüchtern. Und von vorne.

Hunters Blick fiel zu mir herunter. Seine Mundwinkel kräuselten sich. Hitze stieg mir in die Wangen. Unwillkürlich biss ich mir auf die Unterlippe, streichelte seinen Bauch und seine Brust mit meinen Blicken.

Hunter atmete tief ein, wobei ein paar Wassertropfen über seine gebräunte Haut herabliefen. Mein Blick folgte ihnen wie magisch daran festgetackert. Mein Puls beschleunigte sich. Verdammt. »Und, hast du etwas Brauchbares gefunden?«

Wahllos zog ich eine Jeans aus dem fein säuberlich sortierten Stapel und erhob mich hastig. Hunter stand ziemlich dicht neben mir, da wir uns offenbar beide vor dem Schrank herumdrücken mussten. Als ich aufstand, streiften meine Fingerknöchel wie zufällig sein Sixpack. Die Berührung dauerte maximal eine Zehntelsekunde, doch sie reichte aus, damit heiße Wellen von seiner Haut ausgehend auf mich herüberschwappten und ein intensives Kribbeln in meinen Fingern auslösten. Unwillkürlich legte ich die andere Hand auf seinen Bauch, um ihn etwas wegzuschieben, doch sobald ich ihn berührte, spannte er sich an und ich erstarrte. Meine Augen verfingen sich in seinem Blick. Lust und Verlangen schlugen mir mit solcher Wucht entgegen, dass ich zurückgetaumelt wäre, ja, wenn meine Hand sich nicht auf seinem Bauch befunden hätte. Wir waren nur eine Entscheidung davon entfernt, übereinander herzufallen. Ich brauchte nur meine Hand etwas tiefer gleiten lassen und den Notknoten am Handtuch lösen, um dann … Himmel, ich wollte ihn anfassen und mir direkt zwischen die Beine schieben, seine Erektion gegen meinen Eingang drücken und ihn anbetteln, mich zu ficken.

Hunter räusperte sich und ich ließ ihn los.

»Ähm.« Mit der flachen Hand auf seinem Bauch drückte ich ihn weg. Es fiel mir unendlich schwer, nicht nachzusehen, ob es ihm genauso ging, ob sein Puls raste, seine Atmung ... ich sah auf seine Brust und zwang mich hastig, die Augen zu schließen. Wie konnte ein Mann nur so verboten gut aussehen? Okay, Hunter trainierte täglich. Er besaß sogar ein eigenes kleines Studio, in dem er vermutlich mehr Zeit als im Badezimmer verbrachte. Trotzdem ... solche Männer gehörten verboten. »Hier.« Ich drückte ihm die Jeans in die Hand und floh hastig mehrere Schritte rückwärts in Richtung Zimmertür.

»Zieh noch irgendein T-Shirt dazu an und eine legere Jacke. Bitte nichts, was mehr als einhundert Dollar gekostet hat.«

Hunter starrte mich an. »Ich habe nichts, was ...«

Genervt rollte ich mit den Augen und ertappte mich erneut dabei, wie ich seinen nur mit dem Handtuch verhüllten Unterleib in Augenschein nahm. Da hob sich doch was ab ... Fuck. Hastig sah ich auf und begegnete seinem Blick. Er sah aus wie Felix, wenn er auf ein Schälchen Sahne wartete und wusste, dass er es auch bekommen würde. Fehlte nur noch, dass er sich die Lippen leckte. Zum Glück war Hunter kein Kater, aber in meinem Blick sonnte er sich wie der Vierbeiner. Wundervoll. Die beiden waren sich tatsächlich ähnlicher, als sie dachten.

»Egal, dann such etwas aus, was so aussieht, als wäre es alt und abgetragen.«

»Mir erschließt sich der Sinn dahinter nicht. Wieso darf ich nicht im Anzug zum Essen mit deinen Eltern?«

Ich atmete tief durch und sah mich gezwungen, nun doch noch mal etwas näherzutreten. Um meinen Standpunkt klarzumachen. Ich bohrte meinen Finger in die Kuhle unter Hunters Brustbein. Feuchte Hitze schlug mir entgegen, der herbe Geruch seines Aftershaves vernebelte mir die Sinne, doch diesmal war ich darauf vorbereitet und behielt einen klaren Kopf. »Weil du als Anzugträger den Abend nicht überleben würdest. Vertrau mir einfach.«

Kapitel 14

LACEY

Meine Finger fuhren durch Felix' Fell. Sanft kraulte ich den Kater hinter den Ohren, nahm ihn in die Arme. Als wüsste der kleine Mistkerl genau, wie er Hunter auf die Palme bringen konnte, saß er schon wieder auf der Theke in der Küche und starrte die Treppe hinauf. Als ob er darauf wartete, dass Hunter herunterkam und ihn ausschimpfte. Erst dann würde sich Felix gnädigerweise erheben und herunterhüpfen.

»Du bist eine kleine Bestie, weißt du das?« Ich kraulte seinen Hals und Felix schnurrte zur Antwort. »Schon klar, es ist dir vollkommen egal.« Ich drückte die Katze an mich und trug ihn zum Fressnapf, wo ich in die Hocke ging, ihn herunterließ und streichelte. Felix nahm ein paar Krumen Trockenfutter auf.

»Meinst du, das geht so?«

Ich sah auf und erstarrte. Mir klappte wortwörtlich die Kinnlade herunter. Hunter kräuselte die Mundwinkel. Er zupfte noch am Bund seiner Jeans herum, während er herunterkam. Neben der schwarzen Jeans trug er ein dunkelblaues Langarmshirt von Yale, dass ihm eindeutig vor zehn Jahren mal gepasst haben musste, als er noch zur Uni ging und deutlich weniger Muskelmasse aufwies. Jetzt war es einfach nur eng und setzte dadurch seine ausgearbeitete Brust- und Oberarmmuskulatur perfekt in Szene. »Ich finde ja, es ist eingelaufen.« Am Fuß der Treppe blieb er stehen und zupfte am Stoff herum, der über seinem Bizeps spannte. Himmel, es war zu eng, aber er sah verdammt heiß darin aus.

Ich erhob mich und ging zu ihm. Wie auf Autopilot legte ich die Hände auf seine Brust. Scheiße, auch wenn ich wusste, dass ich das nicht tun sollte, musste ich ihn einfach anfassen. Harte Muskeln wölbten sich unter meinen Handflächen. Ich strich den Stoff über seiner Brust glatt, mehrfach. Immer wieder.

»Alles okay, Lacey? Kann ich so rausgehen?«

Ich hob das Kinn und blinzelte Hunter an. »Ja, sehr. Du siehst einfach nur heiß aus.«

Hunter zog die Augenbrauen hoch. »*Heiß* war nicht das Prädikat, was ich mir von dir erhoffte.«

Ich lächelte und ließ meine Hände über seine Oberarme hinab zu seinen Finger gleiten. Ich nahm seine Hände und zog ihn mit mir. »Du siehst einfach nur fantastisch aus. Warum versteckst du diesen perfekten Körper unter teuren Anzügen?«

Hunter ließ mich los und streifte die Jeansjacke über, die er unter seinem Arm getragen hatte. »Weil ich ein Geschäftsmann bin und als solcher eine bestimmte Außenwirkung erzielen möchte. Man soll mich respektieren.« Hunter nahm meine Collegejacke und hielt sie mir galant hin. Obwohl diese Geste mich als emanzipierte Frau vollkommen kaltlassen sollte, erwärmte sich mein Inneres. Hunter war so, er hofierte mich gern. Er wollte nicht nur den Eindruck erwecken, als würde er sich um mich kümmern, er tat es tatsächlich auch sehr gern. Ob bewusst oder unbewusst konnte ich nicht sagen. Ich wusste nur, dass ich diese kleinen Gesten an ihm sehr schätzte.

Ich drehte Hunter den Rücken zu und schlüpfte in die Ärmel. Hunter zog den Stoff hoch und glättete das Kleidungsstück. Seine Handflächen ruhten viel zu lange auf meinen Schultern. Ich drehte leicht den Kopf und lächelte zu ihm auf. Er erwiderte meinen Blick. »Wollen wir?«

Hunter atmete tief durch. »Natürlich.« Galant hielt er mir den Arm hin und ich hakte mich unter – und fühlte mich, als wären wir ein richtiges, echtes Pärchen. Nein, das war falsch. Ich wollte mich nicht nur so fühlen, ich wollte, dass es real war, denn aus einem mir noch verborgenen Grund mochte ich diesen manchmal doch recht abweisenden, aalglatt agierenden Typen sehr gern.

Eine gute halbe Stunde später bog Hunter vom Cadman Plaza in die Montague Street.

»Du kannst dir einen Parkplatz suchen. Die paar Meter können wir laufen.«

»Wo befindet sich das Restaurant deiner Eltern? Wäre es nicht besser, bis vorzufahren?«

»Nein.« Meine Antwort kam eine Spur zu hastig. Argwöhnisch drehte sich Hunter zu mir um und musterte mich fragend. Ich seufzte.

»Dein Auto. Wenn sie es sehen, werden sie wissen, dass du reich bist und dann sind sie ganz aus dem Häuschen und …« Ich stöhnte. »Kannst du nicht einfach weiter weg parken?«

Hunter lächelte und legte seine Hand auf mein Knie. »Ich bin reich. Jeder in der Stadt kennt meinen Namen.«

Von seiner Geste magisch angezogen, starrte ich auf mein Knie, das von seiner riesigen Pranke nahezu vollkommen verdeckt wurde. »Meine Eltern nicht. Sie leben quasi in einer Parallelwelt.«

»Deine Mutter war mit uns im Ritz essen. Meinst du nicht?«

»Können wir den BMW nicht einfach …«

Hunter verzog das Gesicht. »Nein. Würdest du mir eine schwierige Parksituation beschreiben oder mich belügen, wäre es dir vielleicht gelungen. Aber so weiß ich Bescheid und ich kann es nicht gutheißen, dass du eine weitere Lüge zu unserem ohnehin schon wackeligen Konstrukt hinzufügst. Ich wäre ja dafür, dass du deinen Eltern die Wahrheit sagst.«

Entsetzt weitete ich die Augen. »Bist du wahnsinnig? Wenn sie davon erführen, würden sie es verbieten. Meine Familie ist sowieso schon schwierig. Die Wahrheit verkompliziert das Ganze nur.«

»Du hilfst mir bei einer prekären Angelegenheit und ich bezahle dich dafür. Worin liegt das Problem?«

Ich verdrehte die Augen. »Genaugenommen macht mich das zu einer Hure. Das ist das Problem.«

Hunter blinzelte. »Ich verstehe nicht.«

Nein, er verstand wirklich nicht. In Hunter Harringtons Welt war nahezu alles erhältlich. Selbst die Ehefrau. Man musste nur genug Scheine hinblättern und schon bekam man, was man wollte. Aber in meiner Welt besaß eine käufliche Frau keine Ehre. Und wenn man schon keinen Ehemann vorweisen konnte, so hatte man immer noch seinen Ruf. Würde Hunter die Wahrheit erzählen, würden meine Eltern ausrasten. Denn am Ende dieser Geschichte besäße ich weder das eine noch das andere. Weder Ehre noch Ehemann.

»Nein, du kannst es nicht verstehen und es würde zu weit führen, dir das alles zu erklären. Wir sind sowieso schon viel zu spät. Also gut, fahr mit dem Wagen vor, aber erwähne um Himmels Willen nicht, dass wir nur zum Schein heiraten. Wenn du das tust, ist es aus.«

Hunter blinzelte. »Du würdest eine Vertragsstrafe der Wahrheit vorziehen?«

»Definitiv.«

HUNTER

Er wusste nicht, was er von Laceys Geständnis halten sollte, aber er respektierte ihren Wunsch. Nur mit dem Parkplatz des BMW konnte er sich nicht einverstanden erklären. Er wollte sein Geld nicht zur Schau stellen, nein, er wollte seinen geliebten Wagen im Auge behalten. In dieser Gegend musste man davon ausgehen, wenn man einmal wegsah, sein Auto nicht wiederzufinden.

»Hier ist es.« Lacey beugte sich vor und spähte an ihm vorbei aus dem Fenster des BMW. Hunter drosselte das Tempo und folgte ihrem Blick. Die Straße fiel leicht ab, so dass er kein Gas mehr gab und der Wagen langsam anrollte. Seitlich am Straßenrand entdeckte er ein kleines Restaurant. Ein Flachbau mit überdachter Terrasse, rot-weiß-karierten Tischdecken und Lichterketten sowie einem großen, halbrunden Schild über dem Eingang mit der Aufschrift »Akropolis« in hölzernen, aufgenagelten Buchstaben. Darunter stand in Druckschrift »Griechische Spezialitäten, Weine und Desserts«. Das Restaurant lag im Dunkeln. Nur das mehrstöckige Gebäude, das sich hinter dem Flachbau erhob, lockte mit beleuchteten Fenstern. Ein paar Lichterketten, die den Eingangsbereich erhellten, brannten ebenfalls. Hunter lenkte den Wagen an den Straßenrand vor dem Eingang.

»Kann ich hier parken?«

»Nein. Die ganze Nachbarschaft wird deine scheißteure Karre sehen.« Lacey verschränkte die Arme vor der Brust und starrte ihn finster an. »Das war eine blöde Idee.«

Hunter grinste, drehte sich zu ihr und beugte sich vor. »Das war eine ganz wunderbare Idee. Ich möchte jedem zeigen, zu wem du gehörst.« Ihre Mundwinkel kräuselten sich. Sie neigte sogar leicht den Kopf, als er ihr einen Kuss auf die Wange gab.

»Höhlenmensch.« Das Wort klang keineswegs wie eine Beleidigung, eher wie ein Kosename. Hunter neigte den Kopf und küsste ihre Halsbeuge. Das Shirt, das sie trug, besaß einen so weiten Ausschnitt, dass es ihr ständig von einer Schulter rutschte und ausreichend Haut entblößte. Er hätte sich ja gegen dieses Kleidungsstück ausgesprochen, allerdings sah Lacey zum Anbeißen aus und er wollte gar nicht darauf verzichten, ihr hin und wieder einen Kuss auf die sichtbaren Stellen zu drücken.

»Hey. Wir sollten reingehen.«

»Mh«, murmelte Hunter und knabberte an ihrem Hals.

»Und außerdem hatten wir doch vereinbart …«

Nur widerwillig löste er sich von ihr und lächelte sie an. »Da drinnen werde ich noch viel mehr Küsse auf deinem Hals verteilen. Ich wärme mich nur auf.«

Lacey schüttelte den Kopf. »Du bist unmöglich.«

»Angeblich unmöglich verliebt, in dich.« Was zur Hölle sagte er da eigentlich? Er hatte noch nicht einmal Alkohol getrunken und schon faselte er Blödsinn? Lacey schien das ebenso zu sehen, denn sie starrte ihn einen Augenblick lang mit einem seltsamen Blick an. Dann winkte sie lachend ab.

»Gut gespielt.«

Hunter nickte, diesmal ernst. Nur, dass es, so fürchtete er, überhaupt nicht gespielt war. Verdammt.

»Da seid ihr ja endlich!« Mom wischte sich die Hände an einem Geschirrtuch ab und klemmte es sich in ihre Schürze, um mich mit ausgebreiteten Armen zu begrüßen. Hunter zog gerade seine Jacke aus. Moms Augen weiteten sich.

»Hunter.« Sie nickte ihm knapp zu, bevor sie mich in eine enge Umarmung zog. »Du meine Güte, sieht er gut aus.« Ihr Flüstern streifte meine Ohrmuschel.

Lachend löste ich mich von ihr. »Er findet, es ist zu eng.«

»Nein, nein.« Mom winkte ab, wandte sich Hunter zu und fasste ihn bei den Oberarmen. »Es ist genau perfekt. Junge, du stehst aber gut im Training. Vielleicht könntest du nachher ein paar Bierkisten vom Laster abladen helfen?«

»Natürlich, Mrs. Roberts.« Hunter nickte freundlich.

Meine Züge entgleisten. »Mom!«

Meine Mutter lachte und zog Hunter an sich. »Nur ein Spaß. Natürlich würde ich deinen Verlobten niemals für Arbeiten missbrauchen. Kommt rein.« Mom drückte Hunter kurz an sich, um ihm irgendetwas ins Ohr zu flüstern, was ich nicht verstand. Er lachte, also konnte es nur etwas Derbes gewesen sein. Innerlich wand ich mich vor Scham. Wenn es irgendwo in dieser Stadt eine peinlichere Familie als die meine gab, wollte ich sie sehen.

»Hey, hey, hey! Wen haben wir denn da!« Nikos durchquerte den Gastraum und starrte erst mich, dann Hunter an. »Meine Schwester bringt einen Freund mit nach Hause? Dass ich das noch erleben darf!« Mein zwei Jahre jüngerer Bruder drängte sich an meiner Mutter vorbei. »Übrigens, dein Kritharaki Auflauf kann raus, der ist schon fast verkohlt.«

Moms Augen weiteten sich. »Und warum nimmst du ihn dann nicht raus, du Idiot!« Sie zerrte das Geschirrtuch aus ihrer Schürze und zog ihm eins über. Lachend ging Nikos in Deckung.

»Es ist dein Auflauf, Mom. Ich kümmere mich nur um den Salat.«

Mom schoss an ihm vorbei in die Restaurantküche. »Hunter ist übrigens nicht der Freund deiner Schwester, sondern ihr Verlobter.«

Nikos erstarrte. Verblüfft blickte er unserer Mutter hinterher, dann drehte er sich ganz langsam zu uns um. Der Schock versteinerte seine Züge. Erst deutete er auf Hunter, dann auf mich und hob die Augenbrauen. Ich nickte grinsend und drängte mich an Hunter, der seinen Arm automatisch um meine Schultern legte. Meine Hand berührte seinen Bauch. Innerlich atmete ich tief durch. Schon wieder dieses verführerische Sixpack.

»Schatz, darf ich dir meinen Bruder Nikos Roberts vorstellen. Nikos, das ist Hunter Harrington, mein …« Das Wort wollte mir nicht so recht über die Lippen. Nikos bemerkte mein Zögern allerdings nicht, er war viel zu sehr mit der Tatsache beschäftigt, dass ich, seine nervige große Schwester, verlobt sein sollte.

»Nein!« Der Laut dröhnte mir in den Ohren. »Ist nicht dein Ernst? Du willst diese Ziege heiraten? Will dich keine andere? Ich kenne ein Dutzend Weiber, die sich nach dir die Finger ablecken würden!«

Hunter verzog das Gesicht, während ich mich in Grund und Boden schämte. »Siehst du, deswegen wollte ich nicht, dass meine Familie etwas von uns erfährt. Sie sind alle doof!«

Nikos lachte laut auf. »Ach, Schwesterchen, ich ziehe dich doch nur auf. Komm her.« Hunter ließ mich los, damit mich mein Bruder in eine Umarmung ziehen konnte. »Wirklich? Ihr seid verlobt?«

Als wir uns wieder voneinander lösten, zeigte ich ihm den Ring. »Richtig, echt verlobt.«

Nikos' Augen wurden groß, als er den Ring an meinem Finger betrachtete. »Ist der echt?«

Hunter trat zu uns, die Hände in den Hosentaschen vergraben. »Natürlich. Ein absolut reiner Diamant für meine Verlobte.« Dabei warf er mir einen Blick zu, mit dem ich absolut nicht klar kam. Er löste ein Flirren und Flattern in meinem Magen aus, das ich nicht verstand.

Hastig räusperte ich mich und hakte mich bei beiden Männern unter. »Los, kommt, sonst sucht Mom noch nach uns und ich will nicht schuld sein, wenn ihr Auflauf anbrennt.«

»Ach, der war jenseits von gar. Ich wollte sie nur aus dem Weg haben. Du meinst das Ernst mit dem Heiraten?«

Ich verdrehte die Augen. »Todernst. Wäre ich sonst verlobt? Man verlobt sich schließlich nicht zum Spaß oder steckt einer Wildfremden einen Ring an den Finger, nicht wahr, Hunter?«

Hunter beugte sich kurz vor und schenkte mir einen grimmigen Blick. »Natürlich nicht.«

Nikos' Blick wechselt von Hunter zu mir und zurück. »Okayyyy … ich will alles wissen. Wo ihr euch kennengelernt habt, wann die Party steigen soll. Alles!«

»Hunter also.« Mein Vater saß am Kopfende des Tisches. Hunter hatte ihm gegenüber am anderen Ende Platz genommen. Seit wir unser privates Esszimmer im hinteren Bereich des Restaurants betreten hatten, belauerte Markos Roberts meinen Verlobten.

»Harrington, ja, Sir.«

Dad kniff die Augen zusammen. »Von Harrington …?«

Hunter nahm sein Glas und trank einen Schluck Wasser. »Ja. Harrington Holding.«

Ich wusste es. Meine Eltern gaben zwar vor, hinter dem Mond zu leben und von Wirtschaft und Politik keine Ahnung zu haben, aber die Harrington Holding kannte man. Schließlich besaß Hunters Firma ein Gebäude in Manhattans Finanzdistrikt. Mir war das klar, und meinem Vater nun offensichtlich auch. Nur Nikos' Leitung war wie immer kilometerlang.

»Scheiße, Alter, heißt das, du bist reich?« Mein Bruder starrte Hunter an, die Augen entsetzt geweitet. Und mein Verlobter stellte sein Glas ab und lächelte.

»Ein wenig.«

»Verdammt, du wurdest mit einem goldenen Löffel im Arsch geboren und willst meine Schwester heiraten?« Nikos gab Gas und ich wünschte mich unter den Tisch.

»Nikos!« Mom ließ klappernd den Löffel fallen.

»Ja, was denn, Mom? Er könnte jede haben, aber er hat sich für diese dürre Ziege entschieden! Was stimmt nicht mit dir, Harrington?« Nikos deutete mit dem Messer auf Hunter.

»Man zeigt nicht mit einem Messer auf andere Leute«, murrte ich und nahm ihm selbiges aus der Hand. Nikos verpasste mir eine Kopfnuss, der ich gerade noch rechtzeitig ausweichen konnte.

Hunter faltete die Hände unter seinem Kinn und sah mich an. Automatisch ließ ich das Messer sinken. Sein Blick traf mich bis ins Mark, als würde er glühende Ankerhaken in Richtung meiner Pupillen verschießen und mich daran zu sich heranziehen. Ich konnte gar nicht anders, als mich in seinem Blick zu verlieren. Schließlich seufzte Hunter. »Ja, du hast recht. Irgendwas stimmt definitiv nicht mit mir.«

Mom stellte einen riesigen Bräter auf den Tisch und lupfte den Deckel. Köstlicher Geruch schlug mir entgegen. Tomate und Rindfleisch vereinigten sich mit Kritharaki zu dem perfekten Gericht. »Mir ist völlig egal, mit wem was nicht stimmt. Jetzt wird gegessen!«

Mom lud uns allen kräftig auf, Nikos verteilte Salat und Dad reichte Baguette herum. Mir wurde der Rotwein anvertraut. Wild klappernd und durcheinander plaudernd und einander hin- und herschubsend wirbelten wir um Hunter und dem Esstisch herum, bis nach einigen Minuten jeder Teller überquoll und alle Gläser gut gefüllt waren. Mein Vater stellte als letzter vor jedem einen eisgekühlten Ouzo ab. Dann nahm er Platz und griff nach seinem Glas. Wir taten es ihm gleich.

»Dann lasst uns mal anstoßen. Auf Hunter und Lacey. Herzlich willkommen in unserer Familie!« Das Gegröle, das darauf folgte, verstörte Hunter total. Entsetzt blickte er sich um, als wir anstießen, griechische Floskeln ausriefen und uns umarmten. Sein Blick wurde regelrecht panisch, als er an der Reihe war. Und jedes Mal wurde Ouzo nachgeschenkt, bis die halbe Flasche in unsere leeren Mägen gewandert war.

Deutlich angeheitert ließ Mom sich schließlich auf ihren Stuhl fallen. »Hört auf, sonst sind wir betrunken und das Essen kalt. Also greift zu und dann erzähl uns, wie ihr euch kennengelernt habt, Hunter. Ich platze vor Neugierde.«

Mein Verlobter lächelte vielsagend und grub die Gabel in seinen Auflauf. »Das riecht köstlich, Mrs …«

»Sofia, Junge. Du kannst aber auch Mom zu mir sagen. Ich bin das gewohnt.«

Abrupt ließ Hunter die Gabel sinken, stand auf und stürmte in den Gastraum. Ich hörte noch das bekannte Quietschen der Eingangstür und fort war er.

»Ähm.« Vollkommen irritiert stand ich auf. »Ich glaube …«

»Ja«, meinte Mom. »Lauf ihm nach. Irgendwas stimmt da nicht.«

Ich fand Hunter auf der Straße, die Hände tief in die Hosentaschen vergraben starrte er ins Nichts. Ich schob meine Hand durch seinen Arm hindurch und schmiegte mich an seine Seite, ohne zu wissen, was ich überhaupt sagen sollte oder was ich hier tat. Hunter und ich waren kein Paar. Seine persönlichen Probleme sollten mich nicht interessieren und doch wollte ich ihm helfen und bei dem beistehen, was ihn zur Flucht getrieben hatte.

Hunter entspannte sich bei meiner Berührung. Sein Kopf neigte sich in meine Richtung und seine Lippen drückten einen Kuss auf mein Haar. »Meine Mutter hat meinen Vater und mich verlassen, als ich sechs Jahre alt war«, begann er zu erzählen. Als Journalistin hörte ich ständig Geschichten. Die unterschiedlichsten Personen berichteten mir aus ihrem Leben und teilten ihre Erfahrungen mit mir. Manche Erzählungen gingen mir echt nahe, doch all jene Storys gingen mir nicht annähernd so unter die Haut wie Hunters. Seine Mutter hatte die Familie vor fast dreißig Jahren verlassen und war nie wieder aufgetaucht. Seitdem gab es nur ihn, seinen Vater und die Firma.

»Mein Dad hat sich nie sonderlich für mich interessiert. Für ihn gab es nur die Holding. Er sagte zwar immer, er wolle mir ein Vermächtnis hinterlassen, etwas von Bedeutung, aber ich glaubte ihm nicht. In Wahrheit sah er sie in mir. Er hat ihren Verlust nie verkraftet.« Hunter seufzte. *Und ich auch nicht.* Die Worte brauchte er nicht laut aussprechen, ich verstand ihn auch so.

»Hast du je erfahren, was aus ihr geworden ist?«

Hunter schüttelte den Kopf. »Als deine Mutter mir anbot, sie Mom zu nennen, kam alles wieder hoch. Ich kann nicht …«

Ich drückte mich an ihn. »Du brauchst nicht. Sie meinte es nur gut.«

»Ich weiß. Lacey, als ich euch da drinnen streiten sah … du hast eine wundervolle Familie.«

»Und du hast Roger. Und … deinen Cousin? Wie hieß er noch gleich?«

Hunter lachte. »Reginald. Ja, ich habe die beiden, aber das ist nichts im Vergleich zu einer richtigen Familie. Zu einer Mom, einem Dad und einem Bruder.«

Ich verzog das Gesicht. »Erinnere mich nicht an Nikos. Er ist ein Idiot.«

»Er ist dein Bruder.«

Ich verdrehte die Augen. »Wir sollten reingehen. Sie werden sich sicher schon fragen, wo wir bleiben.«

»Oder was mit mir nicht stimmt.«

Liebevoll tätschelte ich Hunters Unterarm. »Ach, Liebling, hier ist niemand normal. Denn das wäre doch absolut langweilig.«

HUNTER

Er konnte sich nicht erinnern, wann er das letzte Mal so dermaßen emotional gewesen war. Nur wegen einem Wort. Sofias Angebot wühlte Gefühle auf, die er längst überwunden zu haben glaubte. Dahingehend hatte er sich allerdings Jahrzehnte lang erfolgreich selbst betrogen. In ihm steckte immer noch das sich verlassen fühlende Kind, der Junge, der so oft zurückgewiesen worden war. Und nun saß er hier, an diesem riesigen Esstisch mit vier wundervollen Menschen, die ihn in ihre Mitte aufnahmen, aßen, schwatzten und ihn wie einen von ihnen behandelten.

Seine emotionale Flucht erwähnte keiner mit auch nur einer Silbe. Als Lacey und er zurückkehrten, nickte ihm Markos schlicht zu, Nikos boxte ihn scherzhaft gegen die Schulter und Sofia schenkte ihm ein warmes Lächeln, das sich sofort in seinem Herzen festsetzte. Und diese Menschen wollte er belügen? Er konnte nicht. Genau das hatte er Lacey sagen wollen. Doch wenn er jetzt einen Rückzieher machte, verlor er die Anteile seines Onkels. Er hatte zu hart gekämpft und zu viel investiert, um jetzt zu scheitern. Allerdings wollte er sehr viel mehr als nur diese Firma.

Hunters Blick fiel auf Lacey, die lachend eine Gabel voller Nudeln in ihren Mund schob. Und Salat. Sie hatte die schreckliche Angewohnheit, Nudeln und Salat komplett miteinander zu vermengen, so dass eine unansehnliche Masse entstand.

»Und das isst du wirklich?« Pikiert deutete er auf den Salat-Nudel-Berg, der sich auf ihrem Teller türmte.

Lacey lachte und bohrte die Gabel hinein. »Na klar. Das schmeckt so doch noch viel besser.«

Hunters Teller wies eine akkurate Trennung auf. Links Salat, rechts Nudeln. Man könnte meinen, er hätte ein Lineal genommen und eine saubere Teilung vorgenommen. Und er aß auch immer nur von einer Seite. Links oder rechts.

»Du musst das durchmischen. Hier. So.« Lacey nahm ihm die Gabel aus der Hand und spießte erst Nudeln, dann Salat auf. »Und jetzt mach AHHH!«

Entsetzt starrte er auf ihre Hand und öffnete den Mund. Die anderen sahen ihn genauso fassungslos an, als Lacey ihm das Essen auf die Zunge schob. »Und jetzt kauen«, forderte sie ihn grinsend auf. Hunter bewegte sacht den Kiefer und aß. Der vollmundige Geschmack der Sauce vermischte sich mit der Kühle des Salats, der rohen Tomaten, dem Hauch von Zimt und Feta. Zusammen bildeten sie eine irre schmackhafte Kombination. Hunter kaute und nickte.

»Köstlich. Wirklich.«

Lacey lachte, beugte sich zu ihm und presste ihm die Lippen auf den Mund. »Und das hier schmeckt noch viel besser!« Sie legte ihre Arme um seinen Hals und schob ihre Zunge in seinen Mund. Fassungslos, ob dieser Zurschaustellung ihrer Zuneigung, und zugleich wahnsinnig erregt, umarmte er sie und erwiderte ihre Küsse. Diese Frau machte ihn verrückt. Ihre Impulsivität sollte ihn eigentlich abschrecken, doch das Gegenteil stellte sich ein. Er liebte ihre verrückten Ideen, ihre Spontanität … ihre Küsse.

Schließlich unterbrach sie Nikos' Johlen. »Hey, nehmt euch ein Zimmer!« Fröhlich tätschelte er Hunters Schulter, während Markos ihm zuprostete und äußerst zufrieden wirkte.

»Aber nicht vor dem Nachtisch. Los, los. Aufessen. Ich habe ein Tiramisu vorbereitet.«

Lacey lächelte verschämt und setzte sich wieder auf ihren Stuhl. Unwillkürlich griff er nach ihrer Hand und malte kleine Kreise auf ihre Haut. Er sah ihr einfach nur in die Augen und genoss ihre vom Alkohol geröteten Wagen, das verschämte Lächeln und den schüchtern gesenkten Blick.

»Oder ihr nehmt Laceys altes Zimmer.« Nikos lachte derbe.

»Wenn du noch einen Scherz in diese Richtung machst, wirst du nie wieder auch nur daran denken können, mit einer Frau zusammenzusein.« Lacey holte über den Tisch hinweg nach ihrem Bruder aus, doch Hunter war schneller. Lachend zog er sie auf seinen Schoss, während sie unter dem Tisch versuchte, nach ihrem Bruder zu treten.

»Vielleicht sollten wir essen und dann ... gehen«, murmelte er an ihrem Hals. Lacey erstarrte, wandte ihm den Blick zu und nickte sehr ernst.

»Aber nicht, bevor ihr uns nicht erzählt habt, wie ihr euch kennengelernt habt«, forderte Sofia und wies ihre Tochter wieder an, auf ihrem Stuhl Platz zu nehmen. Hunter vermisste ihr Gewicht auf seinem Schoss, andererseits formte sich in seinem Verstand bereits ein Plan, bei dem er Laceys Gegenwart ausgiebig genießen konnte, vorzugsweise unter ihm. Er grub die Gabel in die Nudeln, nahm Salat hinzu und schob sich das Konstrukt in den Mund. Einfach nur himmlisch. Hätte er gewusst, wie köstlich Lebensmittel kombiniert miteinander schmeckten, er hätte das schon viel früher versucht.

»Oh, das war nichts Besonderes«, winkte Lacey ab und lud den Rest ihrer Nudeln auf ihre Gabel. »Nur beim Pokern.«

Markos' Augen weiteten sich. »Du hast was?« Hunter kannte die Geschichte von Markos Spielvergangenheit. Er hatte das Startkapital für das Restaurant beim Pokern verloren und wieder zurückgewonnen. Soweit er wusste, hatte er nie mehr ein professionelles Spiel angerührt.

»Gespielt, Dad. Reg dich ab.«

»Illegal?«

Lacey zuckte mit den Schultern. »Wo sonst findet man die besten Storys.«

Markos stützte den Kopf auf. »Oh, Himmel, Kind, was hast du dir nur dabei gedacht? Warte, ihr habt euch dort kennengelernt? Spielst du etwa auch, Hunter? Weil wenn du spielst, kann ich dieser Heirat unmöglich zustimmen. Spieler sind schreckliche Ehemänner.« Markos warf Sofia einen entschuldigenden Blick zu.

»Dich fragt aber keiner, Dad!«, feuerte Lacey zurück. Markos blitzte sie an, so dass Hunter sich genötigt sah, für den Familienfrieden einzustehen.

»Ich spiele nur hin und wieder. Der Kick … Mein Job ist zwar aufregend genug, aber ich gehe nie Risiken ein. Beim Poker ist das anders. Der Nervenkitzel reizt mich.«

Markos nickte verstehend. »Was ich allerdings immer noch nicht kapiere, ist, wie ihr euch dort kennenlernen konntet.«

Lacey legte Messer und Gabel beiseite. »Ich hab's verkackt. Zu hoch gesetzt. Hunter war so freundlich, meine Schulden zu zahlen.« Und wenn sie jetzt noch erwähnte, dass sie ihn dafür heiraten musste, wäre er ein toter Mann. Doch Lacey griff schlicht nach seiner Hand und drückte sie … liebevoll? Oh, Mann.

Hunter erwiderte ihre Geste. »Ich spiele nicht mehr. Jetzt hab ich Aufregung genug – mit Lacey.«

Markos lachte. Sein Sohn stimmte mit ein, nur Sofia musterte sie beide ernst. »Bitte versprecht mir, dass es euch ernst ist.«

Unwillkürlich beschleunigte sich Hunters Herzschlag. »Ernst … womit?« Sofias Blick durchdrang ihn und er hatte das untrügliche Gefühl, dass sie nicht vom Pokern sprach.

»Na, mit dem Pokern natürlich«, vollführte sie einen geschickten Schlenker. »Ich möchte nicht, dass ihr beide noch mal pokert. Um Geld zu spielen, vor allem um hohe Summen, ist eine Sünde. Und du, Hunter, hast eine Frau zu versorgen. Du kannst dir eine Spielsucht nicht leisten.«

Er hätte nun erwähnen können, dass er über mehr als genug Geld für zehn Frauen verfügte, doch Sofias Bemerkung hinterließ einen faden Nachgeschmack. Als ob sie ahnte, dass zwischen ihm und Lacey nicht alles so war, wie es auf den ersten Blick erschien. Doch sie konnte unmöglich wissen, dass sie nur eine Scheinbeziehung führten. Denn er konnte ja nicht einmal selbst unterscheiden, was zwischen ihnen echt und was nur gelogen war.

Kapitel 15

LACEY

Der Abend endete ausgelassen und mit mehreren Flaschen Ouzo. Unser Blutalkohol grassierte jenseits von Gut und Böse, so dass Hunter keinen Strich mehr fahren konnte und wir den BMW vor dem Restaurant stehenlassen mussten.

»Ich vertraue dir mein Baby an«, lallte mein Verlobter, als er Nikos den Schlüssel übergab. »Du wirst sie nur bewegen, wenn du nüchtern bist und auch nur bis zum nächsten Parkplatz fahren.« Vor dem Restaurant konnte der BMW nicht stehenbleiben. Morgen früh mussten hier Lieferwagen parken, die die frischen Waren brachten.

»Isch verspreche hoch und heilig«, antwortete Nikos ebenso sturzbesoffen. »Du nennst dein Auto Baby?«

»Scheißegal. Beweg sie nur nüchtern. Kapiert?«

Nikos grinste und steckte den Schlüssel ein, als unser Uber um die Ecke bog. Etwas umständlich beförderte ich Hunter auf die Rückbank. Mein Kopf fiel gegen die Lehne, während er es sich an meiner Schulter bequem machte und ziemlich schwer wurde. »Ich trinke nie wieder mit euch. Ihr seid doch bekloppt. Wie soll ich so morgen früh ein Unternehmen leiten ... zwei Unternehmen.« Er stöhnte und massierte sich die Nasenwurzel.

Ich kicherte, so dass sein Kopf hochhüpfte und er klagte. Schnell verschluckte ich das nächste Lachen. »Ich hab dir doch gesagt, wir sind bescheuert.«

Mein Bruder steckte den Kopf in den Fahrgastraum. »Total bescheuert. Aber du gewöhnst dich schon an das Saufen. Das oder deine Leber macht die Biege. Nacht, ihr zwei. Und seid schön artig.« Nikos beugte sich zum Fahrer, gab ihm einen Zwanziger und nannte ihm eine Adresse. Ich bekam schon nichts mehr mit. Meine Lider senkten sich schwer und Hunter atmete tief ein und aus.

»Hey, schläfst du etwa?« Ich stieß ihn unsanft an.

Mühsam rappelte er sich auf und fiel auf seinen Sitz. »Nein, bin hellwach. Sag mal, woher kennt dein Bruder eigentlich meine Adresse?«

»Häh?« Mein Gehirn stieg aus. Ich spürte nur noch Leere. Alles drehte sich. »Weiß nicht. Wir trinken nie wieder, klar?«

Fünf Minuten später wusste ich, dass mein Bruder Hunters Adresse nicht kannte, er hatte dem Fahrer einfach meine genannt. Vollkommen verdattert standen wir wankend vor dem Katzen-Café und starrten die Fassade an.

»Da wohnst du? Bei den Katzen?«, lallte Hunter.

»Nein, ich wohne über den Katzen, du Idiot. Wir können hier nicht schlafen, es gibt nur ein Bett.«

Hunter stöhnte und kramte nach seinem Handy. Bevor er es aktivieren konnte, fiel es ihm aus der Hand. »Oh, scheiße.« Ganz langsam ging er in die Hocke und hob es auf. Das Display war gesplittert. »Doppelt-Scheiße«, murrte er. »Kann kein Uber rufen, ruf du eins.«

Ich zog mein Handy hervor und tippte auf das Display. Nichts passierte. »Akku alle.«

»Na toll. Ich fürchte, wir müssen hier oder auf der Straße schlafen.«

Mir kam eine Idee. Eine sehr verrückte, betrunkene Idee. »Ich könnte mein T-Shirt ausziehen und damit ein Taxi rufen.« Ich zerrte bereits am Saum.

Hunters Miene versteifte sich. Hastig griff er nach meiner Hand. »Kommt überhaupt nicht infrage, wir schlafen bei dir. Basta.«

Mein Verstand weigerte sich partout, zu kapieren, warum Hunter sich so anstellte. Er packte mich an der Hand und zerrte mich zum Eingang. Kichernd stolperte ich hinter ihm her. »Hey, du weißt gar nicht, wie du reinkommst. Ich geh vor.« Wankend torkelte ich an ihm vorbei zum Seiteneingang. Ins Haus kam man nur über eine Nebenstraße. Den Haupteingang beanspruchte das Katzen-Café für sich. Wollte man zu der Wohnung darüber, musste man hinten herum gehen. Nach wenigen Metern erreichten wir den Seiteneingang. Ich nahm die zwei Stufen auf einmal und kramte nach meinem Schlüssel. Hunter folgte mir auf dem Fuß. Dicht blieb er hinter mir stehen und stützte sich gegen mich.

»Muss pinkeln. Mach hinne.«

Ich schob ihn mit dem Ellenbogen weg. »Hunter, du bist widerlich, wenn du betrunken bist.«

»Bin nicht schuld«, lallte er. Endlich fand ich den Schlüssel und schob ihn ins Schloss. Jetzt nur noch kurz heranziehen, rumdrehen und die Tür sprang auf. Ich stolperte in den Flur und Hunter hinter mir her. Hastig fing ich ihn auf. Wer hatte hier eigentlich mehr getrunken? Ich oder er?

»Bleib stehen.« Ich platzierte ihn neben der Eingangstür und schloss sie wieder ab. Hunter lehnte mit dem Kopf an der Wand und starrte an die Decke.

»Die Decke sieht aus, als hätte da jemand rangekackt. Mit Durchfall.«

Ich hob den Blick. Er hatte recht. Braune Sprenkel verteilten sich über der gesamten Fläche. »Niemand kann nach oben kacken. Die Scheiße fällt einem ja dann wieder auf den Arsch.« Oh Gott, redete ich hier gerade im Flur meines Wohnhauses mit Hunter Harrington über Scheiße? Ja. Mist. »Komm, wir beide sind betrunken.«

Hunter kicherte. »Lass, mich, Lace. Ich schlaf nicht mit dir.«

Ich verdrehte die Augen. »Ganz bestimmt nicht. Wir sind viel zu betrunken.« Gemeinsam wankten wir zur Treppe und zogen uns Stufe für Stufe hoch.

»Pssst, sei leise. Sonst weckst du die Katzen auf.«

»Katzen?«

»Aus dem Café.«

»Ah. Wieso wohnst du über einem Katzen-Café?«

»Weil die Miete billig ist. Niemand will hier wohnen.«

»Und du schon?«

»Billige Miete, komm jetzt.«

Vor meiner Wohnung parkte ich Hunter wieder an der Wand, um noch mal den Schlüssel hervorzukramen.

»Hör mal, ich kann dir nen ganzen Stadtteil kaufen. Du musst hier nicht wohnen«, lallte er und fiel gegen den Türrahmen. Mein Kopf schwirrte mindestens genauso wie seiner, doch irgendwie hielt ich mich noch aufrechter als er.

»Ich will keinen Stadtteil. Ich bin sehr zufrieden mit meiner Wohnung.« Die Tür sprang auf. »Ha!«

Hunter grinste dämlich und ließ sich von mir in die Wohnung bugsieren. Statt gleich zum Schlafzimmer zu gehen, schob ich ihn ins Bad und schloss die Tür hinter ihm. Super, genau so hatte ich mir den Abend nicht vorgestellt. Hunter Harrington in meinen vier Wänden. Ich hoffte nur, Felix würde sich nicht zu einsam fühlen. Genug Wasser und Futter hatte er und morgen früh würde ich ja wieder bei ihm sein.

Ein eindeutiges Geräusch erklang und ich verdrehte die Augen.

»Ah.«

Ich musste grinsen. Offensichtlich war Hunter erfolgreich und nichts daneben gegangen.

Ich wankte ins Schlafzimmer, schlüpfte aus Jeans, T-Shirt und BH und suchte mein Schlafshirt. Doch es war wie vom Erdboden verschluckt. Ich robbte quer über die Matratze und sah unter dem Bett nach. Doch es war nicht aufzutreiben.

»Lace, was machst du da?«

Hastig hob ich den Kopf und warf Hunter einen Blick über die Schulter zu. Er stand im Türrahmen und starrte mich an – deutlich nüchterner als noch vor zwei Minuten. Sein Blick glitt über meinen nackten Rücken, meinen Hintern und meinen Brüsten. Hastig zerrte ich an der Decke und bedeckte mich. Sein Blick gefiel mir ganz und gar nicht.

»Mein Schlafshirt suchen?« Meine Stimme klang piepsig. Musste am Alkohol liegen.

Hunter machte einen Schritt auf das Bett zu und griff nach der Bettdecke.

»Was soll das?« Panik machte sich in mir breit.

»Nimm die Decke runter.« Nun war er definitiv nicht mehr betrunken. Sein Blick durchdrang mich, nagelte mich fest, wie das Kaninchen vor der Schlange und zu meinem Entsetzen nahm ich die Decke von meinen Brüsten. Hunter sog scharf die Luft ein. »Du brauchst kein Schlafshirt. Komm her.«

Ich wollte ihm widersprechen. Das hier war eine ganz blöde Idee. Wir hatten doch vereinbart, nicht länger Sex miteinander zu haben und doch fand ich mich vor ihm kniend wieder. Hunter trat an die Bettkante, kämmte durch mein Haar und kippte meinen Kopf in den Nacken. Er überragte mich um mehrere Zentimeter. Ich sah zu ihm auf und er verschlang mich förmlich.

»Hunter?«, piepste ich, meine Handflächen ruhten auf seiner Brust und es fühlte sich so gut an. Seine Hand umschloss meinen Busen, als er sich vorbeugte und seine Lippen auf meine presste. Er schob seine Zunge in meinen Mund, zwirbelte meine Brustwarze und entlockte mir ein lustvolles Stöhnen. Seine Lippen küssten mich um den Verstand, seine Zunge streichelte die meine und der Alkohol gab mir den Rest. Ich gab mich ihm hin, egal, was er mit mir anstellte, ich würde mich nicht wehren. Niemals. Nicht bei ihm. Mein Kopf schwirrte vor Lust, mein Innerstes zog sich gierig zusammen und zwischen meinen Schenkeln machte sich ein lustvolles Pochen bemerkbar.

Hunter löste sich von mir und streichelte meine Wange. »Ich bin viel zu betrunken für das hier. Du verdienst so viel mehr.« Sein zärtlicher Blick hüllte mich in einen Kokon aus Zuneigung und Wärme. Ich hätte am Nordpol stehen können, nackt, und würde die Kälte nicht spüren, allein weil er mich so ansah.

»Mir egal«, raunte ich und ließ mich nach hinten fallen. Hunters Blick liebkoste meinen Körper. Ich stützte mich auf die Unterarme, reckte ihm die Brüste entgegen und winkelte ein Bein an. Sein Blick fiel auf meine Mitte. Gierig leckte er sich die Lippen.

»Das wird schnell gehen.« Hastig zerrte er sich das Shirt über den Kopf. Oh, Gott, sah er gut aus. Ich kannte ihn oben ohne, aber ihn so vor mir zu haben, fühlte sich unglaublich an. Er ließ mich nicht aus den Augen, während er hastig seine Schuhe abstreifte und an den Socken zerrte. Dann kletterte er über mich. Im Vierfüßlerstand verharrte er über mir. Ich ließ mich zurückfallen und schlang die Arme um seinen Nacken, verteilte Küsse auf seinen Wangen, während er zärtlich an meinem Hals knabberte. Ich sehnte mich danach, sein Gewicht auf mir zu spüren, meine Brüste an ihm zu reiben.

»Hast du schon mal darüber nachgedacht, was wäre, wenn wir uns nicht wieder trennen würden?« Kleine Pausen, in denen er Küsse auf meinem Hals verteilte, trennten die Worte, so dass er einige Zeit brauchte, den Satz zu vollenden. Verwirrt hielt ich inne und versuchte, die Bedeutung dessen, was er gerade von sich gegeben hatte, als Gestammel eines notgeilen Betrunkenen abzutun. Doch es gelang mir nicht. Vielmehr manifestierte sich ein vollkommen absurder Gedanken in meinem Hinterkopf.

»Was?«

Hunter knabberte munter weiter an meinem Hals. »Na, wenn wir zusammeblieben?« Seine Zähne gruben sich in meine Schulter. Lustvolle Wellen wälzten sich über meinen Körper. Himmel, wieso musste er jetzt damit anfangen? Ich konnte so nicht denken.

Ich schüttelte den Kopf. »Was?« Hektisch zerrte ich an ihm und zwang ihn, mich anzusehen. »Was genau meinst du? Du willst mich heiraten und wir bleiben zusammen? Länger als bis zur Unterschrift?«

Hunter verzog das Gesicht, als ob er auf eine Zitrone gebissen hätte. »Ich mag dich, Lacey Roberts.« Er nahm meine Arme von seinen Schultern und drückte sie über meinem Kopf in die Matratze. »Und ich mag diesen Körper«, schnurrte er und küsste mich erneut. »Ich liebe deine Witze, deinen Humor und deine kleinen Schreie, wenn ich das hier mache.« Er drückte seine Erektion gegen meine Mitte. Ich keuchte unwillkürlich auf. Er grinste. »Und ich will das alles noch sehr viel länger genießen.«

Ich bäumte den Rücken, wollte, dass er meine Brüste küsste. »Aber, das war nicht der Plan.« Hunter ließ meine Handgelenke los und umfasste meine Brüste. Seine Daumen reizten meine Nippel. Oh, Gott, ja!

»Nein, aber warum den Plan nicht anpassen? Ich mag dich und du mich ganz offensichtlich auch. Willst du denn?«

Ich stöhnte und rieb mich an ihm, genoss die sanfte Reizung und das Prickeln in meiner Mitte. »Was?«, seufzte ich und rekelte mich unter ihm.

Hunter hielt mit seinen Berührungen inne und sah mich an. »Wie es scheint, bringe ich dich um den Verstand. Sieh mich an, Lace.« Ich gehorchte. Hunter lächelte mich an.

»Mich heiraten? In echt? Nicht nur vorgetäuscht?«

»Du bist betrunken«, murmelte ich und hob das Becken.

Hunter drückte mich mit seinem gesamten Gewicht auf die Matratze. »Bin ich, aber ich habe auch noch nie so klar gesehen. Das, was wir heute Abend hatten, will ich nicht so schnell aufgeben. Ich will dich, Lacey Roberts. Ich will deine Familie. Ich will dich, in meinem

Bett. Ich will dich in den Armen halten, wenn ich schlafe, und ich will mit dir zusammen wachwerden. Ich will alles. Also frage ich dich noch einmal: Willst du mich heiraten?« Er starrte mich an, wartete ganz offensichtlich auf eine Antwort. Aber was sollte ich auf so eine Frage sagen? Ja? Himmel.

»Du hältst meine Titten in der Hand und fragst mich ernsthaft, ob ich dich heiraten will? Das ist ein sehr seltsamer Antrag.«

Hunter blickte auf meine Brüste. »Ähm, soll ich aufstehen und auf die Knie gehen?«

»Nein, verdammt!« Ich wackelte mit dem Becken. »Du sollst mich vögeln.«

»Mach ich, wenn du mir geantwortet hast.«

»Und wenn ich nein sage, stehst du auf und gehst?«

Ein unwiderstehliches Lächeln glitt über seine Züge. »Du sagst nicht nein.«

Ich seufzte und schlang die Arme um seinen Nacken. »Nein, sage ich nicht.«

»Ist das dann ein Ja?«

Ich zog ihn an mich und küsste ihn. »Ich glaube schon.«

»Oh, Gott, danke«, murmelte er und begrub mich unter einem wahren Ansturm seiner Küsse. Ich hatte ihn noch nie so verlangend erlebt und noch nie so betrunken. Aber der Alkohol konnte nicht Schuld an seinem Verhalten sein. Da war ich mir sicher.

Hunters Hände wanderten über meine Seiten, hinab zu meinem Slip. Seine Lippen hinterließen eine heiße Spur prickelnden Verlangens. Wo immer er mich küsste, entfachte er ein ungezügeltes Feuer in mir. Seine Küsse erreichten schließlich meinen Bauch und während er es sich zwischen meinen Schenkeln gemütlich machte, sah er mich an. Mein Kopf schwirrte vor Lust, dennoch hob ich das Kinn, um zu sehen, warum er aufhörte. Lust verdunkelte seine Augen wie ein düsterer Schleier.

»Ich will dich schreien hören«, murmelte er und presste seine Lippen auf meine intimste Stelle. Heiße Wellen verließen meinen Schoß und breiteten sich kreisförmig über meinen Körper aus. Ich packte meine Brüste, rieb sie, während Hunter den Steg meines Höschens beiseiteschob und sacht von mir kostete. Die Berührung glich dem leichten Schlagen eines Schmetterlingsflügels. Doch was sie auslöste, entbehrte jeder Beschreibung.

»Oh, Gott.«

»Lass dich fallen, Liebste«, murmelte er. Sein Atem streifte meine erhitzte Scham und ich schloss die Augen. Liebste? Oh. Ich floss dahin, während seine Zunge mich teilte. Seine Finger hielten mein Becken in Position und dann nahm er sich wirklich alles von mir. Er leckte mich, saugte an mir und stieß in mich, so sanft, dass ich bald nicht mehr denken konnte. Alles, was ich wollte, war seine Härte, in mir. Ich wollte, dass er mich eroberte, mich einnahm und seinen Samen in mich pumpte.

»Hunter, bitte!«

Er knurrte nur an meiner Scham und verstärkte seine Bemühungen noch. Der Orgasmus rollte mir wortwörtlich die Nägel von den Zehen. Ich schrie auf und kam zuckend. Meine Hände fanden seinen Kopf und pressten ihn gegen meinen Schoss. Ich schrie und schrie, zuckte und keuchte, rang um Atem und löste mich auf. Schockiert fiel ich zurück in die Kissen und konnte mehrere Minuten nichts anders tun, als darauf zu warten, das mein Körper sich wieder zusammenfügte.

Als ich zu mir kam, schmiegte er sich an mich und hielt mich in seinen Armen. Seine Härte rieb gegen meinen Po, seine Hand umschloss meine Brust und mein Kopf ruhte auf seinem Arm. Zärtlich küsste er immer wieder meine Schulter. Sein Atem wirbelte mein Haar auf. »Meinst du das ernst?« Ich sah aus dem Fenster. Träge floss der Verkehr dahin. Das Licht der vorbeifahrenden Autos hüllte unsere ineinander verschlungenen Körper in orangegraue Flecken, da es teilweise die Vorhänge verschluckte. Hunter schob sich zwischen meine Pobacken, nahm die Hand von meiner Brust und griff in meine Kniekehle.

»Jedes einzelne Wort.« Er zog mein Knie an, platzierte sich vor meinem Eingang und schob sich mit quälender Langsamkeit in mich. Ich atmete aus und genoss das Gefühl des Ausgefülltseins. Seine Hüfte rollte nach vorne, langsam, immer wieder. Mit sanften Stößen nahm er mich. »Willst du denn?«

Ich krallte die Finger ins Laken, keuchte unter der Anspannung. Immer wieder glitt er in mich und nahm mich mit kraftvollen Bewegungen. »Musst du mich das fragen, während du mich vögelst? Ich dachte, Männer sind nicht multitaskingfähig.«

Hunter knurrte und beschleunigte seine Stöße. »Bin ich auch nicht.«

Irritiert riss ich die Augen auf. »Und das bedeutet?«

Urplötzlich rollte er mich auf den Bauch, wälzte sich auf meinen Rücken und stieß ein paar Mal in mich.

»Das ich das Gespräch vertage.« Hunter schob seinen Arm unter mich und hob mich hoch, so dass ich vor ihm kniete. Oh, Gott.

Seine Hüfte prallte gegen meinen Hintern, seine Finger krallten sich in mein Fleisch und sein Penis spaltete mich eine gefühlte Ewigkeit. »Hunter, bitte!« Ich schrie auf. Er packte mich, zerrte mich an sich und gab mir den Rest. Seine Finger zwirbelten meine Klit, als der nächste Orgasmus über mich hinwegfegte. Meine Scheide zog sich eng um ihn zusammen. Als hätte ich ihm damit einen Startschuss gegeben, pumpte er ein letztes Mal in mich, verharrte keuchend in mir und kam. Ich fiel vornüber und er setzte zum finalen Stoß an, bevor er über mir zusammenbrach.

HUNTER

Warme Sonnenstrahlen kitzelten seine Nase. Ungewöhnlich. Wenn er aufwachte, schlief häufig die Sonne noch und wenn sie bereits aufgegangen war, schien sie nicht in sein zur Nordseite des Gebäudes hinausgehendes Fenster. Die Gedanken formten sich träge in seinem Verstand. Er war noch nicht bereit, sich näher mit dem Ergebnis zu befassen, als die Matratze neben ihm nachgab. Jemand setzte sich. Tassen klapperten.

»Mist.«

Lacey. Hunters Mundwinkel kräuselten sich. Mit ihr wollte er sich hingegen gern beschäftigen. Träge öffnete er die Augen. Ihre Miene sah gehetzt aus.

»Guten Morgen.«

Hastig sah Lacey auf. »Du bist wach.«

»Offensichtlich.« Hunter runzelte die Stirn und betrachtete das Tablett voller Toast, Butter, Marmelade und Eiern, sowie zwei Tassen Kaffee, das sie vor ihm auf der Matratze drapierte. Oder besser gesagt: Unfallfrei abzustellen versuchte. »Was tust du da?«

»Frühstück? Ich bringe dir Frühstück ans Bett.«

Hunter richtete sich auf, so dass das ganze Gebilde gefährlich ins Wanken geriet. »Ist das nicht die Aufgabe des Mannes, nachdem sie ...« Er grinste zufrieden. Die Erinnerung an die letzte Nacht ließ ihn sich genüsslich räkeln. So befriedigt war er schon eine halbe Ewigkeit nicht mehr gewesen. Noch viel schöner hätte er es gefunden, wenn Lacey bei ihm gewesen wäre, sobald er die Augen öffnete.

Schüchtern wandte sie den Blick ab. »Ich wusste nicht ... das hier ist total neu für mich und ich wollte ... ach, ich weiß auch nicht. Das, was du gestern nacht gesagt hast ...«

Hunter runzelte die Stirn, nahm das Tablett und stellte es auf den Boden neben seiner Seite des Bettes. »Komm her«, forderte er sie sanft auf. Lacey trug sein Shirt und einen knackigen Slip. Sie schob die Unterlippe vor, krabbelte aber dennoch in seine Arme. Zärtlich drückte er sie an sich und küsste ihre Schläfe. »Wovor fürchtest du dich?«

Lacey seufzte. »Dass du das, was du gesagt hast, nicht ernst ... meinst?«

Hunters Augen weiteten sich. »Nicht ernst meinen ... du meinst, dass ich mit dir zusammenbleiben will?«

Unwillkürlich spannte sie sich an. »Ja.«

»Willst du es denn? Mit mir ... bei mir ... Du und ich?«

Lacey sah zu ihm auf. Ihre Hände ruhten an seinen Seiten und ihre Finger malten kleine Kreise auf seine Haut. Ihr Duft benebelte ihn und wenn er nicht aufpasste, würde er erneut über sie herfallen. Dabei musste er doch ins Büro und sie in ihre Redaktion und dann war da noch der Termin mit der Hochzeitsplanerin. Himmel, sie hatten so viel zu tun, wenn sie in fünf Tagen heiraten würden. Fünf Tage! Verdammt.

»Ja, eigentlich schon. Allerdings haben wir die Reihenfolge durcheinander gebracht. Man lernt sich ernst kennen und heiratet später. Wir hatten noch nicht mal ein Date.«

Ein unwirkliches Glücksgefühl stieg in ihm auf. »Hast du gerade ja gesagt, Lace?«

Lacey zuckte mit den Schultern. »Offensichtlich.«

»Dann kannst du so viele Dates haben, wie du willst. Wir lernen uns einfach später kennen.« Er küsste sie zärtlich. Wie sie so in seinen Armen lag und er sie hingebungsvoll erkundete, ließ ihn sich endlich angekommen fühlen. Hier, bei dieser Frau, bei ihrer Familie, mit all der Liebe, mit der sie ihn überschüttete, fühlte er sich das erste Mal seit Jahren so richtig … glücklich.

Als er sich wieder von ihr löste und auf sie hinabblickte, runzelte sie nachdenklich die Stirn. »Lace?«

Zärtlich strich er ihr eine Strähne aus der Stirn. »Ja, es gefällt mir. Es ist knapp und kurz und heiß, genau wie du.«

Lacey lachte. »Okay, aber dann brauch ich auch einen passenden Spitznamen für dich. Wie soll ich dich denn dann nennen? Hasi? Schnucki? Bärchen?«

Hunters Miene verfinsterte sich. »Harte Männer brauchen keine Spitznamen.«

Laceys Augen weiteten sich. »Oh, harte …« Ihre Hand verschwand unter der Bettdecke und sobald sie fündig wurde, erhellte sich ihre Miene. »Oh, ja, du bist wirklich so hart … mein Bärchen.«

Hunter verdrehte die Augen. Okay, das erforderte Rache. Das Frühstück konnte warten. Und das Büro ebenfalls. Heute würde er sich nur seiner Verlobten widmen. Ausgiebig.

Kapitel 16

LACEY

Iris führte uns zu einem Tisch voller Geschirr. Sechs verschiedene Gedecke drapierten sich um einen edlen Kerzenständer. Schleifen, Bänder, Servietten, Gläser und Besteck vervollständigten das Ensemble.

»Nachdem wir uns gestern auf ein Farbschema geeinigt haben, habe ich mir erlaubt, in Ihren Farben passendes Geschirr in verschiedenen Kombinationen zusammenzustellen. Die cremefarbene Tischdecke habe ich mit bordeauxfarbenen Platzdeckchen versehen, wir haben einen goldenen Unterteller, cremefarbenes Geschirr und bordeauxfarbene Servietten.«

Ich blinzelte verwirrt. Alles sah toll aus, Unterschiede konnte ich kaum erkennen. »Und was sollen wir jetzt entscheiden?« Ich drehte mich zu Hunter um, der direkt hinter mir stand, eine Hand auf meinen Bauch gelegt hatte und mich an sich zog. Immer wieder streichelte seine Nase meine Wange. Ich lächelte verträumt. Unglaublich, wie weit wir innerhalb von einer Woche gekommen waren. Von unausstehlichen Mitbewohnern zu einem Ehepaar am Samstag. Ich wusste noch immer nicht so recht, wie ich darauf reagieren sollte.

Iris sah uns entsetzt an, doch dann weichten ihre Züge auf. »Ich weiß, dass Ihnen das schrecklich langweilig vorkommen muss, aber Ihr Onkel, Mr. Harrington, hat mir die vorläufige Gästeliste zukommen lassen und wir müssen Geschirr für dreihundert Personen auswählen ...«

Hunter versteifte sich hinter mir. »Dreihundert Personen?«

»Nun, Sie sind die Harringtons. Ich denke, man erwartet eine große Feier.«

»Himmel.«

»Machen Sie sich keine Sorge. Wir kriegen das hin. Also welches Ensemble sagt Ihnen am meisten zu?«

Hunter wandte sich ab. »Entscheide du. Ich fürchte, mir ist egal, auf welchen Tellern ich mich übergebe.«

Lachend nahm ich seine Hand. »Mein Hasi ist so schrecklich aufgeregt.« Iris erwiderte mein Lächeln, während Hunter mir böse Blicke zuwarf. So lange er sich nicht für einen Kosenamen entschied, probierte ich Verschiedene an ihm aus, nur weil ... er es hasste.

So ging das die nächsten zwei Stunden. Nicht die Kosenamen. Die hob ich mir für später auf. Iris gab sich jede erdenkliche Mühe und führte uns innerhalb kürzester Zeit durch ein umfangreiches Planungsprogramm. Wir verzichteten darauf, Entscheidungen auf später zu vertagen, denn jede Minute zählte. Und so unterschrieb Hunter am Ende des Termins einen Vertrag, der Iris Lynns Agentur damit beauftragte, eine Hochzeit für dreihundertfünfzig Personen auszurichten. Ich versprach, die Namen und Adressen meiner Familie nachzureichen, so dass die bereits gedruckten Karten spätestens morgen Vormittag per Express an die Gäste verschickt wurden. Wahnsinn, was alles möglich war, wenn man nur genug Geld hinblätterte.

Am Nachmittag wollte ich mich mit Mom in einem Brautmodengeschäft treffen. Iris hatte den Termin bereits bestätigt und mir versichert, dass ich dort garantiert fündig werden würde und nötige Änderungen innerhalb von vierundzwanzig Stunden vorgenommen werden konnten.

Schließlich verabschiedete ich mich von Hunter vor der Redaktion. Ich musste dringend Urlaub einreichen, weil mein Zukünftiger eine Woche Malediven plante. Um alle Dates nachzuholen, die wir versäumt hatten. Mit einem Lächeln so breit wie die Brooklyn Bridge, betrat ich die Redaktionsräume. Ein wirklich unangenehmes Gespräch stand mir bevor.

»Roberts!«

Unwillkürlich zuckte ich zusammen. Erwischt. Mit eingezogenem Kopf drehte ich mich um und zimmerte mir ein Lächeln ins Gesicht. »Michael!« Selten klang ich so aufgesetzt. Trotzdem, das Glücksgefühl, das mich seit heute Morgen fest im Griff hatte, ließ sich selbst durch die schlechte Laune meines Chefredakteurs nicht trüben. Michael neigte den Kopf zu Seite, streckte den Arm aus und zitierte mich mit einer eindeutigen Fingerbewegung in sein Büro.

»Wofür entscheidest du dich, Roberts?«

Ich blinzelte irritiert.

»Katzenbabys oder deine Story?«

Ich seufzte. Natürlich ging es ihm nur um meine Story. Wie immer. Himmel, ich würde am Samstag heiraten. Mir war die Story mittlerweile schnurzpiepegal, doch irgendetwas musste ich ihm präsentieren, sonst konnte ich mich ab nächster Woche nach einem neuen Job umsehen oder gleich als Mrs. Hunter Harrington nur noch über Wohltätigkeitsveranstaltungen tingeln. Das war mir dann doch entschieden zu langweilig. Nur weil ich einen ... Milliardär ... Millionär ... ach, auch egal ... heiraten würde, hieß das noch lange nicht, dass ich nicht arbeiten gehen und selbst für meinen Lebensunterhalt sorgen wollte. Oh, wo würden wir wohnen? Bei Hunter? Vermutlich. Aber wollte ich mein kleines Apartment aufgeben? Würde er ein Haus kaufen? Oder ... ah, ich fühlte mich total überfordert.

Michael schnipste vor meinem Gesicht herum. »Hey, Roberts, hier spielt die Musik. Also wie weit ist deine Story?«

Genervt rollte ich mit den Augen. »So gut wie fertig. Ich muss nur noch einmal drübergehen, okay?«

Zufrieden nickte mein Chefredakteur. »Dann tu das. Ich will deinen Bericht spätestens Donnerstagabend in meinem Postfach haben. Ist das klar?«

Ich rollte mit den Augen. »Glasklar. Kann ich jetzt gehen, Chef?«

Michael schnaubte. »Gerne.«

Ich wollte mich schon umdrehen, als mir einfiel, weshalb ich ihn sowieso sprechen musste. »Aber eigentlich … ich brauche nächste Woche frei.«

Michael schob ein paar Unterlagen auf seinem Schreibtisch hin und her. Er sah nicht einmal auf. »Wieso?«

»Weil mir Urlaub zusteht?«

»Ach, steht das so in deinem Arbeitsvertrag?«

Genervt schob ich die Unterlippe vor. »Vier Wochen bezahlter Urlaub im Jahr!«

Michael grinste. »Meinetwegen. Aber wehe, deine Story taugt nichts. Dann ist dein Urlaub gestrichen und du berichtest über die Erneuerung der Kanalisation in der Montague Street. Haben wir uns verstanden?«

»Ja, Sir!« Gespielt salutierte ich, bis er mich mit einer lästigen Handbewegung aus seinem Büro scheuchte.

Okay, das war der einfache Teil, nun kam der wirklich brisante Part des heutigen Tages: Mission Trauzeugin oder besser gesagt, wie sage ich meiner besten Freundin Tilly, dass ich heiraten werde, am Samstag.

»Oh, mein Gott, Oh, mein Gott, oh, mein Gott!« Unser Großraumbüro bot kaum eine Rückzugsmöglichkeit für private Gespräche. Deshalb bugsierte ich Tilly unter dem

Vorwand eines unterschrittenen Koffeinspiegels in die Teeküche. Auf die Frage hin »Du bist aber nicht schwanger?« sah sie mich argwöhnisch an.

»Seh ich etwa so aus?« Ich blickte an mir herunter. So oft wie ich in den letzten Tagen ausschweifenden Sex mit meiner Fake-Beziehung hatte, würde es mich tatsächlich nicht wundern. Hunter und ich fielen regelmäßig übereinander her und vergaßen dabei vollkommen das Thema Verhütung. Natürlich nahm ich die Pille, aber ... trotzdem. Innerlich könnte ich mir eine Hand vor die Stirn schlagen. Wie konnten wir nur so kopflos sein. Weder Hunter noch ich wollten, dass aus dieser Fake-Beziehung Nachwuchs hervorging. Denn der wäre ganz sicher nicht *fake*!

Tilly schüttelte den Kopf. »Nein, du siehst absolut großartig aus. Wie frisch gefickt.«

Entsetzt starrte ich meine beste Freundin an. Solche Worte ... doch statt sie zu ermahnen, dass Michael garantiert nicht erfreut über diese Wortwahl wäre, grinste ich nur verschämt. »Das könnte daran liegen, dass ich erst heute morgen ...«

Tillys Augen weiteten sich. »Nein!«

Ich grinste. »Doch.« Und dann hielt ich ihr den Verlobungsring unter die Nase. Wenn ihre Augen es gekonnt hätten, sie wären vor Begeisterung aus den Höhlen gehüpft. »O mein Gott!«, intonierte sie heftig und hüpfte einen Singsang auf den lieben Herrn ausstoßend in der Teeküche auf und ab.

Schließlich hielt sie inne und musterte mich argwöhnisch. »Aber wer ...? Du hast seit Jahren keinen

Freund. Wenn ich es mir recht überlege, hattest du noch nie einen Freund, bis auf Felix.«

»Er ist ein Kater.«

»Ja, aber er führt sich auf wie ein Macho. Und der Typ auf der Highschool zählt nicht.«

»Er hat mich entjungfert.«

»Das macht noch lange keine Beziehung. Bevor es so weit kommt«, sie deutete auf meine Hand, »muss es mindestens Jahre gehen. Also wo hast du ihn versteckt?« Tilly sah sich um, als würde mein Verlobter geradewegs aus dem Küchenschrank hüpfen.

»Das ist es ja. Wir sind erst ein paar Tage zusammen.«

»Nein!«

»Doch. Und wenn du nicht endlich aufhörst, ständig herumzuschreien wie eine Wahnsinnige, weiß bald das ganze Büro von meiner bevorstehenden Vermählung. Am Samstag.«

Tilly fächelte sich heftig Luft zu. »O mein Gott, das ist so aufregend. Wer ist es denn? Wie hast du ihn kennengelernt? Und wieso heiratet ihr jetzt schon? Bist du etwa doch schwanger?«

Ich lachte, nahm ihren Arm und tätschelte ihre Hand. »Nein. Und um ehrlich zu sein, habe ich ihn bei meinen Recherchen kennengelernt.« Ich erzählte Tilly in knappen Worten von Hunter und ließ dabei das illegale Pokerspiel aus. Ich wollte sogar auf den Deal verzichten, aber da Tilly niemals Ruhe gegeben hätte, erzählte ich ihr von unserer Vereinbarung. Ich würde Hunter Harrington für eine stattliche Summe heiraten. Dass wir uns dann verliebt hatten und er mich heute Morgen – respektive gestern Nacht – gefragt hatte, versetzte Tilly in einen Zuckerrausch. »Und dich brauche ich als meine Trauzeugin.« Tilly fiel halb in Ohnmacht ob der Romantik und die nächsten Stunden verbrachten wir damit, einen Ordner namens *My Fake Wedding* auf meinem Desktop anzulegen mit Brautkleidern, Fotos von Hunter, die besonders hübsch waren, und meiner Gästeliste. Natürlich niemand aus der Redaktion. Ich wollte auf gar keinen Fall, dass Fotos von unserer Hochzeit in den Medien landeten. Tilly bildete die absolute Ausnahme.

»Und kein Wort zu niemandem. Ich vertraue dir.«

Tilly grinste mich genüsslich an. »Nie und nimmer würde ich das ausplaudern.«

Am späten Nachmittag trafen wir meine Mom vor dem Brautmodengeschäft. Tilly schien es tatsächlich egal zu sein, dass meine Hochzeit als Vereinbarung gestartet war. »Jetzt heiratest du eben richtig. Oh, ich bin schon so gespannt.« Sie grinste den ganzen Tag wie ein Honigkuchenpferd und schien mir die Lügen nicht einmal übel zu nehmen. Natürlich könnte ich mir meine Worte schönreden. Ich hatte ihr einfach nicht die Wahrheit gesagt, aber letztlich blieb der Kern der Sache erhalten. Ich hatte sie belogen und ich fühlte mich schrecklich schlecht dabei. Auch wenn ich keine Lust auf die Brautkleidsuche hatte, so hoffte ich, dass Tilly die kleine Vernissage als Friedensangebot annehmen würde. Und so wie es aussah, verzieh sie mir.

Im Brautmodengeschäft wurde ich nach einer kurzen Begrüßung der Inhaberin Maddison Clarke auf ein Podest gestellt und vermessen.

»Du hast eine wunderbare Figur. Ich denke, A-Line dürfte dir hervorragend stehen. Magst du Spitze oder Tüll?«

Tilly quietschte. »Tüll!«

Mom räusperte sich. »Spitze.«

»Du kannst im Prinzip alles tragen. Was du möchtest. Schaut euch um. Alle Kleider, die euch gefallen, verseht ihr mit Klammern und dann legen wir los.«

Ich hätte nicht gedacht, dass wir tatsächlich so schnell ein Kleid finden würden. Wenige Stunden später und nach einem winzigen Marathon von nur sechs Modellen, aber dafür unzähligen Diskussionen, stand ich in einem perfekten A-Linie-Kleid da, das sowohl Tüll als auch Spitze vereinte. Maddy raffte mein Haar im Nacken zu einer improvisierten Hochsteckfrisur zusammen, zog links und rechts meines Gesichts eine Strähne aus dem Haarknoten und fixierte die Träger an den Schultern mit je zwei Sicherheitsnadeln. An meiner Taille saß das Kleid perfekt.

»Wunderschön«, murmelte sie hingerissen, trat mit gefalteten Händen zurück, damit ich mich im Spiegel bewundern konnte. Tilly und Mom seufzten einträchtig.

»Spitze.« Moms Augen glänzten feucht.

»Und Tüll.« Tilly schlug sich ergriffen die Hände vor den Mund.

Ich bewunderte mich im Spiegel, drehte mich nach links, um meine Silhouette zu betrachten, mal nach rechts. Das Kleid passte, als wäre es für mich gemacht. Zarte Spitze schmiegte sich um meinen Oberkörper. Dem Betrachter gaukelte ein unter der durchscheinenden Spitze hinterlegter hautfarbener Stoff vor, die zarten Rosen lägen direkt auf meiner Haut, dabei stützte die eingearbeitete Corsage meine Brüste, so dass ich keinen BH brauchte. Das Kleid verfügte über einen tiefen Rückenausschnitt. An der Taille setzte ein weiter Tüllrock an, der durch seine enorme aufbauschende Wirkung keinen Reif benötigte. Damit konnte ich tanzen und den Rock ordentlich schwingen lassen, ohne dass ich mich vor dem Hinsetzen oder Türen fürchten musste oder gar nur quer hindurchgehen konnte. Auto und Rückbänke stellten genauso wenig ein Problem dar. Das Kleid wies einen hellen Cremeton auf und wurde mit einem kurzen, schulterlangen Schleier zum perfekten Brautoutfit komplettiert.

»Ich empfehle noch ein Diadem und eine zarte Halskette. Nichts Protziges. Sie können auch ein Stück in Farbe Ihrer Dekorationen wählen. Ms. Lynn erwähnte, Sie haben sich für Bordeaux und Creme entschieden. Dann empfehle ich eine Halskette in einem dunklen Bordeaux. Dann ist Ihr Outfit perfekt.«

Mom trat neben mich, drückte mich an sich und lächelte mich im Spiegel an. »Wir nehmen es.«

Maddys Augen weiteten sich. »Fantastisch. Dann können Sie es ungefähr in sechs Wochen abholen.«

Mom drehte sich um und schenkte der Verkäuferin ein gewinnendes Lächeln. »Die Hochzeit ist am Samstag.«

»Wie bitte ... oh ... Okay.«

Ich nahm an, dass Ms. Lynn bei der Buchung des Termins auf den Zeitdruck aufmerksam gemacht hatte, doch dem war anscheinend nicht so. Mist. In Gedanken spielte ich bereits mehrere Szenarien durch, die allesamt darin mündeten, dass ich diesen Traum aus cremefarbener Spitze, der sich wie eine zweite Haut an meinen Körper schmiegte, nicht würde haben können. Eigentlich gehörte ich nicht zu der Sorte Frau – Braut! – die kurz vor einem Nervenzusammenbruch stand, sobald sich ein kleiner Stolperstein auf ihrem Weg zur perfekten Hochzeit auftat. Aber der Gedanke, das Kleid nicht haben zu können, fühlte sich an wie ein Hieb in die Magengrube, als würde mir jemand wortwörtlich den Boden unter den Füßen wegzerren.

»Wir zahlen jeden Aufschlag.« Mom drückte meine Schultern und lächelte mich an. »Mach dir keine Sorgen, wir kriegen dieses Kleid und wenn ich hier in der Nacht einbrechen, es stehlen und zu Tante Irmie bringen muss, persönlich, damit sie dir die Träger kürzt.«

Tränen traten in meine Augen. »Tante Irmie wohnt in Kansas, Mom!«

»Ja, Lacey, aber sie kommt am Freitag her. Genug Zeit, ein paar mickrige Träger zu kürzen.« Mom bedachte mich mit einem aufmunternden Blick, doch letztlich musste niemand in ein Brautmodengeschäft einsteigen. Maddie war zwar nicht begeistert, aber sie versicherte uns lächelnd, dass sie die Träger notfalls höchstpersönlich kürzen würde, damit ich am Samstag in diesem Kleid vor dem Altar stehen konnte. Erleichterung durchströmte mich. Und so allmählich wurde mir klar, dass es tatsächlich passierte. Ich würde heiraten. Am Samstag. Oh, Mann.

Kapitel 17

HUNTER

Laceys Worte stimmten ihn nachdenklich. Sie hatte recht. Irgendwie war ihnen in der ganzen Zeit die Reihenfolge abhandengekommen. Wenn er es richtig anpackte, würde er die Hochzeit am Samstag abblasen, sie ausführen, hofieren, umgarnen, mit ihr ins Theater gehen, Kinobesuche veranstalten und zu romantischen Picknicks in den Central Park einladen. Doch das alles würde bedeuten, dass er auf die volle Kontrolle über die Holding verzichtete und sich durchaus damit befassen musste, was passierte, wenn er und Lacey sich gegen eine Ehe entschieden. Die Hochzeit am Samstag war die einzige vernünftige Entscheidung – für die Firma, für das Vermächtnis seines Vaters. Im Übrigen müsste er Onkel Roger reinen Wein einschenken und das bedeutete unter Umständen, dass er von den Bedingungen abrückte und ihm niemals seine Anteile überschrieb, sondern Reginald. Hunter war nicht so weit gekommen, um jetzt wegen ein paar dusseligen Gefühlen auf sein Recht zu verzichten. Die Firma gehörte ihm. Also war es beschlossen. Er würde am

Samstag heiraten. Trotzdem konnte er nicht verstehen, warum er die ganze Zeit dümmlich grinste.

»Und du bist dir sicher?«

Carter lehnte neben dem Spiegel und betrachtete ihn in seinem cremefarbenen Hochzeitsanzug. Der leichte Stoff schmiegte sich wie eine zweite Haut an seinen Körper. Luftig umspielte der hochwertige Leinenstoff seine Beine. Die Weste in Bordeaux passte wie angegossen und das Hackett saß perfekt um seine breiten Schultern, als wäre es für ihn maßgeschneidert worden. Hunter wurmte es, dass er keinen Anzug anfertigen lassen konnte. Die Zeit drängte. Also musste er mit einem Modell von der Stange vorliebnehmen.

»Ziemlich sicher.«

Carter Diaz war sein bester und einziger Freund. Sie kannten sich seit dem Internat und wann immer es ihnen möglich war, verbrachten sie Zeit miteinander. Was nicht besonders häufig vorkam. Carter gehörte eine Verwaltungsgesellschaft für Luxusimmobilien und hatte alle Hände voll zu tun. Gerade nach der Finanzkrise war die Nachfrage nach hochwertigen Wohnungen in New York explodiert und Carter nutzte sein unternehmerisches Können, um die Objekte möglichst gewinnbringend weiterzuverkaufen oder zu vermieten. Der Immobilienmarkt änderte sich rapide. Früher kauften die Amerikaner lieber. Aktuell band man sich nicht gern an größere Investitionen. Gerade Kredite beäugten die Anleger argwöhnisch und man wechselte lieber zum europäischen Modell und mietete eine

Immobile nur auf Zeit an, was wiederum die komplette Branche umkrempelte.

Carter schnalzte missbilligend mit der Zunge. »Du kannst nicht am Samstag heiraten. Hast du dir mal ihre Referenzen angesehen? Sie ist eine Reporterin und das noch nicht mal bei der Times, sondern bei einem Käseblatt aus Brooklyn. Lacey Roberts ist unter deinem Niveau. Da könntest du ja gleich deine Putzfrau heiraten.«

Hunter schloss den obersten Knopf des Sakkos und drehte sich zur Seite. »Mit dem Gedanken habe ich durchaus gespielt.« Der Anzug saß wie angegossen und vereinte genau das, was er suchte. Elegant, nicht zu protzig. Er wollte seinen Reichtum zeigen, aber nicht von der Braut ablenken. Hunter lächelte zufrieden. Seiner Braut. In seinem bisherigen Leben stand er immer im Mittelpunkt. Die Leute beklatschen ihn, drängten sich danach, mit ihm reden zu dürfen. Jeder wollte etwas von seiner Gunst abhaben. Zur Holding gehörten neben einem Dutzend Tochterfirmen auch eine Stiftung. Auf dieses Kapital sahen es die meisten ab und buhlten um seine Aufmerksamkeit. Doch am Samstag würde nicht er im Mittelpunkt stehen, sondern seine umwerfend schöne Braut. Er wollte, dass die ganze Welt sah, wie glücklich er war und dafür trat er gern einen Schritt zurück. Der Anzug verkörperte genau das. Ein perfektes Accessoire zur wunderschönen Braut. Die Leute würden ihn nicht länger wegen seines Reichtums umgarnen, nein, sie würden ihn wegen Lacey beneiden, weil er endlich glücklich sein durfte.

Carter stieß ein schockiertes Geräusch aus. »Das ist nicht dein Ernst.«

Hunter nickte zufrieden. »Doch, das ist mein Ernst.«

Kopfschüttelnd stieß sich Carter vom Rahmen des Spiegels ab. »Ich hoffe, du hast wenigstens einen Ehevertrag aufsetzen lassen, ansonsten würde ich ernsthaft an deinem Verstand zweifeln und dich als verliebten Trottel bezeichnen.«

Hunter sah auf. »Verliebt? Wirke ich so auf dich?«

Carter trat auf ihn zu und glättete den Stoff über seinen Schultern. »Mein lieber Freund, wir kennen uns jetzt seit fünfundzwanzig Jahren, oder?«

Hunter nickte, von Carters Worten beeindruckt.

»Aber ich habe dich noch nie so gesehen. Ich meine, ich kenne dein Dilemma mit Rogers Bedingungen und ich nahm an, du gabelst dir wirklich irgendein dummes Mäuschen auf, aber dieser Blick. Da steckt mehr dahinter.«

Hunter umrundete Carter und sah erneut in den Spiegel. Stimmt, er sah wirklich anders aus. Seine ansonsten harten Gesichtszüge wirkten nicht mehr ganz so markant. Die Muskeln um sein Kinn schmerzten nicht länger vor Anspannung, doch die deutlichste Veränderung machte er in seinen Augen aus. Der dunkle Schatten war seit Jahren sein stetiger Begleiter. Wann immer er sich im Spiegel betrachtete, erkannte er Wut und Trauer. Er hatte sich so sehr an den Ausdruck gewöhnt, dass er ihn kaum noch wahrnahm. Doch jetzt, wo er nach ihm suchte, fand er ihn nicht länger. Es war, als hätte sich ein dunkler Schleier von seinem Blick gehoben. Hunter lächelte. Ja, vielleicht hatte Carter recht. »Und welche Diagnose stellst du, mein Freund?«

Carter trat neben ihn und schlug ihm auf die Schulter. »Du, Hunter Harrington, hängst an ihrem Haken, nicht sie an deinem.«

Hunter blinzelte verwirrt. »Ich verstehe nicht ...«

Carter lachte. »Doch, das tust du. Du kannst dir noch nicht eingestehen, dass du verliebt bist.«

Zwei Stunden später lenkte er den Wagen zum vereinbarten Treffpunkt. Nachdem er Carter abgesetzt hatte, war er zu einem Restaurant gefahren und hatte sich ein paar Kleinigkeiten einpacken lassen. Carters Worte wollte ihm nicht aus dem Kopf gehen und er brauchte dringend Zeit mit Lacey allein – um seinen Gefühlen auf den Grund zu gehen. Sie hatte ihm eine Nachricht mit der Adresse geschickt. Sofia, Lacey und ihre Freundin Tilly wollten sich in einem Café entspannten. Natürlich hätte er sie auch vom Brautmodengeschäft abgeholt, aber dagegen hatte sich Lacey energisch ausgesprochen. Hunter kniff die Augen zusammen und lenkte den Wagen neben eine Parklücke. Das Café befand sich nahe Central Park. Perfekt.

Er stieg aus und nahm den Korb von der Rückbank. Drei Frauen saßen in einem kleinen Café unweit seines Parkplatzes. Hunter erkannte Sofia, Laceys Mom, Lacey selbst drehte ihm den Rücken zu und neben ihr saß eine junge Frau mit braunem, gelockten Haar und einem breiten Lächeln. Sofia entdeckte ihn als erstes, doch sie schenkte ihm nur ein kurzes Nicken. Hunter lächelte. Da sie die beiden anderen Damen nicht auf ihn aufmerksam machte, nutzte er die Gunst der Stunde und schlich sich an Lacey heran.

»Jetzt fehlen uns nur noch die Kleider für die Brautjungfern!« Die junge Brünette strahlte. »Ein kräftiges Bordaux würde wunderbar zu deinem Kleid passen.«

Lacey stöhnte. »Ich will und ich brauche keine Brautjungfern.«

Die junge Brünette verzog schmollend den Mund. »Aber ... was ist mit den Kleidern? Ohne Brautjungfern keine Kleider!«

Lacey nahm ihre Hand und tätschelte sie. »Du darfst gerne als meine Trauzeugin ein Kleid in Bordaux tragen.«

Die Augen der jungen Frau erstrahlten. »Wow, du möchtest mich als Trauzeugin?«

»Um nichts in der Welt würde ich auf dich an diesem Tag verzichten.«

»Awww!«

Hunter unterbrach die beiden nur ungern, aber es drängte ihn danach, Zeit mit seiner Verlobten zu verbringen. Die Verlobungszeit dauerte viel zu kurz und er wollte jede Sekunde genießen, bis er Lacey endlich, als seine Ehefrau vorstellen durfte. Hunter trat hinter sie und räusperte sich vernehmlich. Sacht legte er seine

Hand auf Laceys Schulter. Sie zuckte zusammen und wandte sich hastig nach ihm um. Als sie ihn erkannte, glätteten sich ihre Züge.

»Entschuldige, ich wollte mich nicht anschleichen.« Er lächelte entschuldigend. In letzter Zeit lächelte er ziemlich häufig. Manchmal glaubte er, das Grinsen wäre in seinem Gesicht festgewachsen, doch seit heute Nachmittag wusste er, dass die Verantwortung dafür ausschließlich bei Lacey lag.

»Hey, da bist du ja!« Sie sprang auf, stieß polternd den Korbstuhl, in dem sie gesessen hatte, zurück und schlang die Arme um seinen Hals. Hunter kam nicht umhin, seine verblüffte Reaktion wie ein Außenstehender zu beobachten. Das Gefühl, das ihn bei Laceys stürmischer Begrüßung überkam, zog ihm praktisch den Boden unter den Füßen weg. Eine Welle der Glückseligkeit spülte über ihn hinweg und er konnte gar nicht anders, als die Arme um sie zu schließen – samt Picknickkorb.

Lacey nahm sein Gesicht in ihre Hände und küsste ihn so hingebungsvoll, als wäre er gerade von einem mehrmonatigen Fronteinsatz heimgekehrt. Erst nach einem vernehmlichen Räuspern seiner Schwiegermutter in spe lösten sie sich voneinander. Doch Hunter war noch nicht bereit, sie loszulassen. Er legte seine Stirn gegen die ihre und inhalierte ihren Duft. »Ich nehme an, ihr wart erfolgreich?«

Lacey legte die Hände auf seine Schultern. »Waren wir. Und du?«

»Perfekt ausgestattet für die Hochzeit.«

Zufrieden nickte Lacey und löste sich nun doch von ihm. Sie schob ihre Hand in seine Armbeuge und drehte ihn zum Tischchen. »Hunter, darf ich dir meine beste Freundin und Trauzeugin Tilly Lloyd vorstellen?« Lacey grinste von einem Ohr bis zum anderen und Tilly stand ihr in nichts nach. Die junge Brünette tupfte sich die Lippen ab und erhob sich von ihrem Stuhl.

»Hunter Harrington. Das ist echt ein Ding, Lacey.« Freundlich lächelnd streckte sie ihm die Hand entgegen. »Tilly, sehr erfreut.«

Hunter erwiderte ihren Gruß, wobei Tilly seine Hand noch einen Augenblick länger als nötig festhielt. Eindringlich sah sie ihm in die Augen. »Ich habe bereits von eurem ungewöhnlichen Kennenlernen gehört. Ich kann nicht sagen, dass ich diese übereilte Hochzeit gutheiße.«

Für einen kurzen Augenblick sackte ihm das Herz in die Hose. Wenn er Tillys Aussagen korrekt interpretierte, hatte ihr Lacey die Wahrheit erzählt. Zunächst wusste er nicht, wie er darauf reagieren sollte? Alles abstreiten? Relativieren? Doch Tilly schien Erbarmen mit ihm zu haben. Lächelnd legte sie ihm die Hand auf den Unterarm.

»Aber ich sehe, dass es euch tatsächlich ernst ist. Also will ich mich einfach mal nur für euch freuen. Hunter Harrington. Meine Güte, Lacey, was bist du für ein Glückspilz.«

Lacey lächelte zu ihm auf. Hunter beugte sich vor und küsste sie.

»Ganz im Gegenteil. Ich bin der Glückspilz. Möchtest du mit mir picknicken gehen?«

Nach einem entspannten Spaziergang durch den Central Park fanden sie eine geeignete Stelle. Im Korb befanden sich neben einer Decke, Geschirr und Besteck auch Gläser und ein Weißwein sowie Baguette, Salate und eine Käseplatte und weitere Antipasti. Lacey breitete alles auf der Decke aus, während Hunter auf der Seite lag und sie dabei beobachtete. Er horchte intensiv in sich, lauschte auf seine Gefühle für diese wunderschöne Frau. Mit jedem Schlag seines Herzens wurde ihm klar, wie viel sie ihm bedeutete. Ihr Lachen, ihre Scherze, ihre Nähe. Allein der Gedanke, sie wieder loszulassen, kam dem Herausreißen eines Organs gleich. Hunter streckte die Hand nach ihr aus. Lacey sah von ihrem Tun auf. Lächelnd ließ sie sich an ihn ziehen.

»Ich werde dich nie wieder gehen lassen, Lacey Roberts. Wenn du erst mal meinen Namen trägst, war's das für dich.«

Lacey kicherte, beugte sich über ihn und küsste ihn zärtlich. Ihre Finger glitten durch sein Haar. Sie verfestigte den Griff und zog seinen Kopf nach hinten. Hunter keuchte auf. Er liebte ihre leicht dominante Seite, vor allem dann, wenn sie sich gegen ihn aufbäumte und regelrecht darum bettelte, sich mit ihm zu kabbeln.

»Ah«, machte er, gab dem Zug in seinem Haar aber nach. Wer war er, dass er sich dieser Schönheit widersetzte? Eben.

Lacey beugte sich über ihn. »Ich dich auch nicht. Trotzdem musst du stark sein.« Ihre Fingerkuppen zeichneten seine Kinnlinie nach. Unwillkürlich krampfte sich sein Magen zusammen.

»Okay ... Sagst du mir auch warum oder muss ich dich erst überzeugen?« Er packte sie und wirbelte sie herum, immer darauf bedacht, nicht Geschirr und Essen zu gefährden. Lacey quietschte, während er sich an ihrem Hals sattküsste.

»Nun, meine Mutter bestand darauf, das Kleid zu bezahlen.«

Hunter hielt inne und ließ die Schultern nach vorne fallen. »Ich sagte doch ...« Er würde für alle Ausgaben aufkommen. Weder Laceys Eltern noch Lacey sollten irgendeinen Cent ihres Geldes für diese Hochzeit, seine Schnapsidee, ausgeben müssen. Und dann das. Eigentlich war er sich ziemlich sicher gewesen, dass er sich gestern Abend klar ausgedrückt hatte. Offensichtlich besaß Sofia Roberts den gleichen Dickschädel wie ihre Tochter.

»Keine Chance. Meine Mutter ließ sich nicht davon abbringen.«

Hunter seufzte. »Und was machen wir jetzt? Das Kleid kostet sicher ein Vermögen. Ich kann nicht ... ich könnte den Laden kaufen ...«

Lacey hob den Finger. »Untersteh dich. Mom wollte das. Es ist wichtig für sie und ihren Stolz. Also lass ihr diese eine Sache.«

Obwohl er Sofias Vorgehen nicht gutheißen konnte, verstand er, warum sie das Kleid zahlen musste. Dennoch schmerzte es ihn, dass sie ihr garantiert hart erarbeitetes Geld für etwas ausgeben musste, was allein er – und Lacey – zu verantworten hatten.

»Hey, es ist okay, ja? Es war Moms Wunsch.« Lacey zog ihn an sich. »Und nun hör auf zu grübeln und verwöhne endlich deine Verlobte, du Idiot.«

Hunter lächelte genüsslich. »Zu Befehl.«

Kapitel 18

LACEY

Zwei Tage schwebte ich im absoluten Beziehungshimmel. Wir schliefen gemeinsam ein und wachten zusammen auf. Einmal kochten wir sogar. Sehr zu Felix' Leidwesen. Und einmal gingen wir aus. Die restliche Hochzeitsplanung verlief sehr entspannt, da eigentlich alles in Iris' Büro zusammenlief. Den morgigen Abend würden wir getrennt verbringen. Polterabend sozusagen. Mom und Tiffany wollten mich in einen absoluten Wellness-Tempel entführen. Sie planten dort eine Übernachtung und am Samstagmorgen würden wir ganz entspannt zu Rogers Anwesen fahren – mit einer Limousine. Also konnte ich mir nach Herzenslust bereits zum Frühstück – sofern ich etwas herunterbekommen würde – einen antrinken oder aber auch nicht. Iris fand, das sei sicherer.

Die Jungs, in unserem Fall mein Dad, Nikos, Hunter und Carter, Hunters Trauzeuge, planten eine kleine Kneipentour. Ich hoffte inständig, dass sie nicht über die Strenge schlugen. Gerade bei meinem Vater und Nikos war ich mir nicht so sicher. Die beiden würden Hunter und Carter problemlos unter den Tisch saufen.

Da unser Wellnesstag bereits Freitagmittag anfangen sollte, stand ich am Donnerstagabend tierisch unter Druck. Der Artikel sollte Freitagabend in Druck gehen. Also tippte ich, was das Zeug hielt, während Hunter arbeitete. Schlussendlich schickte ich ihn zeitnah ab und war unglaublich stolz auf mich, dass ich es sogar noch schaffte, das Hochzeitskleid an Rogers Adresse liefern zu lassen.

»Endlich!« Erschöpft fiel ich am Donnerstagabend aufs Sofa. Felix machte es sich gerade auf mir bequem, als Hunter das Essen – eine einfache Pasta – zum Couchtisch trug. Im Vorbeigehen küsste er mich.

»Muss das sein?« Argwöhnisch deutete er auf den Kater, der den ganzen Abend schon um meine Beine strich. Ich hob Felix von meinem Schoss und beugte mich zu meinem Noch-Verlobten.

»Lass ihn doch. Den nächsten Abend, den wir hier gemeinsam verbringen, werde ich Mrs. Hunter Harrington sein. Es ist seine letzte Chance, noch auf einer unverheirateten Frau herumzukriechen.«

Hunter lachte und beugte sich zu mir rüber. »Vielleicht sollte ich diese Chance ebenfalls wahrnehmen.«

Ich seufzte glücklich. Wer hätte gedacht, dass ich einmal so empfinden würde. Ich am allerwenigstens.

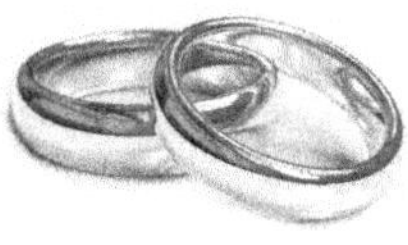

»Lacey, verdammt!« Michaels Stimme tönte mir aus dem Lautsprecher meines Smartphones entgegen. »Wo ist dieser Artikel?! Du hast mir eine Titelstory versprochen!«

Ich atmete tief durch. Der heutige Morgen war bereits relativ hektisch verlaufen. Ich musste Sachen packen, Felix von Rogers Chauffeur abholen lassen, also auch seine Sachen packen. Zum Glück packte Hunter allein. Ich wusste nicht, ob wir über kurz oder lang eines dieser Ehepaare werden würden, wo die Frau sämtliche Sachen aller Familienmitglieder einpackte. Gott bewahre. Ich hatte ja schon genug mit meinem und Felix' Zeug zu tun.

Während ich Katzenutensilien in einer Klappkiste verstaute und überlegte, welches Futter ich für Felix einpacken sollte, kaute mir Michael ein Ohr ab. Ich klemmte das Telefon provisorisch zwischen Kinn und Schulter fest. »Ich habe dir den Artikel gestern Abend geschickt. Schau noch mal nach.«

»Hier ist nichts!«, fauchte Michael äußerst ungehalten. »Ich muss den Satz noch freigeben. Also beweg deinen Arsch in die Redaktion!«

Der hatte sie ja nicht mehr alle! Ich würde morgen heiraten. In Gedanken zählte ich bis zehn und atmete tief durch. »Spam-Ordner, Michael. Spam-Ordner. Wenn nicht, frag bei der IT nach. Vielleicht hängt sie im Verteiler.«

»Lacey Roberts ... ich brauche diesen verdammten Artikel. Oder du kannst deinen Job vergessen.«

Boah! Mein Geduldsfaden riss. Ich spürte förmlich, wie das Material bis zum Anschlag spannte und

Michaels letzte Drohung ausreichte, damit er nachgab. Der Kerl konnte mich mal gern haben. Wochenlang hatte er mich wegen des Artikels herumgeschubst und nun lag er fix und fertig in seinem Postfach und er war zu dämlich ihn zu finden. »Hör auf, mir zu drohen. Putz deine verdammte Brille und ich werde am Samstag heiraten. Ab heute habe ich Urlaub. Du kannst dir …«

»Ha, da ist ja eine Email von dir. Prima.«

Innerlich verdrehte ich die Augen. Gott sei Dank hatte er ihn gefunden.

»Wie, du wirst heiraten? Wen denn?«

Ich schnaubte. »Das, mein Freund, geht dich gar nichts an. Dich interessiert doch nur dein verdammter Artikel.«

»Ja, schon, aber wenn meine Lieblingsmitarbeiterin …«

»Die, die du jeden Tag zehnmal herumschubst? Vergiss es, Michael. Ich habe Urlaub.«

»Darf ich dir wenigstens gratulieren?«

Ich knirschte mit den Zähnen. »Ja, darfst du. Danke.«

»Und wen heiratest du -?«

»Tschüssi, Michael. Wir sehen uns übernächste Woche, wenn ich braungebrannt von den Malediven zurück bin.« Ich wartete gar nicht erst auf seine Antwort. Grinsend nahm ich das Smartphone vom Ohr und drückte auf den roten Knopf, um das Gespräch zu beenden, und anschließend schaltete ich das Gerät aus. Ruhe, endlich. Ich lächelte selig und packte weiter. Denn sehr viel länger würde die Ruhe nicht anhalten. In zwei

Stunden tauchten Mom und Tilly auf und dann würde er anfangen: Der schönste Tag meines Lebens.

HUNTER

In Hunters Welt gab es keine Partys. Da seine Mutter die Familie schon früh verlassen hatte und sein Vater die Firma über seinen Sohn stellte, lernte Hunter zeitig, dass man hart arbeiten musste, wenn man etwas im Leben erreichen wollte. Partys gehörten nicht dazu. Selbst auf dem College nahm er nicht an den gängigen Studentenveranstaltungen teil. Lernen stand stets und ständig ganz oben auf seiner Prioritätenliste. Und am liebsten hätte er diese lästige Einladung von Nikos und Markos ignoriert, sich den Rest des Abends im Büro verschanzt und liegengebliebene Unterlagen aufgearbeitet. Was sollte er auch zuhause? Lacey vergnügte sich in einem Wellnesshotel. Er gönnte ihr die Pause. Die letzten Tage zerrten doch sehr an ihren Nerven und machten aus seiner sonst so fröhlichen Verlobten einen angespannten Plagegeist. Sie war kaum zu ertragen, so dass er jede Gelegenheit nutzte, sie auf andere Gedanken zu bringen. Sehr viel schmutzigere Gedanken.

Doch jetzt so allein zuhause herumzuhängen, ging überhaupt nicht. Selbst den Kater hatte sie bereits zu Roger bringen lassen, so dass er sich nicht mal mit Felix anlegen konnte. Als die Hausanlage läutete, war er bereits so weit, doch wieder ins Büro zu fahren. Wenn sich Nikos auch nur eine Sekunde verspätet hätte ... doch stattdessen war Laceys Bruder die Pünktlichkeit in

Person. Hunter nahm seine Jacke und drehte eine letzte Runde in der Wohnung. Wenn er hierher zurückkehrte, würde er ein verheirateter Mann sein. Und er würde Lacey über die Schwelle tragen, in sein Bett legen und tagelang nichts anders machen, als sie zu vögeln. Jawohl.

»Hey, da ist ja unser Bräutigam!« Nikos' Stimme schallte aus dem Lautsprecher der Hausanlage. Hunter rang sich ein mühsames Lächeln ab. Dieser Abend würde ein feuchtfröhliches Unterfangen werden. Zum Glück begleitete ihn Carter, sonst wüsste er nicht, wie er zum Anwesen seines Onkels kommen sollte. Nicht nach dem letzten Besäufnis mit Nikos und Markos Roberts.

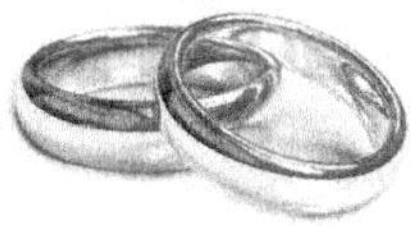

Vier Uhr morgens! Hunter konnte es tatsächlich nicht fassen. Sie hatten über sechs Stunden in einem Stripclub herumgehangen, gesoffen und nackten Frauen beim Tanzen zugesehen. Und gequatscht. Sehr viel gequatscht. Er konnte sich nicht erinnern, wann er das letzte Mal so viel geredet hatte.

Carter war der Einzige von ihnen, der noch halbwegs nüchtern war. Nikos und Markos hielten sich aneinander fest und sangen griechische Schlager. Hunter packte sich an den wummernden Schädel. Allein der Gedanke, in knapp zehn Stunden vor dem Altar zu stehen, erinnerte ihn daran, dass er nicht annäherend betrunken genug für ein Ja-Wort war. Oder nüchtern genug. Nicht, dass er aus Versehen verneinte. Hunter kicherte. Ganz bestimmt nicht. Er hatte Lacey nackt gesehen. Das allein genügte, um all seine Zweifel auszuräumen.

»Oh, wow, ist das nicht Lacey?«

Hunter hielt inne. Vor wenigen Minuten hatten sie die Bar verlassen. Die Straßenreinigung röhrte gerade an ihnen vorbei, so dass er nicht mit Sicherheit sagen konnte, ob der Ausruf von Markos oder Nikos stammte. Betrunken klangen die beiden absolut gleich, was nicht verwunderlich war, da sie ja beide auch noch miteinander verwandt waren. Und Carter ging neben ihm. Also blieb nur einer der Roberts-Männer.

»Halt mal an«, murrte er Carter zu, der seinen Arm um Hunters Taille geschlungen hatte und ihn so aufrecht hielt. Allein traute er sich kaum noch, einen Fuß vor den anderen zu setzen. Schließlich wollte er morgen ja heiraten und nicht mit eingegipsten Fuß vor den Altar humpeln.

Im Licht der Straßenlaterne stand Nikos vor einem Stapel frisch gedruckter Zeitungen, die vor einem kleinen Zeitungskiosk nur darauf warteten, dass der Inhaber kam und sie in die Auslage packte. Es musste sich um die Ausgabe von morgen – heute – handeln. Er rieb sich die Nasenwurzel. Shit, heute war ja bereits Samstagmorgen, der Tag seiner Hochzeit. Die Bedeutung von Nikos Worten tröpfelten nur langsam in seinen vom Alkohol umwölkten Verstand. Immer wieder blinzelte er.

»Da!« Nikos deutete auf die Zeitungen. »Das ist doch Lacey.«

Markos bezog neben seinem Sohn Stellung und hängte sich an dessen Schulter. Da Nikos nicht weniger betrunken, als sein Vater war, stolperten sie kichernd zur Seite.

Hunter verdrehte die Augen. »Was macht deine Schwester in der Zeitung?« Er machte sich von Carter los und wankte zurück zu den beiden Roberts, die sich gerade lautstark darüber stritten, wer jetzt schuld daran sei, dass sie nicht mehr gerade stehen konnten. Keiner von beiden. Hunter machte sich nicht die Mühe, sie darauf hinzuweisen, dass ihr Alkoholpegel vermutlich jenseits von Gut und Böse war und dass sie rein rechnerisch gar keine Chance hatten, zur Trauung wieder nüchtern zu sein, doch das, was sie gesagt hatten, erforderte seine gesamte Aufmerksamkeit. Was machte Lacey in der Zeitung?

Hunter kam vor dem Stapel frisch gedruckter Blätter zum Stehen, neigte den Kopf nach vorn. Er wankte bedrohlich, aber das war ihm egal. Das Bild seiner Verlobten auf der Titelseite bannte ihn vollkommen, so dass ihm das windige Schaukeln überhaupt nicht auffiel. Die Überschrift formte sich nur mit einiger Verzögerung in seinem Verstand. »Wie angele ich mir einen Milliardär? Lacey Roberts berichtet exklusiv über ihre Fake Hochzeit mit Hunter Harrington!«

Er blinzelte, dreimal. Fake-Hochzeit? Wortlos starrte er auf die Überschrift, las immer wieder die Worte, doch so recht wollte sein Verstand nicht begreifen, was da stand. Seine Hochzeit in der Zeitung? Ja, natürlich, es stimmte. Sie waren eine Vereinbarung eingegangen. Ihre

Hochzeit sollte nur ein Geschäft sein, aber so war es doch längst nicht mehr. Sie empfanden mehr füreinander. Sehr viel mehr. Wenn er in sich hineinhorchte, fühlte er eine tiefe Zuneigung zu Lacey. Er wollte sie wirklich heiraten und mit ihr zusammenbleiben. Und dann das. Schockiert starrte er auf den ersten Satz. Was war das? Eine Gebrauchsanweisung, wie man einen Milliardär – ihn? – um den Finger wickelte? Aber ... was sollte das? Lacey hatte keinerlei finanzielle Vorteile aus ihrer Verbindung. In seinen gesellschaftlichen Kreisen gehörte zu einer Heirat auch immer ein Ehevertrag. Strikte Gütertrennung. Lacey würde nur das bekommen, was sie vereinbart hatten. Die Summe und ... ihn.

Schmerz tropfte zähflüssig in seine Gedanken. Mit jeder weiteren Sekunde bildete sich eine weitere Schicht Wut. Sie wurde stetig größer und übernahm Stück für Stück die Kontrolle in seinem Verstand. Wenn er den Worten auf dem Titelblatt der Zeitung Glauben schenken durfte, dann war das für sie alles nur Recherche gewesen? Eine Show? Um eine fette Titelstory zu schreiben, die die Auflage steigerte?

»Hey, Kumpel, was gibt's denn da so Spannendes über deine Lacey zu lesen?«

Carter hängte sich an seine Schulter und sah auf das Titelblatt. Doch zu dem Zeitpunkt spürte Hunter schon nichts außer blanke Wut. Weißer Zorn engte sein Sichtfeld ein und der Alkohol tat sein Übriges.

»Ah, aber ... es war doch ein Fake, oder? Wir hatten doch darüber geredet und ...« Carter sah auf. Sein Blick begegnete dem seinen. Argwöhnisch verengten sich seine Lider. »Aber für dich nicht … oder?«

Hunter richtete sich quälend langsam auf. »Nein. Nicht mehr. Am Anfang schon, aber das spielt keine Rolle mehr. Ich hatte nicht gedacht, dass sie …«

»Eine Story daraus macht? Du wusstest aber, dass sie Reporterin ist?«

Hunter fuhr sich durchs Haar. »Natürlich, aber ich dachte, es wäre echt.«

»Oh, Mann. Auch für sie?«

Wütend starrte er seinen besten Freund an. »Natürlich auch für sie!«, blaffte er und ballte die Fäuste.

»Hey, Jungs, alles klar bei euch?« Markos hängte sich an Carter und Hunters Schulter und grinste von einem zum anderen. »Ich glaube, wir sollten dringend ne Mütze voll Schlaf nehmen.«

»Das denke ich auch. Wenn du erst mal geschlafen und mit ihr geredet hast, wird sich dieses Missverständnis aufklären.« Carter pflückte Markos Arm von seiner Schulter.

»Was soll sich da klären? Siehst du nicht, was da steht? Kapierst du das nicht? Sie hat mich die ganze Zeit belogen und betrogen. Sie hat mich für eine lächerliche Story vorgeführt. Glaubst du, ich kann sie unter diesen Umständen noch heiraten?«

Carters Augen weiteten sich. »Nicht? Aber das war doch genau dein Plan?«

Hunter fuhr sich durchs Haar. Er wusste weder vor noch zurück. Natürlich war das sein Plan gewesen. Er wollte Lacey heiraten, sie dafür bezahlen und nachdem sein Onkel ihm die Firmenanteile überschrieben hatte, wieder scheiden. Und dann passierte etwas, was er nie für möglich gehalten hatte. Er hatte sich verliebt. Und sie stieß ihm mit diesem Artikel einen Dolch mitten ins Herz. Der Schmerz überwältigte ihn beinahe. Er musste hier weg. Bevor er auf der Straße zusammenbrach oder etwas total Unbedachtes tat.

»Hör zu, ich muss nachdenken«, zwang er sich, ruhig zu bleiben. »Kannst du die beiden bitte nach Hause bringen.«

Carter nickte, bedachte ihn allerdings mit einem sorgenvollen Blick. »Kann ich dich …«

»Nein, vermutlich nicht. Aber ich will es so. Bitte.« Hunter zerrte die oberste Zeitung aus dem Stapel, klemmte sie sich unter den Arm und wandte sich ab.

»Hunter, ich finde nicht, dass du jetzt alleine bleiben solltest. Und was willst du überhaupt machen?« Carter griff nach seiner Schulter, doch er schüttelte seine Hand mit einer ruckartigen Bewegung ab. Er ging ein paar Schritte, sich ganz seiner Wut hingebend. Entweder er schlug jetzt auf etwas ein oder er suchte sich ein anderes Ziel. Alkohol war eine sehr verlockende Möglichkeit.

»Hunter!«

Bevor er merkte, was überhaupt passierte, setzten sich seine Beine schon in Bewegung und trugen ihn fort von hier, von der schrecklichen Wahrheit, dass die einzige Frau, die er in seinem Leben neben seiner Mutter geliebt hatte, ihn vermutlich für eine Story ausgenutzt hatte.

Kapitel 19

LACEY

Wie erwartet hatte ich beim Frühstück keinen Bissen herunterbekommen. Aber das war egal. Hunger verspürte ich jedenfalls keinen. Ich war so nervös, dass ich nicht einmal auf Toilette gehen konnte. Und nun war es zu spät. Ich steckte in einem sündhaften Brautkleid und wartete auf die Musik. Iris hatte alles perfekt hinbekommen. Vor mir erstreckte sich der weitläufige Garten von Rogers Anwesen. In einiger Entfernung stand ein Pavillon, geschmückt mit unzähligen Rosen in Creme und Bordeaux. Der Priester stand bereits unter dem Baldachin. Fehlte nur noch der Bräutigam. Oh, wenn Hunter nur halb so nervös war wie ich, traute er sich vermutlich nicht aus seinem Ankleidezimmer. Unruhig tippelte ich von einem Fuß auf den anderen.

Unzählige Gäste tummelten sich auf den Klappstühlen, die die Mitarbeiter der Agentur auf dem Rasen verteilt hatten. Quadratisch aufgestellt reihten sie sich links und rechts neben einem wie ein Laufsteg wirkenden ausgerollten Teppich. Blumengebinde schmückten die dem Gang am nächsten stehenden

Stuhllehnen. Ein Pianist saß weiter vorn auf einem Podest an einem weißen Flügel. Neben ihm stand eine Sängerin in einem langen Abendkleid in Bordeaux. Immer wieder sah sie sich um. Mein Vater trat zu mir und hielt mir seinen Arm hin. Er sah ziemlich übermüdet aus. Seine Augenringe wirkten heute noch viel tiefer als sonst. Sie mussten gestern Abend sehr spät ins Bett gegangen sein. Tilly stand auf meiner anderen Seite. Sie würde voranschreiten, sobald die Musik einsetzte – wenn der Bräutigam erschien.

»Ist wohl ziemlich spät geworden, gestern Abend?«, wandte ich mich an meinen Vater, um eine Bemerkung über Hunters Verbleib aus ihm herauszukitzeln.

Dad stöhnte. »Oh, Liebes, ich kann mich praktisch kaum noch erinnern, wie ich ins Bett gekommen bin. Ich fühle mich schlimmer als bei meiner eigenen Hochzeit. Damals haben wir mehrere Kisten Ouzo ...« Ich kannte die Geschichte bereits, hörte also nur mit halbem Ohr hin.

»Und ist Hunter ebenfalls ins Bett gekommen?« Mein Herz schlug mir bis zum Hals, doch diesmal nicht vor Aufregung, sondern vor Sorge.

Dad sah mich perplex an. »Das weiß ich gar nicht. Ich erinnere mich an die Bar und die Stripperinnen -«

»Das will ich gar nicht wissen«, wiegelte ich ab. »Mich interessiert nur, wo du meinen Verlobten zuletzt gesehen hast.«

Bevor Dad allerdings antworten konnte, sah ich Carter, Hunters Schulfreund, um die Ecke biegen. Ich kannte ihn nicht persönlich, aber Hunter hatte mir ein gemeinsames Foto mit ihm und Carter gezeigt. Es zeigte sie in Yale-Pullovern vor einem großen Gebäude.

»Carter!« Ich winkte ihm mit dem Brautstrauß. Carter hob den Kopf und sah in meine Richtung, doch seine Miene gefiel mir überhaupt nicht. Die Hände in den Hosentaschen versenkt schlurfte er zu uns. Zum Glück trug er sein Trauzeugen-Outfit. Das beruhigte mich etwas.

»Weißt du, wo Hunter ist? Als Trauzeuge ist das nämlich deine Pflicht«, versuchte ich mich an einem lahmen Scherz, doch die Anspannung löste sich nicht. Ein ganz mieses Gefühl setzte sich in meiner Magengegend fest.

Carter seufzte zerknirscht. »Also ... ist er nicht hier?«

Die Anspannung zerrte an meinen Nerven. Dort draußen saßen dreihundertfünfzig Personen, die eine Hochzeit feiern wollten, und Carter kam mir mit so einer Bemerkung? Schwungvoll deutete ich mit dem Brautstrauß auf den Pavillon. »Siehst du ihn vielleicht dort irgendwo? Als Trauzeuge solltest du dort draußen stehen und nicht hier herumlungen.«

Carter rieb sich den Nacken. »Nun, ich dachte, vielleicht finde ich ihn?« Entschuldigend lächelte er mich an, so dass ich kurz vorm Explodieren war.

»Offensichtlich hast du ihn nicht gefunden!«, fauchte ich.

Carter rieb sich den Nacken. »Nein?«

»Das formuliert man nicht als Frage. Entweder ja oder nein. Ein *Nein?* gibt es nicht!« Ich fühlte förmlich, wie ich die Fassung verlor. »Wo, verdammt noch mal ist mein Bräutigam?!«

Carter zog den Kopf ein. »Ich habe da vielleicht eine mögliche Erklärung.«

Fassungslos ließ ich den Brautstrauß sinken. Das passierte nicht gerade wirklich. Gleich würde mich Hunter wecken und das alles entpuppte sich als gemeiner Albtraum. Bitte!

Eine halbe Stunde später glaubte auch ich, dass ich nicht aufwachen würde. Die Samstagsausgabe der BH Daily ruhte auf meinem Schoß. Fassungslos saß ich im großen Salon, im perfekten Brautkleid, bereit, den Bund fürs Leben zu schließen, und starrte auf mein Foto, das unter der Überschrift prangte, die praktisch meine Träume wie eine Seifenblase zerplatzen ließ. Das konnte doch nicht wahr sein. Nur der Name, der unter dem Artikel stand, machte mich noch wütender als Hunters sang- und klangloser Abgang. Ich konnte gar nicht über ihn nachdenken, solange ich Michael nicht den Kopf abgerissen hatte, doch der Kerl tat das einzig Vernünftige. Er ging nicht ans Telefon. Das war die Strafe für meine Aggressivität in den letzten beiden Wochen. Davon war ich fest überzeugt.

Tilly tigerte vor dem großen Kamin hin und her, mit einem Ohr am Smartphone. Als ich zu ihr sah, schüttelte sie erneut den Kopf. Michael ging nicht ans Telefon. Wieso sollte er auch? Die Samstagsausgabe lag in den Läden und er tat, was er danach immer machte. Er genoss in aller Ruhe einen Scotch und belohnte sich für die anstrengende Arbeitswoche. In Gedanken versuchte ich noch zu sortieren, wie er überhaupt auf die Idee mit der Fake-Hochzeit gekommen war, als es mir wie Schuppen von den Augen fiel. Der Ordner auf meinem Desktop. Mit Bildern von Hunter. Und dann meine Bemerkung am Donnerstag. Innerlich brach ich zusammen. Wie konnte ich nur so dämlich sein und meinen Artikel nicht persönlich bei ihm abliefern? Natürlich durchforstete er dann meinen PC nach dem Manuskript und dabei musste er auf den Ordner gestoßen sein, mit allen Informationen, die er brauchte, um doch noch etwas Brauchbares auf die Titelseite zu bringen. Oh, Shit. Wenn das stimmte, war ich selbst für dieses Desaster verantwortlich.

»So wird das nichts!« Ich sprang auf, warf die Zeitung hinter mich und wollte mich schon in unser Schlafzimmer begeben, als Roger das Blatt vom Sitzpolster fischte und die Überschrift las. Verdammt, das hatte mir auch noch gefehlt. Irritiert sah er auf und starrte mich an.

»Würdest du mir bitte erklären, was das zu bedeuten hat?« Roger drehte die Zeitung herum und zwang mich erneut, in mein pixeliges Gesicht zu sehen. Das Foto von Hunter zeigte ihm im Businesslook, wie er gerade das Firmengebäude der Harrington Holding verließ. Ich dagegen sah aus, als wäre ich auf der Flucht. Gehetzt sah ich über meine Schulter. Richard Kimble hatte nicht mal in der engen Kanalröhre so schuldig ausgesehen. Für den Leser lag der Fall ganz klar auf der Hand. Lacey Roberts angelte sich einen Milliardär und nachdem man diesen Artikel gelesen hatte, konnte sich praktisch jeder einen organisieren. Doch bevor ich Michael den Kopf abreißen konnte, musste ich erst einmal die Wogen in Hunters Familie glätten. Immerhin trug ich für dieses Desaster einen nicht ganz unerheblichen Teil der Verantwortung.

»Es ist alles ganz anders.«

Roger hob eine Augenbraue. »So? Entspricht denn das, was in dem Artikel steht, nicht der Wahrheit?«

Ich verdrehte die Augen. »Doch, aber ...«

Die Miene meines Nicht-Schwiegeronkels entgleiste. »Dann ist dem nichts mehr hinzuzufügen. Ich bitte dich und deine Familie unverzüglich, das Anwesen zu verlassen. Denn eine Hochzeit wird hier heute wohl nicht mehr stattfinden.«

HUNTER

Die Anrufe konnte er ignorieren, den Schmerz allerdings nicht. Vollkommen betäubt und mit einem Whiskey in der Hand lauschte er Matthews Treiben. Der ITler wirbelte durch die Wohnung und suchte Laceys Habseligkeiten zusammen. Hunter war egal gewesen, dass er den jungen Mann praktisch von einem Angelausflug mit seinem Lebensgefährten wegholte, aber dafür entlohnte er ihn mit einem großzügigen Scheck. Er konnte sich jetzt nicht mit Laceys Kram befassen. Genaugenommen wollte er sich nie wieder mit irgendwelchem Frauenkram befassen. Sie hatte ihn betrogen und ihre Geschichte in den Medien ausgeschlachtet.

Oh, und die ersten Aasgeier tauchten ebenfalls bereits auf. Sie lungerten im Foyer, vor dem Haus und gegenüber im Park herum. Hunter schwor, dass er die nächsten vierzehn Tage keinen Fuß vor die Tür machen würde. Lebensmittel konnte er sich liefern lassen und die wichtigsten Firmenangelegenheiten erledigte er via E-Mail. Alles kein Problem.

Wie konnte sie ihm das nur antun! Er hatte sie geliebt. Glaubte er zumindest. Der Schmerz entpuppte sich als unerträglich, wenn er die gemeinsam verbrachten Tage Stück für Stück auseinanderpflückte. Wenn er an ihre Abendessen dachte, die Unterhaltungen, das Kuscheln auf dem Sofa, der Sex. Himmel, wenn er darüber nachdachte, wo sie es überall getrieben hatten, brauchte er eine komplett neue Wohnungseinrichtung.

»Boss, ich bin fertig.« Matthew pirschte sich an ihn heran. Offensichtlich erwartete er eine Reaktion von ihm. Die Last des Tages drückte erbarmungslos auf seine Schultern.

»Gut, dann bring das Zeug zu ihr. Danke.« Hunter drehte sich nicht mal um. Stur starrte er weiterhin aus dem Fenster, beobachtete den Sonnenuntergang und nahm einen Schluck Bourbon. Der Whiskey war ihm schon heute Mittag ausgegangen. Egal. Er würde so lange weitertrinken, bis er entweder nichts mehr im Haus hatte oder ihm die Kraft fehlte, für Nachschub zu sorgen.

»Mach ich. Meinst du nicht, du solltest ...«

»Nein. Verschwinde einfach, Matt.«

Er hörte das tiefe Einatmen seines Angestellten, spürte ihn nähertreten, eine Hand, die unsicher über seiner Schulter schwebte.

»Tu es nicht«, warnte er ihn. Matthew zog die Hand weg.

»Sehen wir uns Montag im Büro?«

Was wollte er hören? Dass er sich bis Montag im Griff hatte? Wieder den kühlen CEO gab, den er seinen Mitarbeitern jahrelang vorgegaukelt hatte? Wie sollte er das hinkriegen, nachdem Lacey ihm die Maske vom Gesicht gerissen und ihn Wort für Wort niedergeschlagen hatte? Er hatte sich ihr geöffnet und sie hatte ihn praktisch vernichtet. Nein, er wusste nicht, ob er Montag im Büro auftauchen konnte. Er wusste nicht, ob er überhaupt je wieder aus diesem Loch herauskriechen würde.

»Ich weiß es nicht, Matt. Geh bitte einfach, ja?«

»Kann ich irgendetwas für dich tun?«

Hunter lachte auf. Einen Mord vielleicht? An einer vorlauten Journalistin? Ob er sich auf eine Affekthandlung berufen konnte, wenn er Matt beauftragte? Wohl kaum. Alkohol? Wäre eine Idee, doch Hunter wusste auch so, dass Matt einen solchen Vorschlag kategorisch ablehnen würde. Also schüttelte er einfach den Kopf und bat ihn erneut zu gehen. Diesmal ging er wirklich und Hunter hoffte, dass so schnell niemand zurückkehren würde.

LACEY

Ich wusste nicht wirklich, wie ich zurück in meine Wohnung gekommen war. Noch wie es dazu überhaupt kommen konnte. Michael selbst konnte ich nicht erreichen. Die Redaktionsräume blieben verschlossen und an seiner Adresse traf ich ihn ebenfalls nicht an. Nachdem mich meine Eltern mit bedauernden Blicken und vielen Beistandsbekundungen auf eigenen Wunsch in meiner kleinen Wohnung abgesetzt hatten, blieb mir nur noch Felix. Meine Sachen, Kleidung und sämtliche Habseligkeiten, die ich bei Hunter geparkt hatte, standen fein säuberlich eingepackt im Hausflur. Mit einer handgeschriebenen Notiz von Matthew, in der er in ausschweifenden Zeilen sein Bedauern ausdrückte. Er hätte uns so gern gratuliert, stattdessen musste er alles wieder zusammenpacken. Und da er keinen Schlüssel für meine Wohnung besaß, hatte er kurzerhand alles in den Hausflur gestellt.

Vollkommen ermattet sank ich auf einer Kiste zusammen, nahm Felix aus der Box und streichelte ihn. Der Kater rollte sich auf meinem Schoß zu einer perfekten Kugel und schnurrte beruhigend vor sich hin. Als ob er wusste, dass ich jetzt seine Zuneigung brauchte.

Und erst dann, als ich vollkommen mutterseelenallein in meinem Hausflur hockte, mit dem warmen Gewicht einer Katze auf dem Schoss, kamen die Tränen.

HUNTER

Am Anfang dachte er noch, die Ruhe in seiner Wohnung würde ihm guttun, ihn Lacey vergessen lassen. Doch je länger sich das Wochenende dahinzog, desto mehr hasste er die Stille. Wo er auch hinsah, überall erblickte er sie. Lacey auf dem Sofa, Lacey in der Küche, Lacey an der Theke, eine Mahlzeit zubereitend. Für ihn. Shit. Früher hätte er andere Männer, wenn sie von ihren Frauen sprachen, wie schön sie es fanden, sie um sich zu haben, von ihnen umsorgt zu werden, lächerlich empfunden. Ein Mann konnte selbst für sich sorgen, selbst kochen, selbst Wäsche machen – oder jemanden dafür bezahlen. So schlug man doch zwei Fliegen mit einer Klappe, oder? Man selbst konnte sich auf den stressigen Job konzentrieren, hatte ein reinliches Heim und noch dazu gab man jemanden ein Auskommen. Perfekt.

Nur all die rationalen Gedanken erfüllten nicht sein Bedürfnis nach ... ihr. Der Schmerz sollte ihn eigentlich zerreißen und das tat er auch, aber unter der Enttäuschung, der Zurückweisung und der Wut verbarg sich etwas ganz anderes: Sehnsucht. Doch Hunter tat dieses Gefühl als lächerliche Sentimentalität ab. Er würde sich schon wieder an sein altes Leben gewöhnen. Vor Lacey kam er auch sehr gut allein zurecht. Er musste nur wieder in seinen alten Tagesablauf finden, die Strukturen würden ihm Halt geben. Also raffte er sein Selbstmitleid zusammen, packte es in eine Kiste und verschloss diese in der hintersten Ecke seines Verstandes. Und was war mit dem Bedürfnis nach menschlicher Nähe? Gegen die Einsamkeit? Er war schon immer sehr pragmatisch veranlagt gewesen. Job gegen Bedürfniserfüllung. Also bestellte er sich eine Escort. Er wollte ausgehen.

Als sich die Fahrstuhltüren öffneten und er seine Begleitung erwartete, erstarrte er. Im pinken Glitzerfummel strahlte ihn eine dunkelhaarige, rassige Schönheit mit südeuropäischen Wurzeln an. Wütend knirschte er mit den Kiefern. Er hatte nachdrücklich eine Blondine verlangt. Die Frau sah Lacey zum Verwechseln ähnlich und genau das hatte er vermeiden wollen.

»Hi, Süßer, ich bin Casey.« Mit wackelnden Hüften kam sie auf ihn zu.

»Natürlich bist du das.« Ernsthaft? Erst das Aussehen, dann der Name. Man hätte ihm auch gleich eine Kopie seiner Verlobten – Ex! – vor die Nase setzen können. Hunter schloss seine Manschettenknöpfe und starrte sie an. Selbst ihr Schritt erinnerte ihn an Lacey. Himmelherrgott noch mal. Die Frau ging nur und er verglich sie in Gedanken mit diesem betrügerischen Luder. Je länger er sie beobachtete, desto sicherer wurde er sich: Mit dieser Frau konnte er auf gar keinen Fall ausgehen, geschweige denn sie vögeln.

Casey klemmte ihre Minihandtasche unter den Arm und legte ihre langen, perfekt manikürten Finger auf seine Brust. Angewidert schüttelte er sich, doch er zwang sich zur Ruhe. Sie tat nur das, wofür er sie bezahlte. *Also reiß dich gefälligst zusammen. Du hast schon vorher Nutten gehabt.* »Wir können machen, was immer Sie sich wünschen, Mr. Harrington.« Sie lächelte ihn mit einem reizvollen Augenaufschlag an. Ihr Parfüm schlug ihm entgegen. Eine Wolke übelriechenden Blumendufts, die so heftig mit künstlichen Aromen vollgestopft war, dass sich sein Magen angewidert zusammenzog. Oh, Gott. Hastig wich Hunter einen Schritt zurück. Nein, bei allem, was er sich sonst so aufbürdete, aber mit dieser Frau konnte er unmöglich ausgehen. Unwillkürlich griff er nach seiner Börse und zog ein paar Scheine aus dem Fach für die großen Summen und hielt es ihr hin.

»Entschuldigen Sie die Unannehmlichkeiten, aber mir geht es plötzlich nicht gut. Ich fürchte, ich muss unsere Verabredung verschieben.« Hunter lächelte schmal. »Für Ihre Auslagen.«

Casey zog eine Augenbraue hoch und griff nach den Scheinen. Enttäuscht hob sie das Kinn. Offensichtlich hatte sie sich auf einen angenehmen Abend gefreut. Hunter auch, ein Abend, um zu vergessen. Doch irgendwie war ihm klargewesen, dass das nicht so einfach werden würde. Er konnte sich Lacey nicht mit einer anderen Frau aus dem Verstand vögeln.

»Vielen Dank, Mr. Harrington.« Casey musterte ihn eindringlich. »Dann ruhen Sie sich aus.« Sie schürzte die Lippen und wackelte zum Fahrstuhl. Als sich die Türen hinter ihr schlossen, atmete Hunter erleichtert aus. Hastig öffnete er den unteren Knopf seines Sakkos und stürmte zum Fenster. Er musste seine Gedanken ordnen und vielleicht würde er mit der Zeit eine Lösung für sein L-Problem finden – oder aber lernen, damit umzugehen. Er hatte die Einsamkeit besiegt, nun würde er auch ihren Verlust überwinden. So einfach war das.

Kapitel 20

LACEY

Das Wochenende war die Hölle. Nur dank Felix' Beistand überlebte ich irgendwie die nächsten sechsunddreißig Stunden. Ich musste wohl nicht erwähnen, dass auch am Sonntag nur Michaels Mailbox Telefondienst verrichtete, oder? Dieser Arsch. In den Nächten schlief ich kaum. Immer wieder starrte ich auf Hunters Profil in meinem Nachrichtendienst, konnte mich aber nicht dazu durchringen, überhaupt irgendetwas zu schreiben.

Am Sonntagabend schließlich, nach einer Familienpackung Schokoladeneis und einem Breaking Bad Marathon, der übrigens gerade sehr gut zu meiner mentalen Verfassung passte, schickte ich ihm ein schlichtes *Es tut mir leid.* Was sollte ich ihm auch schon groß sagen? Unter dem Artikel stand weder mein Name, noch hatte ich ihn geschrieben. Sämtliche verwendeten Fotos standen der breiten Öffentlichkeit zur Verfügung und schlussendlich berichtete der Artikel die Wahrheit. Wir führten eine Fake-Beziehung – hatten geführt. Nur konnte keiner von uns ahnen, dass daraus tatsächlich

Gefühle erwuchsen. Ich wusste, was ich fühlte, und ich war mir ziemlich sicher zu wissen, was Hunter für mich empfand.

Die letzten beiden Tage verbrachte ich in einem Zustand emotionaler Katharsis, bis es Tilly am Sonntagnachmittag dann zu bunt wurde. Sie klingelte Sturm, mit einer Tüte voller kleiner Köstlichkeiten in der Hand und einem Grinsen im Gesicht, dass ich ihr am liebsten irgendetwas ekeliges Klebriges über den Kopf gekippt hätte, damit sie ihre gute Laune bei sich behielt.

»Es gibt überhaupt keinen Grund zu grinsen«, murmelte ich verdrießlich und ließ sie ein. »Und du hast kein Recht, mein Selbstmitleid zu zerstören.«

Tilly drückte mir lachend die Tüte in die Hand. »Auspacken. Ich setze Kaffee auf und danach schmieden wir Pläne.«

Verblüfft blinzelte ich. »Pläne, wofür?«

»Na, um deinen Verlobten wieder zurückzugewinnen.«

Ich seufzte erschöpft. »Tilly, ich habe keinen Verlobten mehr.« Dafür hatte Michael gesorgt. Und ich war nicht Frau genug, mich mit Hunter in Verbindung zu setzen und ihm die Sachlage zu erklären. Was vermutlich daran lag, dass ich selbst noch nichts zur Klärung beitragen konnte. Und selbst wenn: Egal, was Michael sagen konnte, Hunters Chance auf Rogers Anteile war mit der Samstagsausgabe von BH Daily den Bach heruntergegangen. Selbst wenn wir heirateten. Rogers enttäuschte Miene würde ich nie wieder vergessen. Und genau darin lag die Krux. Ich konnte nicht verwinden, einen so lieben Menschen verletzt zu haben. Und erst meine Eltern. Oh, Gott! Nein, diesem Berg an Aufgaben und Geständnissen konnte ich mich noch nicht stellen.

Vielsagend deutete sie auf den Ring an meinem Finger. »Irrtum.«

Ich folgte Tillys Blick und schluckte. »Den hatte ich nur noch nicht abgekriegt. Sitzt bombenfest.« In Wahrheit wollte ich ihn gar nicht abnehmen. Er war das Einzige, was mir von Hunter und den vergangenen zwei Wochen geblieben war. Wie konnten wir so schnell von Unbekannten zu Verlobten und nun zu Feinden wechseln? Das war doch technisch überhaupt nicht möglich! In unserem Fall allerdings schon.

»Lass ihn dran.« Tilly winkte ab und schlenderte in meine Küche. Als ich ihr folgte, röhrte bereits der Wasserkocher. Ich besaß keine richtige Kaffeemaschine, sondern setzte meinen Kaffee mit einem Espressokocher auf. Mit heißem Wasser beschleunigte man den Prozess.

Tilly bereitete bereits die Kanne vor und mahlte die Bohnen. »Also erstens ist noch längst nicht alles verloren, und zweitens bin ich ja jetzt hier. Mit Kaffee und eintausend Kalorien in Form von kleinen Petit Four, die ich übrigens sehr empfehlen kann, lösen wir deine Probleme. Und du wirst sehen, zu Thanksgiving bist du Mrs. Hunter Harrington.«

Seufzend lehnte ich mich gegen den Türrahmen und schob die Hände in die Taschen meines Sweatkleides in Übergröße. Schnurrend strich mir Felix um die Beine. In den letzten vierundzwanzig Stunden benahm er sich so fürsorglich, dass ich allein schon beim Gedanken an ihn feuchte Augen bekam. Ich bückte mich zu ihm und nahm ihn auf den Arm. Schnurrend kuschelte er sich an mich und betrachtete mich zufrieden mit zusammengekniffenen Augen. »Ich hoffe, du hast einen Plan. Sonst wird Felix wohl der einzige Mann in meinem Leben bleiben.«

Tilly tat mir unglaublich gut. Ihr Optimismus hob meine Laune. Ich duschte, zog mir frische Kleidung an, reinigte sogar mit ihrer Hilfe die Küche von den Fressorgien der vergangenen zwei Tage und ging meine Probleme an, was im Klartext bedeutete, wir widmeten uns dem kleinsten Übel. Meiner Familie.

»Sie werden dich immer lieben. Egal, was du verbockst. Also fangen wir mit der Schlacht an, die wir gewinnen können.« Tilly hakte sich bei mir unter und zog mich ins Restaurant. An einem Sonntagabend nach neun brummte der Laden nicht mehr so wie zur Essenszeit. Die meisten Besucher waren bereits gegangen und wer sich noch im Gastraum aufhielt, kratzte gerade die letzten Reste der leckersten griechisch angehauchten Tomatensoße von seinem Teller.

»Guten Abend, die Damen. Was darf ich euch bringen?« Nikos erschien in seinem Kellneroutfit. Mein Bruder mochte nicht die hellste Kerze auf der Torte sein, aber er sah unglaublich gut aus und das Herz schlug am rechten Fleck. Sein dunkles Haar trug er säuberlich zurückgekämmt und sein griechischer Charme erledigte den Rest. Tilly strahlte ihn sofort an. Er erkannte sie nicht sofort, doch als er ihr ins Gesicht blickte, erhellte sich seine Miene in freudiger Erkenntnis.

»Tilly, das ist ja eine Überraschung. Und ... die Zicke. Oh.« Nikos Augen weiteten sich, als er mich ausmachte. Ich lächelte gezwungen zurück. Heute war mir nicht nach geschwisterlicher Kabbelei. Nikos erkannte seinen Ausflug ins Fettnäpfchen. »Entschuldige«, murmelte er und rieb sich den Nacken. »Geht's dir besser?«

Ich schüttelte den Kopf. »Nicht wirklich, aber ich schulde euch wohl eine Erklärung. Für ... alles.«

Nikos atmete tief ein. »Das wäre zumindest ein Anfang.« Er ließ sich auf den Stuhl neben mir gleiten, stützte sich auf das weiße Tischtuch und senkte den Kopf. »Die Eltern wissen überhaupt nicht, wie sie damit umgehen sollen. Ihr wart so glücklich, und dann dieser Artikel in deiner Zeitung.«

Ich seufzte. »Das ist es ja. Der Artikel ist nicht von mir.«

Nikos nickte. »Das dachte ich mir.«

»Nikos Roberts, es schickt sich nicht, mit den Gästen zu flirten. Nimm gefälligst ihre Bestellung auf«, hörte ich die Stimme meines Vaters von seinem Stammplatz hinter der Theke. Mein Bruder verzog das Gesicht.

»Komme schon, Dad. Ich hole sie her.« Nikos sprang auf. »Darf ich euch trotzdem was zu Essen bringen? Wir haben noch ein wenig Moussaka übrig.«

Tilly strahlte ihn an. »Oh, ja bitte. Ich sterbe vor Hunger.« Nikos lachte und erhob sich.

»Geht klar. Etwas Retsina dazu?« Tilly nickte begeistert, doch ich verneinte. Alkohol hatte ich in den letzten zwei Tagen genug konsumiert. Es war an der Zeit, meinen Scheiß zu regeln, und das bekam ich nur nüchtern hin.

Mein Bruder verschwand in der Küche, während ich Tilly argwöhnisch musterte. »Du kannst gar keinen Hunger haben bei der Menge Süßkram, die du dir heute Nachmittag reingezogen hast. Eigentlich müsstest du im Zuckerkoma liegen.«

Tilly winkte ab. »Die Moussaka deiner Mutter geht immer. Ich liebe griechisches Essen und daran seid ihr schuld.«

»Woran sind wir schuld?« Mein Vater erschien neben mir, ein Tablett voller Getränke auf der Hand balancierend. Forschend musterte er mich. Ich konnte den Schmerz und die Trauer in seinem vom Wetter braungebrannten Gesicht erkennen. Er versuchte, tapfer zu sein, für mich. Doch so ganz verbergen konnte er seine Gefühle nicht. Er hatte sich für mich immer einen guten Mann gewünscht, jemanden, mit dem ich auskam, ein netter Kerl eben. Hunter entpuppte sich als dieser nette Kerl, nur war ich nicht die Frau, die er verdiente.

Dad stellte die Getränke ab und setzte sich auf den Stuhl, auf dem kurz zuvor noch Nikos gesessen hatte. »Dein Bruder meinte, du hast uns etwas zu erzählen?«

Ich nahm seine Hand und drückte sie liebevoll. »Wenn Mom und Nikos wieder hier sind.«

Wenige Augenblicke später saßen wir vor mit Resten gefüllten Tellern. Die Berge aus köstlicher Aubergine, fruchtiger Tomatensauce, Reis und Schafskäse wirkten wie schonmal gegessen, aber Tilly und ich waren es gewohnt. Am Ende eines gastreichen Abends im Restaurant aßen wir immer das, was noch übrig geblieben war – und sei es nur das Ausgekratzte aus der Form kurz in der Mikrowelle erwärmt. Keiner von uns war wählerisch, denn das Essen schmeckte genauso gut wie das der Gäste.

»Also?«, begann Mom und nahm die erste Gabel. »Wir wären so weit.«

Ich brach ein Stück Brot und tunkte es in die Sauce. Und dann begann ich zu erzählen. Von meiner Pokerstory, von Hunters Vorschlag, meine Schulden zu übernehmen, und so weiter. Ich ließ nichts aus. Weder die pikanten Details noch meine Gefühle für ihn, bis hin zu dem Artikel.

Mom nippte derweil an ihrem Wein und betrachtete mich nachdenklich. »Also war alles vorgetäuscht, bis …«

»Auf meine Gefühle, ja. Es war noch ganz frisch, doch bevor es mehr werden konnte, war es schon wieder vorbei.« Ich seufzte und ertränkte meinen Kummer mit einem großzügigen Schluck Retsina.

»Das glaube ich nicht.«

Irritiert blinzelte ich meinen Vater an.

»Ich ebenfalls nicht.« Mom grinste breit.

»Wie meint ihr das?«

»Oh, Schwesterherz.« Nikos schlug sich den Handrücken vor die Stirn. »Eigentlich gebührt mir ja die

Rolle des Familienidioten, aber heute schießt du in Sachen Begriffsstutzigkeit echt den Vogel ab.«

»Häh?«, machte ich und suchte Schützenhilfe bei Tilly, doch selbst meine beste Freundin schüttelte den Kopf und grinste dabei, als hätte sie den letzten Bissen Moussaka bekommen und nicht Nikos. »Jetzt verstehe ich überhaupt nichts mehr.«

Mom lachte, stellte ihr Glas ab und nahm meine Hand. »Eindeutig.« Sie tätschelte mich liebevoll.

»Definitiv«, bestätigte mein Vater.

Nikos deutete mit seiner Gabel auf meinen nahezu unangerührten Teller. »Isst du das noch?«

»Nein, aber könnte mir bitte jemand erklären, was hier los ist?«

»Was mit dir los ist«, präzisierte Nikos und lud den Inhalt meines Tellers einfach auf seinem ab. Die unsanfte Behandlung ließ den riesigen Haufen Essen nur noch unansehnlicher wirken. Angewidert verzog ich das Gesicht.

»Du bist verliebt«, diagnostizierte mein Vater mit wissendem Blick.

»Und wenn ich mich an euch vom letzten Dienstag erinnere, wart ihr es da auch schon. Du und Hunter konntet kaum die Finger voneinander lassen und da soll ich glauben, dass das zwischen euch schon vorbei ist? Das hat gerade erst begonnen.«

»Aber … der Artikel?«, unterbrach ich Mom.

»Das ist eine Hürde. Willst du so leicht aufgeben?« Sie winkte ab.

Eigentlich nicht. »Er schreibt mir nicht …«

»Hast du ihm denn schon geschrieben? Warst du bei ihm? Habt ihr euch ausgesprochen?«

Ich verneinte alle von Moms Fragen. »Nur ein *Es tut mir leid*, mehr habe ich ihm nicht geschickt.«

»Siehst du. Bevor du das nicht erledigt hast, gib ihn nicht so leicht auf.«

Hilfesuchend sah ich zu Tilly, die allerdings nur zufrieden nickte. »Das habe ich dir doch auch schon gesagt.«

Seufzend sackten meine Schultern herunter. »Aber ich weiß nicht … ich …«

Mom drückte meine Hand. »Liebes, du hast schreckliche Angst davor, dass er deine Gefühle nicht erwidert, oder?«

Ich blickte auf. Tränen verschleierten meinen Blick. Ohne so recht zu wissen warum, nickte ich. Das war nicht eines dieser Gespräche, wo Mom immer recht hatte. Schließlich ging es um eine gefakte Beziehung und eine geplatzte Hochzeit, aber die Krux war, Mom hatte recht. Tief in meinem Inneren wusste ich, dass ich mich vor einer erneuten Zurückweisung fürchtete. Der Schock, direkt vor dem Traualtar stehengelassen zu werden, saß so tief, dass mich allein der Gedanke daran noch bis ins Mark erschütterte. Hunter hatte mich allein gelassen – und das warf ich ihm unbewusst vor. Ich fühlte mich verraten. Deswegen rief ich ihn nicht an. Weil ich mich verletzt fühlte. Und ihn dennoch liebte. Ach, verdammt. Beziehungen waren schrecklich kompliziert, selbst wenn sie nicht echt waren.

Tillys Plan nahm solide Formen an. Stufe eins – wie sie die Aussöhnung mit meinen Eltern und Nikos nannte – absolvierten wir erfolgreich. Für Stufe zwei brauchte ich zunächst nicht viel machen.

»Ruh dich aus und dann starten wir Phase zwei unserer Mission!«, verabschiedete sie sich am Sonntagabend von mir, nachdem mein Bruder uns vor meiner Wohnung abgesetzt hatte. Tilly würde die Sub bis zu ihrer Station nehmen. Ihr Wohnhaus mit dem Auto anzufahren, grenzte am Wochenende an reinen Selbstmord.

»Phase zwei?«

»Ja«, sie nickte eifrig, »Phase zwei von *Get your Faince back*!«

Lachend umarmte ich Tilly. Sie war doch die Allerbeste. Doch auch wenn Tilly sich tatsächlich reinkniete, glaubte ich nicht daran, Hunter je wiederzusehen. Zumindest nicht in nächster Zeit. Ich verstand ihn. Er war verletzt und brauchte Abstand, aber sein Verhalten tat mir nicht minder weh. Seine Reaktionen konnte ich nachvollziehen. Nun gut. Tillys Hilfe lenkte mich zumindest ab und wenn ich eines ganz sicher erledigen wollte, dann war es, Michael eine Abreibung zu geben. Aber sowas von.

Montagmorgen traf ich mich, wie mit Tilly abgesprochen, noch vor dem Redaktionsmeeting um neun mit ihr vor dem Gebäude. Wir hatten uns dagegen entschieden, ihm erst seine Aufgabenverteilung erledigen zu lassen. Er sollte gleich die Karten auf den Tisch legen. Gemeinsam und je mit einem doppelten Espresso bewaffnet stiegen wir um 8:30 am aus der Fahrstuhlkabine auf der Etage, die der BH Daily für sich beanspruchte, und steuerten geradewegs auf das Büro des Chefredakteurs zu. Michael telefonierte. Wie üblich.

Wild gestikulierend und lautstark redend drehte er sich im Kreis. Bei einer weiteren Runde, in der er sich vermutlich komplett im Telefonkabel verheddert hätte, entdeckte er mich. Leider benutzte er sein Smartphone. Wirklich schade. Ich hätte ihn zu gern an seinem Stuhl gefesselt vorgefunden. Konnte er wenigstens nicht abhauen. Michael hob die Hand und winkte uns heran.

»Denk daran, was wir abgesprochen haben.« Tilly zischte mir hinter vorgehaltener Hand eine Erinnerung zu. Wir wollten Michael ruhig und sachlich mit dem Artikel konfrontieren. Doch ihn so ahnungslos da sitzen zu sehen, machte mich schier wahnsinnig. Ich stürmte, ohne auf das Ende seines Telefonats zu warten, in sein Büro, entriss ihm das Smartphone und fauchte ins Gerät: »Michael ruft später zurück. Tschüss!«

Entsetzt starrte mich der Chefredakteur an. »Sag mal, spinnst du? Deine Hochzeit hat dir wohl die Kanarienvögel unter die dunkle Mähne gezaubert!« Er lachte aufgesetzt.

Ich atmete tief durch. Obwohl, atmen ist das falsche Wort. Ich saugte die Luft an wie ein vierzig Tonnen schwerer Drache und bereitete mich darauf vor, Michael im Feuersturm des Jahrhunderts zu vernichten.

»Hochzeit? Sag mal, spinnst du? Es gab keine Hochzeit, weil du verblödeter Hornochse einen Artikel abdrucken musstest, den es nie hätte geben dürfen, der weder meinen Recherchen entspricht noch für den ich dir grünes Licht gegeben habe! Deine einzige Rettung ist es, dass du deinen verfickten Namen darunter abgedruckt hast, denn sonst hättest du heute morgen eine Klage wegen Urheberrechtsfälschung am Hals, statt mich hier im Büro stehen zu sehen!«

Michael blinzelte, dreimal. »Ähm, solltest du nicht im Urlaub sein?«

»Jaaahaaa, mit meinem EHEMANN! Den du in dem Artikel verleumdet hast.«

Michael hustete. »Also bring mich mal auf den neuesten Stand: Du wolltest Hunter Harrington also nicht heiraten?«

»Doch, wollte ich.«

»Und ihr seid keine Verlobung eingegangen, obwohl ihr zu dem Zeitpunkt nicht zusammen wart?« Michael kniff die Lider zu dünnen Strichen. Oh, diesen Ausdruck kannte ich. Kampfansage.

Ich verschränkte die Arme vor der Brust. »Doch, aber …«

»Was aber? Also war das nun eine gefakte Hochzeit, oder nicht?«

»Doch, nein, also ... Du hattest kein Recht, diesen Artikel abzudrucken!« Ermattet sank ich auf den Stuhl vor seinem Schreibtisch.

»In Ermangelung eines anderen Artikels musste ich irgendetwas unternehmen. Du hattest mir eine Story versprochen. Auf die ich immer noch warte. Ich dachte, der Ordner auf deinem Desktop mit diesem überaus einschlägigen Titel enthält DIE Story. Stattdessen habe ich noch etwas viel Besseres gefunden. Lacey, das war fantastische Arbeit!«

Fassungslos starrte ich ihn an. »Das ist jetzt nicht dein Ernst?«

Michael nickte begierig. »Doch, einen Celebrity verarschen ist grandios. Darauf wäre ich nie gekommen, noch dazu hätte ich mich das nie getraut. Wirklich, Lacey, ich bin absolut begeistert!«

Mir klappte die Kinnlade herunter. Darauf fiel mir nichts mehr ein. Mein Pulver war verschossen und ich so gut wie tot. Michael sah nur die Story und ich hatte Hunter für immer verloren.

»Sie hat ihn geliebt, du Arsch!«, fauchte Tilly und nahm Michael ins Visier. »Am Anfang nicht, aber dann, später. Sie wollten wirklich heiraten und zusammenbleiben. Du hast dir da eine Story zusamemnfantasiert, die zwar im Kern stimmt, aber absolut nicht mehr der Wahrheit entspricht.« Tilly nahm meine Hand und zog mich auf die Beine. »Komm, wir gehen. Soll der Idiot doch zuseshen, wo er neue Journalisten herkriegt.« Wir waren schon im Begriff zu gehen, als Michael die Stimme erhob.

»Wie bitte? Geliebt? Was genau meinst du damit?«

Mit Tränen in den Augen drehte ich mich zu ihm um. »Genau das, was Tilly gesagt hat«, schluchzte ich. »Du hast alles kaputtgemacht, mit deiner Gier nach einer guten Story. Alles!«

Michael starrte uns an, doch weder mir noch Tilly war groß danach, ihn noch weiter zur Schnecke zu machen. Ich wollte einfach hier weg. Doch das letzte Wort musste wie immer Tilly haben.

»Wenn du auch nur ein wenig Arsch in der Hose hättest, dann würdest du das wieder in Ordnung bringen.« Tilly schnaubte und zog mich Richtung Fahrstuhl.

»Moment mal! Was ist denn nun mit deiner Story?«

Ich wirbelte auf dem Absatz herum. »Ach fick dich einfach ins Knie, Michael! Schreib deine Storys selbst!«

Erst im Fahrstuhl wurde mir klar, was wir gerade getan hatten. Völlig benommen lehnte ich mit Tilly an der Metallverstrebung. Gemeinsam starrten wir unser Ebenbild im polierten Edelstahl der Fahrstuhltüren an. »Ich glaube, wir haben gerade gekündigt«, fasste ich die letzten Minuten zusammen.

Tilly ächzte. »Ja, ich glaube auch. Aber weißt du was? Dieser Job ging mir eh schon auf den Keks.«

»Und mir erst.«

Gemeinsam brachen wir in hemmungsloses Gelächter aus, das beste Gefühl seit zwei Tagen.

HUNTER

Das Wochenende war die Hölle gewesen. Nicht nur wegen der geplatzten Hochzeit. Nein, ein netter Kater begleitete ihn und stand ihm auch jetzt noch zur Seite. Nur das Hunter liebend gern Laceys Felix' mit sich herumgeschleppt hätte als diese bohrenden Kopfschmerzen. Noch dazu erreichte seine Laune nach dem gestrigen misslungenen Versuch, Lacey zu vergessen, einen absoluten Tiefpunkt.

Normalerweise teilte er seine Geschäftszeiten zwischen der Holding und der Marketingagentur ein. Morgens befand er sich meistens in der Agentur, verteilte Aufträge, brachte sich mittels Meetings auf den neuesten Stand und ließ sich den Fortschritt der Projekte von seinen Mitarbeitern zeigen. Mittlerweile, und weil er fest davon ausgegangen war, weniger Zeit für die Agentur zu haben, wenn er erst einmal Mehrheitseigner der Holding war, hatte er einen Geschäftsführer eingearbeitet. Die Agentur lief praktisch allein, so dass er sich ganz auf das Hauptgeschäft konzentrieren konnte: Die Holding. Und es gab eine Menge zu tun, seit Roger den Posten des Geschäftsführers an ihn übergeben hatte. Die fehlende Unterschrift unter den Anteilen sollte seinen Aufstieg besiegeln, obwohl er natürlich genau wusste, dass beide Positionen getrennt zu betrachten waren. Er konnte sehr wohl Geschäftsführer ohne Mehrheitseigner sein. Nur das war es, was Roger ihm versprochen hatte. Nach der Hochzeit. Nun, die Hochzeit war vorüber, die Braut eine Betrügerin und er … nicht besser. Sie hatten Roger beide belogen und Lacey hatte ihn noch ein kleines bisschen mehr verarscht.

Als Hunter die Räume der Geschäftsleitung im Gebäude der Harrington Holding betrat, sprach ihn niemand an. Die vielsagenden Blicke verfolgten ihn dennoch. Das Getuschel hinter vorgehaltener Hand ignorierte er, so gut es ging, doch je weiter er in das Gebäude vorstieß, desto mehr sank seine Laune. Er hätte sich krankmelden sollen, jawohl! Aber ein Harrington wurde nicht krank. Und ein Harrington ließ sich nicht von so etwas Lächerlichem wie einer medialen Bloßstellung einschüchtern. Also straffte Hunter die Schultern, setzte seinen Killerblick auf und stieß in sein Reich vor. Die Taktik verfehlte nicht seine Wirkung. Sobald er einen Blick erwiderte, sahen die Leute weg. Die Gespräche verstummten und er hatte seine Ruhe.

In seinem großen Eckbüro mit der monströsen Glasfront suchte er sofort den Ausblick. Er zog noch nicht einmal den Mantel aus. Seine Gedanken zerrten ihn zum Abgrund, von dem ihn nur eine dünne Glasbarriere trennte. Unter ihm erstreckte sich die Stadt in ihrer grenzenlosen Schönheit und er kam sich in seinem Turm aus Stahl wie der uneingeschränkte Herrscher vor: einsam und unerreichbar. Was war dann Lacey gewesen? Eine Tochter aus dem armen Volk? Die ihn, den König, betrogen hatte? Hunter gefiel die Vorstellung, weil sie zu Einhundertprozent Laceys Wesen entsprach. Sie würde sich mit ihrem unbeugsamen Willen immer gegen die Mächtigen auflehnen. Ein kleines bisschen Stolz überlagerte seine

Einsamkeit. Sie hatte ihn betrogen, ihn, den Milliardär, den Geschäftsführer, den Inhaber von unzähligen Tochterfirmen und einer Marketingagentur. Die kleine Zeitungsmieze hatte ihn ausgetrickst. Was für eine Frau.

Der Stich, den sie seinem Herzen verpasst hatte, schmerzte dadurch nicht weniger. Hunter grub die Hände in die Hosentaschen und starrte in die Ferne. Keine Wolke trübte den strahlend blauen Himmel. Wenn er die Lider zusammenkniff, konnte er hunderte Meilen weit sehen und am Horizont die Weite des Ozeans erkennen. Oder sich zumindest einbilden, ihn sehen zu können. Das Loch in seiner Brust fühlte sich genauso an: weit und leer und voller Sehnsucht.

»Hier versteckst du dich also.«

Die Stimme würde er überall wiedererkennen, nur hatte er nicht damit gerechnet, sie je wiederzuhören. Nicht nach allem, was am Samstag vorgefallen war. Immerhin hatte Lacey nicht nur Hunter betrogen, sondern er mit ihr ihn. Hunter seufzte. Das wurde dann wohl die längst überfällige Strafpredigt. Er straffte den Rücken und warf einen prüfenden Blick über die Schultern. Tatsächlich. Roger Harrington stand in der Tür zu seinem Büro und schloss sie gerade hinter sich. »Ich bin dort, wo ich sein sollte.« *Beim Regieren deines Reiches.* Hunter biss sich auf die Unterlippe und drehte sich um. »Wie kann ich dir behilflich sein?«

Roger hob eine Augenbraue. »Tatsächlich? Wir gehen einfach so zum Tagesgeschäft über? Statt darüber zu reden, was Samstag vorgefallen ist?«

Hunter zuckte mit den Schultern. »Ich dachte, du hättest bereits alles aus der Presse erfahren.« Er streifte den Mantel ab, hängte ihn an den Ständer und half Roger aus seinem.

»Setz dich.« Hunter deutete auf die kleine Sitzgruppe, die er für weniger offizielle Gespräche verwendete. Seine Angestellten sollten sich wohlfühlen, selbst im Büro des Bosses. Roger nahm ächzend Platz. Seit ein paar Monaten sah man ihm das Alter durchaus an, auch wenn er noch fit wirkte, so merkte man doch deutlich, dass er die siebzig bereits lange überschritten hatte. Umso wichtiger, dass er ihm seine Anteile endlich überschrieb. »Möchtest du etwas trinken? Kaffee, Tee?«

Roger verneinte. »Nein, setz dich und hör auf, Zeit zu schinden. Eigentlich hätte ich von dir erwartet, dass du mich aufsuchst und mir erklärst, was vorgefallen ist. Stattdessen lese ich einen unsäglichen Artikel über dich und deine Verlobte in einem Käseblatt. Ich muss wohl nicht erwähnen, dass mein Büro seit dem Wochenende mit Anfragen überhäuft wird. Fernsehsender, Zeitungen, Talkshows. Alle wollen die Geschichte und ich habe so das Gefühl, dass du und deine Verlobte die einzigen Personen seid, die wirklich Bescheid wissen.« Roger Harrington mochte sich zwar zur Ruhe gesetzt haben, doch er unterhielt nach wie vor ein Büro. Zwei Mitarbeiter kümmerten sich um seine Angelegenheiten. Hunter selbst hatte noch keinen Blick in sein Postfach geworfen und das nervöse Wimpernflattern seiner Assistentin Bianca geflissentlich ignoriert. Die junge Frau war klug genug gewesen, ihn nicht anzusprechen.

»Ich wusste nicht, ob du mich überhaupt sehen willst. Die Presse, nebenbei bemerkt, ist mir herzlich egal.« Hunter nahm Roger gegenüber Platz und atmete tief durch.

»Dich sehen wollen? Himmel, Junge, in dem Artikel steht, die Frau hat dich nach Strich und Faden betrogen. Ein Glück, dass du sie los bist. Es war alles falsch, Junge.«

Hunter hob den Kopf. »Was meinst du?«

Roger krümmte die Finger. »Meine Anforderungen. Wie hatte ich nur so dumm sein können, dir eine Ehefrau aufzuzwingen? Nein, das war eine ganz blöde Idee. Deine Fähigkeiten als Geschäftsführer hängen nicht von deinem Beziehungsstatus ab. Es brauchte eine Betrügerin, damit ich das endlich begreife.«

Hunters Augen weiteten sich. Er glaubte, sich verhört zu haben. »Wie bitte?«

»Das bedeutet, dass ich ein alter Esel bin und du nicht für meine Fehler bezahlen solltest. Ich habe gesehen, wie du diese Frau angeschaut hast. Du mochtest sie wirklich, oder?« Roger legte seine Aktentasche auf den kleinen Tisch zwischen ihnen. Hunters Blick hing an dem stilisierten H auf der Oberseite des Aktenkoffers. Das Symbol ihrer Familie.

»Sehr.«

»Und dann hat sie dir das Herz herausgerissen. Hätte ich geahnt, was ich mit meinen Forderungen auslöse, hätte ich sie nie gestellt. Eine Ehe sollte auf Liebe aufgebaut werden, nicht auf die Sturheit eines alten Esels, der glaubt, alles besser zu wissen.« Roger öffnete seine Aktentasche und zog einen Stapel Unterlagen daraus hervor. »Deshalb habe ich mein Büro angewiesen, die Übernahmepapiere vorzubereiten. Hast du einen Stift?« Roger lächelte ihn an.

Hunter wusste nicht, wie es sich anfühlte, den Boden unter den Füßen zu verlieren. Am Freitagabend, als er Laceys Bild in der Zeitung unter dieser unsäglichen Überschrift gesehen hatte, bekam er einen ersten Eindruck, aber wie es sich wirklich anfühlte, wurde ihm erst in diesem Moment klar. Wie erstarrt griff er nach einem Kugelschreiber, der neben einem ganzen Bataillon an Schreibutensilien auf dem Tischchen zwischen ihnen bereitstand, und reichte ihn an Roger. Fassungslos sah er Roger dabei zu, wie er schwungvoll seinen Namen unter den Vertrag setzte. Er unterschrieb genau wie Hunters Vater. Das H energisch geschwungen vermittelte Aufbruchstimmung, den Willen, die Welt zu verändern. Und er besaß gleich zwei Hs in seinem Namen, doch bewirkt hatte er damit nicht wirklich etwas.

»Wieso, Roger? Wieso jetzt?« Seine Stimme klang rau und belegt, als würde sie einem Fremden gehören. Nach allem, was er auf sich genommen hatte, nach all den Menschen, die er und Lacey verletzt hatten, änderte Roger jetzt seine Meinung? Ohne überhaupt zu wissen, was tatsächlich vorgefallen war. »Willst du nicht wissen …?«

Roger hob den Blick von den Papieren und schob sie samt Aktentasche zu Hunter. »Doch, das möchte ich. Aber letztlich geht es mich nicht wirklich etwas an, oder? Nachdem ich meine Meinung bezüglich der Übernahme meiner Anteile geändert habe, bist du mir weder eine Erklärung noch eine Ehefrau schuldig. Wen du wann heiratest, ist ganz allein deine Angelegenheit.«

Erschöpft lehnte sich Hunter in die Polster. Den Vertrag würdigte er keines Blickes mehr. »Ich glaube, für diese Geschichte brauchen wir beide etwas Hochprozentiges.«

Roger hob eine Augenbraue. »Um diese Uhrzeit?«

Hunter kämpfte sich aus den Polstern und ging zur Bar, wo er mehrere gute Tropfen verwahrte. Für jeden Anlass den passenden Drink. Er bückte sich und öffnete eine Tür, wohinter er den wirklich teuren Stoff versteckte. Mit einem dreißig Jahre alten schottischen Whiskey und zwei Gläsern kehrte er zurück zu seinem Onkel. Roger warf einen Blick auf das Etikett und zog anerkennend eine Augenbraue hoch.

»Oh, die Geschichte muss es wirklich wert sein.«

Hunter schenkte in jedes Glas mehrere Fingerbreit der goldbraunen Flüssigkeit ein. »Die Frau ist es, glaube mir, die Frau ist es.«

Nachdem Hunter geendet und die zweite Runde Whiskey genossen wurde, gab Roger ein tiefes Seufzen von sich. »Ich hätte nicht gedacht, dass du zu solch drastischen Mitteln greifst und eine Frau dafür engagierst, dich zu heiraten. Wirklich clever, das muss man schon sagen.«

Hunter hob das Glas. »Wenn du nicht auf deinem Standpunkt beharrt hättest, wäre ich nie auf die Idee gekommen. Versteh mich nicht falsch, ich gönne dir deine Anteile und will sie dir auf gar keinen Fall abschwatzen, aber ...« Hunter hielt inne. Konnte er seinem Onkel wirklich sagen, wie er über Reginald dachte? Dass er befürchtete, Rogers Gesundheit stiehle ihnen die Zeit?

»Dass mein Sohn ein Armleuchter ist und nichts in der Firma verloren hat?«

Hunter hob eine Augenbraue. »Ja.«

»Nun, da bist du nicht der einzige, der so denkt. Reginald hält ebensowenig von der Arbeit eines Geschäftsmannes. Er ist eher künstlerisch begabt.« Gemeinschaftlich verdrehten sie die Augen. Kunst lag nicht in den Genen der Harringtons. Wohingegen Reginald vermutlich die eine Ausnahme war, die die Regel bestätigte. Er interessierte sich für Bildhauerei und tat den lieben langen Tag nichts anderes, als auf Steine einzuklopfen, wenn er nicht Zerstreuung an diversen Stränden dieser Welt auf seinem Surfboard suchte. Seine Kunstwerke waren begehrt und die High Society riss sich um einen Eintrag in Reginalds Auftragsbuch. Er verdiente vierstellige Summen pro Werk. Damit konnte er sich noch lange kein Penthouse leisten, aber er kam hin und finanzierte sich sein Atelier und seinen Lebensstil ausschließlich durch seine Kunst. Ihn in ein Büro zu zwängen und Tag ein, Tag aus an Sitzungen teilnehmen zu lassen, würde ihm nicht nur die Lebensgrundlage rauben, sondern auch seinen Lebenswillen. Als würde man eine Wasserpflanze in die Wüste setzen. »Es ist also nicht verwunderlich, dass du versucht hast, dein Problem mit meinen Vorgaben genauso anzugehen, wie eine Vertragsvorraussetzung.«

Hunter hob fragend eine Augenbraue.

»Nun, du hast sie outgesourced.«

Lachend prosteten sie sich zu, bis Hunters Miene gefror. Ihm war seit Samstag überhaupt nicht mehr nach Fröhlichkeit zumute. Es war, als hätte sein Humor Lacey begleitet – und er hatte nicht vor zurückzukommen.

»Und was hast du wegen deiner Verlobten geplant?«, hakte Roger neugierig nach.

Hunter atmete tief ein. »Ex-Verlobten. Was soll ich schon vorhaben? Ich habe sie vor dem Altar stehengelassen, ihre Sachen von meinen Mitarbeitern zu ihr bringen lassen und ich habe ihre Handynummer gelöscht. Unsere Beziehung ist beendet.«

»So einfach ist das?«

Hunter streckte sich, griff nach der Whiskeyflasche und wollte sich nachschenken. Doch zu seiner Überraschung schnappte sie ihm Roger vor der Nase weg. »Es ist noch nicht einmal Mittag. Du hast mir vorhin unmissverständlich klargemacht, dass sich in der Zeit, die ihr miteinander verbracht habt, durchaus Gefühle entwickelt haben. Oder sollte ich mich in dir getäuscht haben?«

Hunter sah auf. »Wie meinst du das?«

Roger krümmte die Mundwinkel. »Lass es mich mal so ausdrücken: Ein Harrington holt sich, was er will.« Er deutete mit dem Flaschenhals auf Hunter. »Ob es sich nun um eine Firma oder um eine Frau handelt, überlasse ich deinem Interpretationsspielraum.«

Roger hatte weder die Papiere noch seinen Aktenkoffer mitgenommen. Die Unterlagen lagen genau so auf dem Couchtisch zwischen den schwarzen Ledersofas und den Sesseln, wie er sie verlassen hatte. Seine geschwungene Unterschrift prangte wie ein Mahnmal auf dem Vertrag, der offen auf dem Koffer lag. Nun hatte er endlich, was er wollte. Die volle Kontrolle über das Erbe seines Vaters lag in seinen Händen. Doch warum fühlte sich sein Innerstes dann an, als hätte er alles verloren? Wie ein faustgroßes Loch breitete sich die Leere in seiner Brust aus und erschwerte ihm das Atmen. Der Schmerz hockte wie eine erdrückende Last auf seinem Körper. Widerwillig nahm er einen Schluck Whiskey, schob die freie Hand in die Hosentasche und trat ans Fenster. Der Alkohol brannte in seiner Kehle, doch er löschte den Schmerz nicht aus. Wenn er sich in Schnaps ertränken wollte, sollte er zu günstigeren Spirituosen greifen. Der Whiskey war nun wahrlich nicht dafür gemacht, ihn wie Blubberbrause zu kippen. Trotzdem legte er nach. Irgendwann würde der Schmerz schon nachlassen. So war es immer gewesen. Doch irgendwie verfolgte Hunter das Gefühl, dass es diesmal nicht so sein würde, dass es auf diesem Planeten nicht genug Alkohol gab, um auch nur annähernd Frieden zu finden – es sei dann, er soff sich ins Koma. Aber das kam genauso wenig in Frage.

Rogers Worte brachten ihn zum Nachdenken. Ein Harrington holte sich, was er wollte. Man könnte diesen Spruch auch auf ihr Familienwappen schreiben. Für jeden gut sichtbar als Slogan. Hunter war mit dem Fokus aufgewachsen, genau das zu tun. Seine Kindheit, sein Studium und seine ersten Schritte im Berufsleben als zukünftiger CEO eines weltweit agierenden Konzerns hatten ihn genau das gelehrt – eine gewisse Skrupellosigkeit, wenn es darum ging, der Holding neue Firmen hinzuzufügen, das Portfolio zu erweitern, Konkurrenten auszuschalten oder Zulieferer aufzukaufen, um ihre Marktmacht weiter auszubauen. Er verfolgte die Stärkung der Firma mit einer Zielstrebigkeit, die er im Privatleben niemals an den Tag legte. Eisern und konsequent in der Firma, doch sobald er die Wohnungstür hinter sich zumachte, verflog die Entschlossenheit. Bei Lacey zum Beispiel.

Wenn Hunter eine Frau wollte, dann nahm er sie sich. Jede Frau, selbst Lacey. Doch wenn sie ihn nicht wollte, dann ... wollte er sie auch nicht bedrängen. Himmel, er war noch nie jemand gewesen, der ein Nein nicht akzeptieren konnte. Es sei denn natürlich, das Nein gehörte zum Spiel. Ein Lächeln zupfte an seinen Lippen. Zwischen ihnen gehörte ein Nein definitiv zum Spiel. Er wusste, wie Laceys Körper reagierte, wusste, wie er sie zu nehmen hatte und bei Gott, er hatte sie genommen. Sehnsucht breitete sich in seiner Brust aus. Warum zur Hölle stand er dann noch hier und starrte Löcher ins Sicherheitsglas? Er könnte einfach zu ihr gehen und sie bitten, auf den Vertrag zu scheißen, wenn sie ihn trotzdem noch wollte. Und genau darin lag die Krux: Er wusste nicht, ob sie ihn noch wollte, und er traute sich nicht, sie zu fragen, aus Angst, sie könnte tatsächlich nein sagen.

Hunters Augen brannten. Er wusste um seine Schwäche. Mit persönlicher Zurückweisung konnte er ganz schlecht umgehen. Doch wenn er jemals das Loch in seiner Brust stopfen wollte, musste er ganz schnell lernen, ins kalte Wasser zu springen, ohne Netz, ohne doppelten Boden und Lacey seine Gefühle gestehen.

Gefühle? Pah. Hunter nahm einen weiteren Schluck. Die Wahrheit tat so entsetzlich weh. Er hatte sich in sie verliebt und sein Herz wand sich in Qualen. So hatte er noch nie empfunden. Es überforderte ihn, es erschreckte ihn, und er verachtete sich selbst dafür, wie bemitleidenswert er sich vorkam. Das war doch nicht er, Hunter Harrington, CEO, Firmenboss, unermesslich reich. Doch so schwer es ihm auch fiel, er musste zugeben, dass er dieser Liste an beeindruckenden Eigenschaften noch eine weitere hinzufügen musste. Hunter Harrington, verliebter Trottel und bald Alkoholiker, wenn er nicht schleunigst etwas dagegen unternahm und Rogers Rat befolgte: Ein Harrington holte sich, was er wollte. Hunter leerte das Glas in einem Zug und knallte es mit einem lauten Geräusch auf die Platte seines Schreibtisches. Es wurde Zeit, dass er sich tatsächlich die Frau holte, die er liebte. Und wenn sie ihn zurückwies? Hunter verbot sich selbst, darüber nachzudenken, während er mit langen Schritten sein Büro durchmaß und sich vor seinem inneren Auge bereits ein Plan formte.

Kapitel 21

LACEY

In der dunkelsten Stunde war die beste Freundin in etwa das, was man als die letzte Verbündete auf einem verlorenen Schlachtfeld umgeben von Feinden sehen konnte. Tilly stand mit mir Rücken an Rücken, das Schwert gezückt, mutig, mit wildem Blick und bereit, jeden aufzuspießen, der mir zu nahe kam. Ich hätte sie liebend gern weiter an meiner Seite gehabt, doch es gab diese eine Angelegenheit, die ich ohne ihre Hilfe aus der Welt schaffen musste.

Tilly legte mir die Hände auf die Schultern und drückte sie. »Und du bist dir wirklich sicher?«

Mutig reckte ich das Kinn und blickte an der Fassade des Wolkenkratzers empor. »Nein. Aber ich muss das klären. Mit ihm. Alleine und unter vier Augen. Egal, was zwischen uns gewesen war, er hat die Wahrheit verdient.«

»Und wenn er dir nicht glaubt?«

Daran wollte ich gar nicht erst denken. Ich hatte auch so schon genug Sorgen. »Dann habe ich es wenigstens versucht.«

Tilly nickte bestätigend. »Du hast recht. Melde dich einfach, wenn du fertig bist – oder meine Hilfe brauchst. Egal wann, okay?«

Meine Augen brannten. Genau für solche Momente liebte ich Tilly. Sie haderte nicht, sondern fragte nur, wen sie für mich niedermähen sollte. Ich zog sie in eine Umarmung und drückte sie an mich. »Danke, du bist die Allerbeste. Ich hoffe, du weißt das?«

Tilly tätschelte meinen Rücken. »Ich weiß. Du darfst dich gerne mit einem Mädelsabend bei mir bedanken und dann will ich jedes schmutzige Detail eures grandiosen Sex hören, ja?«

Ich verdrehte die Augen, während ich mich von ihr löste. »Dir ist aber schon klar, dass ich keine Ahnung habe, wie diese Sache ausgeht?«

Tilly drückte mir einen Kuss auf die Wange. »Du schaffst das schon.«

Als ich mich schließlich dem Foyer zuwandte und meine Schlüsselkarte vor das Display hielt, verflog die Zuversicht. Gern hätte ich Tilly geglaubt, doch mein Magen zog sich immer enger zusammen, je höher der Fahrstuhl das Gebäude erklomm. Als ich in Hunters Wohnung stand, noch immer total verblüfft, dass er mir den Zugang noch nicht gesperrt hatte, verflüchtigte sich mein Nervenkostüm und ich tapste mit klopfendem Herzen über die polierten Fliesen Richtung Wohnbereich.

»Hunter?« Vorsichtig spähte ich um die Ecke und erschrak. Das Bild, das sich mir dort bot, versetzte meiner Zuversicht einen herben Schlag. Ich wusste ja, dass

Hunter hin und wieder gern einen Drink nahm, aber die Anzahl der leeren Flaschen, die sich wie eine stumme Botschaft auf der Theke aufreihten, zerrissen mir praktisch das Herz. Ich trat an den Tresen und nahm eine Flasche in die Hand, las das Etikett und stellte sie zurück. Das hatte ich wirklich nicht gewollt. Hunter hatte sich mir geöffnet, er hatte mit mir zusammenbleiben wollen, mir vertraut. Ich war es gewesen, die hinter seine Fassade aus kühler Zurückweisung geblickt hatte – und dann kam dieser vermaledeite Artikel, der mir absolut niederträchtige Absichten unterstellte. Ich musste das geraderücken, dringend.

»Hunter!«, rief ich erneut, doch die Wohnung blieb still. Selbst eine kurze Erkundung des oberen Stockwerks brachte keinen Erfolg. Er war nicht da. Widerwillig nahm ich mein Telefon zur Hand und wählte seine Nummer.

»Komm schon«, murmelte ich vor mich hin und tigerte durch den Wohnbereich. Immer mehr Einzelheiten offenbarten sich. Dreckiges Geschirr, zerwühlte Decken, heruntergefallene Kissen, ein umgekippter Sessel. Herrje, Hunters Gefühlswelt musste in heller Aufruhr sein. In meinem Inneren machte sich eine dunkle Ahnung breit. Hunter litt sehr unter dem Verlust seiner Mutter und der Zurückweisung seines Vaters. Und dann kam dieser Artikel. Der nächste Hieb gegen sein brüchiges Selbstbewusstsein.

Panisch ließ ich das Handy sinken. Oh, hoffentlich ... nein! Hastig eilte ich zum Fahrstuhl. Ich musste ihn finden. So schnell wie möglich.

Doch auch mehrere Anrufe später wurde ich nicht

fündig. In seinem Büro vertröstete man mich, an seine Privatnummer ging er nicht heran und Roger reagierte ebenfalls nicht. Mir gingen die Optionen aus. Wie eine aufgescheuchte Tarantel eilte ich Richtung Subway. Mir wollte absolut nichts mehr einfallen, also fuhr ich mit einem flauen Gefühl im Magen nach Hause. Ich musste doch irgendetwas unternehmen können ... irgendetwas ... Ich eilte die Treppe in meinem Hausflur hinauf, den Blick starr auf das Display meines Telefons gerichtet, erneut Hunters Nummer wählend, als mich zwei starke Hände bei den Schultern packten und meinen Lauf so rüde stoppten.

»Hey, was fällt Ihnen ein?«, polterte ich darauf los, das Smartphone ans Ohr gedrückt, den Blick auf ein so vertrautes Sakko gerichtet. Meine Augen glitten am Körper des Mannes hinauf und verharrten an einem unrasierten Dreitagebart, einem müden Lächeln und so gewohnt blitzenden Augen, dass mir starr vor Schreck das Telefon vom Ohr glitt. »Hunter?«

Hunter Harrington zuckte die Schultern, ließ mich los und versenkte die Hände in den Taschen seiner teuren Leinenhose. »Ebenjener.«

Meine Augen weiteten sich. Die Sorge um ihn verwandelte sich schlagartig in Wut. All die Stunden, die ich in panischer Angst durch die Stadt geeilt war, er könnte sich etwas antun, waren vergessen. Zurück blieben nur die Wut, die Scham und vor allem auch der Zorn. »Wo warst du denn? Ich habe dich überall gesucht? Und warum zur Hölle gehst du nicht ans Telefon?«

Hunter zog den Kopf ein. »Telefon? Ähm, ich fürchte ...« Er kratzte sich nachdenklich am Kinn. »Ich muss es irgendwo liegengelassen haben.«

Ich atmete tief durch und schloss die Augen. Die Erkenntnis, dass er nicht unmittelbar in Lebensgefahr schwebte, musste ich erst einmal sacken lassen. »Was machst du eigentlich hier?«

»Ich habe dich gesucht«, murmelte er kleinlaut. Eine starke Alkoholfahne schlug mir entgegen. Angewidert rümpfte ich die Nase.

»Hast du getrunken?«

Er grinste dümmlich. »Nicht genug, fürchte ich.«

Ich hob eine Augenbraue. »Nicht genug wofür?«

Hunter seufzte und streckte die Hand nach mir aus. Völlig perplex nahm ich sie und ließ zu, dass er mich auf seine Treppenstufe zog und die Arme um mich schloss. Sein Kopf fiel gegen meine Stirn. Schwer atmete er ein und aus, der Alkoholdunst stieg mir in die Nase und seine Arme drückten mich an ihn.

»Was wird das hier, wenn ich fragen darf?«

»Ich habe keine Ahnung. Ich weiß nur, dass ich ein Idiot war, am Samstag nicht zu erscheinen. Der Artikel ...«

»Du musst mir glauben, dass das nicht ich war. Mein Chefredakteur ist ein Arsch und ...«

Hunter öffnete die Augen. »Es ist mir egal, Lacey. Der Artikel spielt keine Rolle. Ja, ich war wütend.«

Ich neigte den Kopf zur Seite. »Und was bist du jetzt?«

»Ich war verletzt, weil ich dachte, du willst mich nur für eine Story heiraten, obwohl mir es egal hätte sein sollen ... sein ist ... würde ... Ach, verdammt. Ich bin zu betrunken für das hier. Ich wollte, dass du weißt, dass ich dich wirklich mag und dass ich mich möglicherweise sogar in dich verliebt habe. Der Artikel hat mich kalt erwischt. Ich wollte, dass das echt ist und dass wir ...«

Ich legte die Arme um seine Schultern. »Du hast dich verliebt?«

Hunter sog scharf die Luft ein. »Vielleicht. Möglicherweise. Tatsächlich.«

Ich lachte. »Soll ich ankreuzen?«

Hunter sah mir direkt in die Augen. »Wieso ... hast du auch ... ich meine ...?«

Ich stöhnte. »Ja, du Trottel. Ich fürchte, ich habe mich auch in dich verliebt.«

Hunter erstarrte. »Das ist nicht möglich ...«

»Wieso nicht? Weil der große Hunter Harrington einen Vertrag aufgesetzt hat und Liebe keine Bedingung war?«

»Ja, weil ... ich nur hergekommen bin, um dir zu sagen, wie ich für dich empfinde. Ich habe eigentlich damit gerechnet, dass du meine Gefühle nicht teilst und dann ... das?«

»Das Unerwartete passiert, Mr. Harrington.«

Hunter schob die Unterlippe hervor und musterte mich. »Das Unerwartete ... ja, vielleicht.« Er löste sich von mir. Umständlich trat er einen Schritt von mir weg.

Entgeistert verfolgte ich, wie er schwankend in die Knie ging, noch immer meine Hand haltend. Panik braute sich in meinem Magen zusammen. »Hunter, was wird das?«

»Das einzig Richtige«, murmelte er und sah zu mir auf. »Lacey Roberts, ich weiß, wir hatten keinen guten Start und unter normalen Umständen wären wir uns niemals begegnet, aber jetzt werde ich das einzig Richtige tun. Es gibt gar keine andere Möglichkeit. Wir gehören zusammen, aber ohne Vertrag, ohne Bedingungen, nur wir. Willst du es noch einmal mit mir versuchen und mich diesmal wirklich heiraten?«

Entgeistert sah ich auf ihn herab, auf diese großen braunen Augen, die wunderschön geschwungenen sinnlichen Lippen, die mir eine Million Küsse geschenkt hatten. Auf seine kräftigen Hände, mit denen er Dinge tun konnte, wovon mir allein schon beim Gedanken daran schwindelig wurde. Und auf diese ehrliche Hingabe, mit der er mich betrachtete. Mir blieben die Worte im Hals stecken. Hier war er, bei mir, und der Artikel war ihm scheißegal. Er war gekommen, wegen mir. Glücklich schloss ich die Augen und drückte seine Hand.

»Lacey? Ich brauche eine Antwort? Ich kann wirklich nicht länger vor dir knien.«

Seufzend öffnete ich die Augen. »Ach, mir gefällt die Position ganz gut.« Lächelnd legte ich die Hand an seine Wange und fuhr mit dem Daumen über seinen kratzigen Dreitagebart. Die Stoppel pikten in meine Haut. Die Sehnsucht in seinen Augen zog mir praktisch den Boden unter den Füßen weg. Mein Innerstes kribbelte vor Aufregung. Das hier passierte wirklich, oder? Hunter verzieh mir den Artikel und hielt um meine Hand an. Das musste ein Traum sein! Hektisch griff ich mir an die

Brust, atmete tief durch und gab ihm die erlösenden Worte. Etwas anderes käme für mich auch nicht in Frage. Allein die Erinnerung an die letzten Tage machten mir klar, dass ich nicht ohne ihn leben wollte. Manchmal mochte er abweisend und kühl wirken, doch ich hatte hinter Hunters glatte Fassade geblickt und einen leidenschaftlichen Mann kennengelernt, den ich so sehr liebte, dass mir der Gedanke, ihm könnte etwas zustoßen, körperliche Schmerzen bereitete. Natürlich nahm ich seinen Antrag an. »Ja, die Antwort ist ja, ich will dich verdammt noch mal heiraten.«

Hunters Augen weiteten sich überrascht. Er schien tatsächlich nicht damit gerechnet zu haben, ich auch nicht, wenn ich ehrlich war. Auf Hunters Lippen breitete sich das größte Grinsen der Welt aus. Glücklich sah er zu mir auf und griff in seine Anzugjacke, um einen zerknitterten Fetzen Papier daraus hervorzuholen. »Eigentlich sollte ich dir einen Ring an den Finger stecken, aber den hast du ja schon. Stattdessen nimm das und zerreiß ihn.«

Verwirrt nahm ich das Papier entgegen. »Was ist das?«

»Der Vertrag, den ich anlässlich unserer Vereinbarung aufgesetzt habe. Nichts soll zwischen uns stehen.«

Ich starrte auf den Zettel. »Wow, dir ist es absolut ernst, oder?«

Umständlich kam Hunter auf die Beine. Er schwankte bedrohlich. Der Alkoholpegel in seinem Blut musste beträchtlich sein. Unwillkürlich griff ich nach seiner Hand, um ihm aufzuhelfen, doch er verlor beinahe das Gleichgewicht.

»Hoppla.« Ich hielt ihn fest, stabilisierte ihn, so gut es ging, doch ich rechnete nicht damit, um wie viel schwerer Hunter war, noch dazu im betrunkenen Zustand. Panisch weiteten sich seine Augen, als sein Schwerpunkt sich zu weit nach hinten verlagerte. Hektisch ruderte er mit den Armen und ich musste hilflos dabei zusehen, wie mein Körper sich ebenfalls neigte. »Hunter!«, rief ich und hielt mit aller Kraft dagegen. Stück für Stück gelang es mir, meinen betrunkenen Wieder-Verlobten an mich zu ziehen. Ächzend schloss ich die Arme um seine Taille und stabilisierte ihn.

»Puh, das war knapp.«

Dümmlich grinste Hunter auf mich herab. »Du hast mich gerettet«, lallte er und legte seine Stirn gegen die meine. »Schon wieder.«

»Mh?«, machte ich und überlegte angestrengt, wie ich ihn am besten in meine Wohnung schaffen konnte, denn die Treppe war ein äußerst gefährlicher Ort für einen Mann in seinem Zustand. Er musste mindestens eine Flasche gekippt haben, bevor er hergekommen war.

»Na ja, mein Leben war absolut trostlos«, lallte er. Langsam drehte ich ihn auf der Treppenstufe zur Seite und bugsierte ihn hinauf.

»Komm, wir gehen rein.« Angestrengt konzentrierte ich mich auf die Stufen und zwang ihn beharrlich vorwärts, während er seinen Monolog unbeirrt fortführte. Ein betrunkener Hunter war einfach absolut hinreißend.

»Ich meine, ich habe alles, was man sich vorstellen kann. Mehr Geld, als ich je ausgeben könnte. Ein Firmenimperium, auf das nicht viele auf diesem Planeten blicken können. Ich kann mir alles kaufen, was ich möchte. Eine Insel in Dubai? Her damit. Eine Übernachtung im teuersten Luxushotel der Welt? Zahle ich aus der Portokasse. Der neue Ferrari? Wollte ich schon immer haben. Aber warum den neuen? Ich könnte mir auch ein legendäres Auto kaufen, eine eigene Rennstrecke und dort problemlos tagelang meine Runden drehen. Aber das, was wirklich wichtig im Leben ist, habe ich nicht. Keine Eltern mehr, nur noch einen herzlosen Onkel, einen dummen Cousin und nicht mal ein Haustier. Mit dir hat sich das alles geändert, Lacey Roberts, und ich wäre ein schöner Idiot, wenn ich dich so einfach wieder gehen lassen würde.«

Mein Grinsen sah garantiert genauso dümmlich aus wie Hunters, doch eine Sache ließ mir keine Ruhe. »Aber was ist nun mit der Firma? Und Roger?«

»Tja, der kam heute morgen in mein Büro und hat mir die unterschriebenen Verträge überreicht, mit dem Hinweis, dass ich mich sputen und dich schnappen soll, bevor es ein anderer tut.«

Ich lachte liebevoll. Von wegen herzloser Onkel. Roger war der Inbegriff von Liebenswürdigkeit. »Roger liebt dich mehr, als du dir vorstellen kann. Er will, dass du glücklich wirst.« Mittlerweile standen wir vor meiner Wohnungstür. Vorsichtig lehnte ich Hunter gegen die Wand, um nach meinem Schlüssel zu kramen.

Dümmlich grinsend, den Kopf gegen die Tapete gestützt, sah er mich an. »Ich bin glücklich.«

Ich pikte Hunter in die Brust. »Du, mein Lieber, bist betrunken. Aber ich bin froh, dass du hier bist. Wo ist dein Fahrer?«

»Zuhause, bin alleine hergekommen.«

Meine Augen weiteten sich. »Alleine in dem Zustand. Bist du wahnsinnig?«

Hunter rollte sich herum und fiel mir regelrecht entgegen. »Wahnsinnig verliebt.« Er versuchte, seine Lippen auf die meinen zu drücken, doch ich schob ihn energisch von mir.

»Hunter, nicht jetzt.« Ich drehte ihm den Rücken zu und schob den Schlüssel ins Schloss, während er sich gegen mich fallen ließ. Wunderbar. Jetzt, wo wir wieder vereint waren, ließ er sich gehen. Vorhin hatte er noch deutlich nüchterner gewirkt, doch je länger wir hier im Hausflur herumlungerten, desto mehr setzte ihm der Alkohol zu. Wurde Zeit, ihn in die Wohnung zu bugsieren. Hunter schloss seine Arme um meinen Oberkörper und lehnte sich mit seinem kompletten Gewicht gegen mich. Er überragte mich um mehr als einen Kopf und war entsprechend schwerer. Gerade noch rechtzeitig schloss ich die Tür auf und stolperte in die Wohnung, ihn hinter mir herziehend.

»Irgendwie bist du noch nie nüchtern in dieser Wohnung gewesen«, murmelte ich und schob meinen Arm unter seine Schulter, um ihn halbwegs sicher ins Schlafzimmer zu schleppen.

»Das macht überhaupt nichts.«

Ächzend setzte ich einen Fuß vor den anderen und zog ihn einfach mit mir. Auf dem Bett ließ ich ihn nach vorn fallen. Erschöpft blieb ich neben ihm liegen. Ehrlich, der Kerl wog eine Tonne, aber er war *mein* Kerl. Ein dümmliches Grinsen breitete sich auf meinen Lippen aus und ich wälzte mich auf die Seite, um meinen Kerl betrachten zu können. Hunter lag auf dem Bauch und rührte sich nicht mehr. Lediglich sein offenes Auge musterte mich träge. Also schlief er noch nicht.

»Und was machen wir jetzt, mein Verlobter?« Ich strich ihm eine gelöste Strähne aus der Stirn. Überhaupt trug er sein Haar äußerst wild. Normalerweise bändigte Hunter seinen Schopf mit einer Menge Gel, doch heute schien er noch keinen Nerv für einen Blick in den Spiegel gehabt zu haben. Statt dem üblichen Wallstreet-Look eines geschniegelten Managers zu tragen, wirkte er eher wie der abgehalfterte drittklassige Anwalt einer Crime-Serie. Aber sein Dreitagebart gefiel mir ausnehmend gut. Meine Fingernägel kratzten über seine Stoppel. Hunter verzog das Gesicht.

»Heiraten, sofort.«

Meine Augen weiteten sich. »Vielleicht solltest du erst einmal deinen Rausch ausschlafen und dann reden wir weiter?«

Hunter knurrte. »Nein.« Und dann rollte er sich auf mich, so schnell, dass ich keine Zeit hatte, zu reagieren. Noch ehe ich überhaupt begriff, was passierte, drückte mich sein Gewicht in die Matratze und seine Bartstoppeln revanchierten sich. Immer wieder kratzte er damit über meine Halsbeuge. Ich quietschte auf.

»Hunter, ah, das kratzt!«

Er lachte dunkel. »Ich bin vielleicht betrunken, aber nicht annähernd betrunken genug, um einfach einzuschlafen.« Geschickt griff er nach meinen Handgelenken und hielt sie über meinem Kopf zusammen, während seine Lippen abwechselnd mit seinen Bartstoppeln Küsse und Kratzspuren auf meinem Hals hinterließen.

»Ah!« Ich warf den Kopf hin und her, doch der Beharrlichkeit eines Beinahe-Betrunkenen konnte ich nichts entgegensetzen. Mehr noch, durch mein Gezappel erleichterte ich es ihm sogar, es sich zwischen meinen Beinen gemütlich zu machen. »Hunter!«, schrie ich auf und warf den Kopf in den Nacken, als sich etwas sehr Großes und unerwartet Hartes gegen meine intimste Stelle drückte. Noch schützten mich Jeans und Slip vor Hunters Angriffen, doch ich war mir ziemlich sicher, dass das nicht so bleiben würde.

»Was denn?« Er hob den Kopf und musterte mich mit glasigem Blick. »Soll ich aufhören? Du weißt, du musst es nur sagen und schon …«

»Nein!«, entfuhr es mir. »Aber bist du nicht viel zu betrunken?«

Hunter lächelte sein teuflischstes Badboy-Grinsen. »Nicht annähernd genug. Und nun lass mich dich erobern, meine kleine Wildkatze.«

HUNTER

Das spätnachmittägliche Sonnenlicht fiel durch das gen Westen gehende Fenster. Der Ausblick gestaltete sich zwar schwierig, aber dennoch stand das gegenüberliegende Gebäude so weit entfernt, dass die letzten Sonnenstrahlen es gerade noch so über das flache Dach des mehrstöckigen Hauses schafften, um Laceys entspannte Gesichtszüge in goldenes Licht zu tauchen.

Hunter fuhr sich durchs Haar und betrachtete sie ausgiebig. Er saß auf der Bettkante und hielt sich den pochenden Schädel, während sein Blick immer wieder über die neben ihm liegende nackte Frau glitt. Ihr Rücken glänzte schweißnass, ihre Wangen zierten eine reizvolle Röte und ihre Lippen wölbten sich, geschwollen von wilden und hemmungslosen Küssen. Sein Bart hinterließ eine Landkarte ihres Liebesspiels auf ihrem makellosen Körper. Überall, wo er sie geküsst, geliebt und geneckt hatte, zeichneten sich seine Spuren ab. Oh und wie ihre Haut zwischen ihren Schenkeln glühte. Hunter erinnerte sich lebhaft an Laceys Stöhnen, als er sie dort mit den Stoppeln kratzte. Mit der Handfläche rieb er sich über die Wangen. Er hasste diesen sprießenden Zustand. Überall juckte es und es verlangte ihn danach, zum Rasierer zu greifen und kurzen Prozess zu machen. Andererseits ... sein Blick fiel auf Lacey und die geröteten Stellen. Vielleicht ließ er sich wirklich einen Bart wachsen, nur um sie in den nächsten Tagen in den Wahnsinn zu treiben.

In den nächsten Tagen ... Erneut raufte er sich das Haar. Er hatte es tatsächlich getan und ihr einen Antrag gemacht. Die Erinnerung an die Szene auf der Treppe verschwomm im trüben Nebel des Alkohols zu einem unwirklichen Traum. Und sie hatte ihm ihr Ja-Wort gegeben. Unendliches Glück breitete sich in seinem Inneren aus, so sehr, dass es ihm regelrecht die Luft aus den Lungen trieb. Glück war der Trauer gar nicht so unähnlich. Der Schmerz war der Gleiche, aber auf eine positive Weise. Er fühlte sich, als würde er prompt abheben. Sein Herz jedenfalls befand sich einen guten Meter neben ihm und es sah nicht so aus, als würde es je wieder zu ihm zurückkehren. Lacey hielt es in ihren Händen und Hunter fand, dass es dort perfekt aufgehoben war. Bei ihr sollte es sein und er war nicht bereit, es je wieder einzufordern. Weder heute noch morgen. Je schneller sie ihm gehörte, desto sicherer war sein Glück. Der Ring am Finger reichte ihm nicht. Er wollte sie ganz, und zwar jetzt.

Hunter rollte sich wieder auf die Matratze und platzierte sich neben ihr. Dann nahm er sein Smartphone und schrieb eilig eine Nachricht an seine Assistentin. Lacey öffnete träge die Augen. Ein Lächeln glitt über ihre geschwollenen Lippen.

»Arbeitest du etwa?«

»Mh«, machte Hunter und schickte die Nachricht ab. »Hast du dein Kleid noch?«

Verwirrt runzelte sie ihre makellose Stirn. »Das Hochzeitskleid?«

»Ja.«

»Im Schrank. Wozu?«

Hunter grinste. »Pack es ein. Wir müssen etwas erledigen.«

»Hunter Harrington, es ist Montagabend. Was zur Hölle könnten wir erledigen außer hemmungslosen Sex zu haben. Ich hatte eigentlich nicht vor, dieses Bett vor Freitag wieder zu verlassen.« Trotzig schob sie die Unterlippe hervor und platzierte sehr besitzergreifend ihre Hand auf seinem Hintern.

Hunters Schwanz zog sich genüsslich zusammen. Genau das wäre auch sein Plan gewesen, aber Sex konnten sie praktisch überall haben. Dazu mussten sie nicht in diesem Bett bleiben. Und wenn es nach ihm ging, würden sie danach noch sehr viel mehr Sex haben. Hunter beugte sich vor und stahl ihr einen Kuss. »Das klingt perfekt und ich verspreche dir, du wirst noch sehr viel mehr Sex bekommen. Jetzt zieh dich an und pack ein paar Sachen ein. Wobei, pack das Kleid und die Zahnbürste ein. Mehr brauchst du nicht.«

Verwirrt zog Lacey die Stirn kraus. »Hunter ... was wird das ...?«

Er setzte ein Grinsen auf. »Was wir längst hätten erledigen sollen.«

LACEY

Vollkommen schockiert starrte ich auf das Rollfeld, wo ein kleines Flugzeug mit Hunters geschwungenem Familiensymbol auf der Heckflosse stand. Sieben runde Fenster reihten sich über den Tragflächen hintereinander. »Du hast ein Flugzeug?«

Hunter schob meinen Koffer Richtung Gangway. Wir waren mit seiner Limousine direkt auf einen kleinen Privatflughafen nördlich von New York gefahren, wo

Hunters Maschine parkte. Keine Ahnung, schon möglich, dass der Harrington Group auch dieser Flughafen gehörte. Wer konnte bei der immensen Größe der Holding schon den Überblick behalten? Ich jedenfalls nicht. Den Kleidersack mit meinem Kleid trug er über der Schulter, während sein Chauffeur nur eine kleine Reisetasche trug, die die nötigsten Dinge meines Verlobten enthielt. Verlobter ... ich grinste dümmlich.

»Das Flugzeug gehört der Holding und ist bereits dreißig Jahre alt. Mein Vater hat es angeschafft. Wartung und Standplatz kosten ein kleines Vermögen. Der Vorstand, mein Onkel oder ich benutzen es allerdings nur in solchen Fällen, die einen Linienflug unmögllich machen.« Hunter schenkte mir ein breites Grinsen. »Kommst du jetzt?« Hunter erreichte soeben die fahrbare Treppe, die ins Innere des kleinen Düsenjets führte. Okay, klein war relativ. Seine Länge maß bestimmt an die dreißig oder vierzig Meter. Ich war ganz schlecht im Schätzen von Distanzen. Aber es war zumindest keine übliche Passagiermaschine.

Ich runzelte die Stirn und lief ihm hinterher. »Und wo geht es hin, dass du es mir nicht verraten willst?«

Hunter drehte sich zu mir um. »Eine Überraschung. Deine einzige Pflicht ist es, noch einmal Ja zu sagen.«

Überrascht weiteten sich meine Augen. »Du willst heiraten? Jetzt?«

Hunter übergab den Kleidersack einer Stewardess. Fuck, er hatte sogar Personal im Flugzeug? Natürlich, ohne würde das Ding ja nicht fliegen. Zumindest brauchte er einen Piloten. Oder zwei? Meinen Rollkoffer trug er selbst die Treppe hinauf und schob ihn ins Innere. Dann kam er noch einmal herunter, um seine Tasche von seinem Chauffeur entgegenzunehmen. »Danke, Andrew.«

»Wann darf ich Sie zurück erwarten, Sir?«

Hunter warf mir einen Blick zu. Interessiert spitzte ich die Ohren. »Nicht so bald, ich melde mich, wenn ich Ihre Dienste benötige. Vielen Dank. Machen Sie sich ein paar freie Tage. Wir sehen uns frühstens Ende der Woche.«

Schmollend schob ich die Unterlippe hervor. Andrew verabschiedete sich mit einem Tipp ans Schild seiner Chauffeursmütze von mir. »Ma'am.« Ich nickte ihm freundlich zu. Nachdem er verschwunden war, stellte sich Hunter zu mir.

»Wollen wir?«

Ich verschränkte die Arme vor der Brust. »Ich weiß nicht, ob mir das nicht ein wenig zu schnell geht.«

»Du wolltest mich letzten Samstag heiraten. Wenn man davon ausgeht, sind wir schon viel zu spät.« Er legte seinen Arm um meine Taille und zog mich an sich. »Ich möchte keinen einzigen Tag mehr auf dich verzichten. Wir machen es jetzt dingfest.« Verunsichert musterte er mich. »Wenn du noch willst?«

Ich sah die Zweifel in seinen Augen, die Angst und einen Hauch Schmerz. Da war er wieder, dieser Blick, der mich stetig daran erinnerte, wie schwer es ihm fiel, zurückzutreten, doch ich war mir sicher, dass er es tun würde, wenn ich Nein sagte. Andererseits wollte ich keinen Tag meines Lebens mehr auf ihn verzichten. Ich wollte neben ihm aufwachen, ihn bekochen, ihm dabei zusehen, wie er sich an Felix gewöhnte und ihm zuhören, wenn er mir einen seiner unendlichen Vorträge über seine Arbeit hielt. Im Bett. Nackt. Nein, ich würde nicht Nein sagen, doch jetzt hier so zu stehen, machte mir Angst.

»Natürlich will ich, aber ich habe schreckliche Angst.«

Hunters Augen weiteten sich. »Vorm Fliegen? Du bist noch nie geflogen?«

Ich lachte und verpasste ihm einen leichten Schlag gegen die Schulter. Er wich nicht zurück und ich nahm meine Hand nicht weg, sondern genoss das Gefühl seiner Muskeln unter meiner Handfläche. »Natürlich bin ich schon geflogen, das meine ich nicht. Ich will schon deine Frau werden. Aber …« Ängstlich sah ich zu dem Flugzeug. Die Flugbegleiterin stand am Schott und lächelte uns geduldig an. »Aber das da ist … so viel mehr, als ich mir vorstellen kann.«

»Du brauchst dir nichts vorstellen. Wenn du Ja sagst, machst du mich zum glücklichsten Mann der Welt. Wenn du Nein sagst und gerne später heiraten möchtest, wäre ich zwar enttäuscht, aber ich kann es akzeptieren. Alles, was ich möchte, ist, dich in meinem Leben. Für immer und ewig.« Sein aufrichtiger Blick bewirkte, dass mein Herz vor Glück regelrecht überquoll. Scheiße, ich wusste, er hatte mich am Haken, und er wusste, dass er mich hatte. Verdammt. Trotzdem nickte ich. »Ja, ja, ich will.«

Hunter lächelte mich an, presste seine Lippen überraschend heftig auf die meinen, grub seine Finger in mein Haar und küsste mich, bis mir schwindelig wurde. Dann hob er mich mit einer Leichtigkeit auf die Arme und wirbelte mich herum. Lachend klammerte ich mich an seinen Hals.

»Dann soll es so sein«, rief er und trug mich zur Treppe. Erst als es nicht mehr ging, stellte er mich wieder auf die Beine.

»Und verrätst du mir jetzt, wo es hingeht?«

Hunter grinste und küsste mich auf die Wange. »Na, wo heiratet man überstürzt ohne die Familie?«

Entsetzt starrte ich ihn an. »Las Vegas?«

Hunter nickte und führte mich ins Flugzeug.

»Oh, Mann, sie werden uns umbringen!«

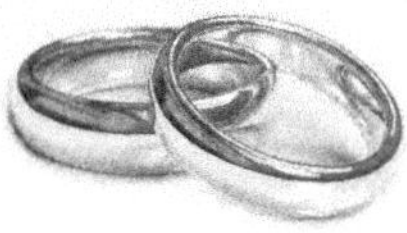

Es war eine Schnapsidee. Absolut. Die dümmste Idee, die Hunter jemals gehabt hatte. Und dennoch stand ich vierundzwanzig Stunden später in meinem Traumbrautkleid vor einer geschlossenen Tür einer winzigen Kapelle in Las Vegas. Der Brautstrauß stank nach Plastik, die Musik kam aus der Konserve und die Holzvertäfelung des Vorraums, die dem Ganzen ein edles Ambiente verleihen sollte, bröckelte an diversen Stellen. Der Fliesenboden hatte seine besten Zeiten ebenfalls schon hinter sich und als die Tür sich langsam von einem Mechanismus gezogen öffnete, quietschten die Scharniere, die beiden Flügel ruckelten seltsam, so dass ich befürchtete, die Türen würden sich nur einen Spalt breit öffnen und ich wäre gezwungen, mich samt Sechstausend-Dollar-Brautkleid hindurchzuquetschen. Sollte dies der Fall sein, würde ich Hunter den Plastik-Brautstrauß einfach an den Kopf werfen. Doch zu seinem Glück öffneten sich die Türen unter Aufbietung aller Gebete so weit, dass ich – begleitet von *Love me Tender* aus einer altersschwachen Musikanlage mit CD-Player – hindurchschreiten konnte. Mit so viel Anmut wie man angesichts eines Plastik-Brautstraußes aufbringen konnte. Doch als ich Hunters Lächeln sah, dieses gewisse Strahlen in seinen Augen, vergaß ich meine Vorstellungen einer perfekten Traumhochzeit. Die Umstände spielten plötzlich keine Rolle mehr. Meinetwegen könnte uns ein Elvis-Imitator trauen, dabei einen schmalzigen Rock'n'Roll-Singsang von sich geben und Hunter mir anschließend einen Ehering aus dem Kaugummi-Automaten an den Finger stecken. Es war mir schlicht egal. Hauptsache, ich würde Mrs. Hunter Harrington, nicht weil er schwerreich war, nein, weil er einfach unglaublich war. Unglaublich liebevoll, anschmiegsam, herzlich. Und sein Lächeln raubte mir fast den Verstand.

»Hi du«, machte er, als ich neben ihm stand und er mich mit dem schönsten Lächeln der Welt bedachte. Hingebungsvoll sah ich zu ihm auf.

»Hi.« Ich verlor mich in den Tiefen seiner Augen, verfestigte den Griff um seine Hände. Ich konnte mir keinen schöneren Ort vorstellen.

»Tut mir leid für die ... Kapelle.« Hunter hüstelte. »Aber auf die Schnelle konnte ich nichts anderes auftreiben.«

Ich schüttelte den Kopf. »Vollkommen egal, wo wir heiraten, Hauptsache, wir tun es endlich.«

Hunters Augen weiteten sich. »Bist du sicher?«

Ich nickte zu dem Priester. Keine Ahnung, ob es sich um einen echten Priester handelte. Mit einer entsprechenden Bescheinigung konnte jeder Trauungen vornehmen. Das Priestergewand sollte dem Anlass nur einen offiziellen Anstrich verleihen. Die nötigen Dokumente hatten wir ja bereits vor unserer geplanten Hochzeit angefordert, so dass wir eigentlich jederzeit loslegen konnten. »Natürlich bin ich sicher. Ich weiß nur noch nicht, wie unsere Familien reagieren werden.«

Hunter zuckte die Schultern, beugte sich vor und wollte mich küssen.

»Na na, vielleicht nehmen wir die Eheschließung erst einmal vor, bevor Sie zum angenehmen Teil der Trauung übergehen. Ich denke, ein paar Minuten können Sie sich durchaus noch gedulden, oder?« Der Priester, ein Mann mittleren Alters mit schütterem grauen Haar und einem guten Dutzend Lachfältchen um die Augen zwinkerte uns zu.

Hunter räusperte sich ertappt. »Natürlich, Sir.«

»Sehr gut. Dann lassen Sie uns beginnen. Die Gebühr bitte.« Hochzeiten wurden in Vegas wie am Fließband abgefertigt. Als würde man ein Auto kaufen. Aber das war mir egal. Hunter warf mir einen entschuldigenden Blick zu, als er zwei Scheine aus der Hosentasche zog und sie dem Priester überreichte.

»Sechzig Dollar, bitte.«

Dankend nahm der Priester das Geld entgegen und verstaute es hinter der letzten Seite seiner Bibel. »Gut, dann lassen Sie uns beginnen. Wir haben uns heute hier eingefunden, um Ms. -«, erwartungsvoll blickte mich der Priester an.

»Lacey Lynn Roberts«, nannte ich meinen vollständigen Namen, während ich Hunter ein Lächeln schenkte. Er nickte mir zu.

»Lacey Lynn Roberts und -«, fuhr der Priester fort und wandte sich seinerseits mit einem fragenden Blick an Hunter.

»Hunter Edward Harrington.« Hunter verzog das Gesicht. Der mittlere Teil seines Namens schien ihm nicht sonderlich zu gefallen. Der Priester fuhr unbeeindruckt fort. Ich drückte mich an Hunters Seite, um ihm klarzumachen, dass mir sein zweiter Vorname durchaus gefiel. Hunter seufzte und verschränkte seine Finger mit den meinen, der Plastik-Brautstrauß ruhte zwischen unseren Händen.

»- und Hunter Edward Harrington im heiligen Bund der Ehe miteinander zu vereinen. Ihre Trauzeugen?«

Verwirrt tauschten wir Blicke. »Trauzeugen?«

»Nun, Sir, Sie brauchen zumindest einen Zeugen. Ansonsten kann ich Sie nicht trauen. Haben Sie niemanden mitgebracht?«

Unwillkürlich zog sich meine Brust zusammen. Oh, nein. An so etwas hatten wir überhaupt nicht gedacht.

»Nein.« Hunter schluckte. »Wir dachten … ich dachte …« Entschuldigend blickte er mich an. »Verzeih mir, ich hätte mich nach den Modalitäten erkundigen sollen. Es ist alles meine Schuld. Ich wollte dich so sehr und so schnell wie möglich heiraten, dass ich mir keine Gedanken über die Bedingungen gemacht habe. In Vergas, dachte ich, ist alles möglich.« Ich spürte, wie Hunter sich wieder von mir zurückzog, wie er sich erneut hinter seiner Mauer aus aalglatter Distanziertheit verschanzen wollte, aber so leicht würde ich nicht aufgeben. Ich drückte seine Hand und wandte mich an den Priester.

»Können wir da wirklich nichts machen? Es muss ja niemand Besonderes sein, oder? Einfach ein Zeuge?« Neben mir spannte sich Hunter an. Ich suchte seinen Blick und schenkte ihm ein aufmunterndes Lächeln. Notfalls würde ich ihn auch später heiraten. Mir war vollkommen egal, wann und wo, Hauptsache wir heirateten.

Der Priester rollte mit den Augen. »Es ist immer wieder das Gleiche. Die Pärchen sind so verliebt oder betrunken, dass sie nicht an das Wichtigste überhaupt denken.« Er stieß einen theatralischen Seufzer aus, zog ein Smartphone aus der Innentasche seines Talars und wählte eine Nummer. Mit einer Handbewegung gab er uns zu verstehen, dass wir warten sollten.

Mit einem flauen Gefühl im Magen umfasste ich Hunters Arm und lächelte zu ihm auf. *Alles wird gut*, formte ich mit den Lippen. Sein Kiefer krampfte, doch er erwiderte meinen Blick. »Es ist egal, wo wir heiraten, wann wir heiraten, wir werden auf jeden Fall heiraten.« Ich versuchte, zuversichtlich zu klingen. Immerhin hatte uns der Priester nicht sofort vor die Tür gesetzt. Er suchte nach einer Lösung für unser Problem und das sollte uns doch zumindest positiv stimmen.

»Bridget, komm mal kurz rein. Wir haben wieder ein Paar ohne Zeugen. Ja, ich kann auch nichts dafür. Jetzt beweg dich hier her oder du kannst deine Mittagspause vergessen! Ja, ja, du kriegst auch nen Zehner.« Der Priester warf Hunter einen fragenden Blick zu, den dieser mit einem Nicken quittierte.

»Einen Hunderter, wenn sie tatsächlich hier erscheint.«

Der Priester lächelte. »Hundert Dollar, Bridget, also los.«

Wenige Augenblicke später stand eine rundliche Matrone neben uns, einen sauertöpfischen Blick tragend, den auch der Einhundertdollarschein, den ihr Hunter für ihr Erscheinen in die Hand gedrückt hatte, nicht beschönigen konnte. Zumindest hätte sie etwas freundlicher schauen können, verschaffte ihr unser Versäumnis doch ein lukratives Zusatzeinkommen. Mir war es jedoch egal. Ich war nur dankbar, dass sie den Zeugen mimte, und schenkte ihr einen freundlichen Blick. »Vielen Dank«, murmelte ich in ihre Richtung. Bridgets Züge entspannten sich.

»Ihr seid nicht die ersten, glaube mir. Nur muss ich irgendwann auch meine Arbeit erledigen. Ich kann nicht nur hier rumstehen.«

»Du wirst ja bezahlt, meine Liebe«, entgegnete der Priester besänftigend. »Nun, wenn wir dann fortfahren können?«

Gemeinschaftlich nickten wir dem Priester zu. Er blickte freundlich in die Runde, bevor er dann erneut ansetzte. »Wir haben uns heute hier zusammengefunden ...«

Die Worte des Priesters – oder sollte ich besser sagen – Trauenden drangen kaum zu mir durch. Ich hörte ihn zwar, wusste, was er sagte, doch meine Aufmerksamkeit gehörte ganz und gar Hunter. Allein wenn ich ihn nur ansah, öffnete sich mein Herz und wollte aus meiner Brust klettern, um in seinem Körper neben seinem Herzen weiterschlagen zu dürfen. Ich musste ein ziemlich absurdes Bild abgeben, wie ich ihn dümmlich anlächelte, mit einem entrückten Grinsen wie eine Geistesgestörte. Ja, ich wollte diesen Mann und keinen anderen. Wenn ich mich noch an die Lacey von vor einer Woche erinnerte, an die abgeklärte Reporterin, die Stein und Bein geschworen hätte, sich niemals zu verlieben, dann glich diese Person meinem heutigen Ich nur vom Äußeren her. Innerlich war ich eine komplett andere Person geworden. Natürlich sah ich mich nach wie vor als emanzipierte Reporterin und das erste, was ich nach dieser Hochzeit machen würde, wäre, mir einen neuen Job zu suchen. Okay, vielleicht gönnte ich uns ein paar Tage – oder Wochen? – im Bett, denn ich hatte eindeutig zu wenig Zeit mit Hunter allein verbracht. Aber danach wollte ich wieder arbeiten gehen, mein Leben so fortführen wie bisher. Nur eben als Mrs. Harrington.

»Liebling, der Priester hat dich etwas gefragt.« Hunter lächelte auf mich herab.

»Oh.« Ertappt kehrte ich aus meinen Zukunftsträumen zurück und nickte dem Priester zu. »Ja, ich will.«

Der Priester lachte herzlich. »In Ordnung. Das ist zwar nicht die Antwort auf meine Frage, aber ich will sie mal gelten lassen. Vielleicht können Sie Ihrem Zukünftigen trotzdem die Hand reichen, damit er Ihnen den Ring an den Finger stecken kann. Die Frage nach dem Ja-Wort hatten wir bereits und Sie haben sie mit Bravor gemeistert.«

Ich blinzelte verwirrt. »Habe ich? Und du auch?«

Hunter lächelte, nahm meine Hand und zog den Verlobungsring von meinem Finger, nur um mir den Ehering anzustecken. Den Verlobungsring schob er mir auf den Ringfinger der anderen Hand.

»Natürlich. Um nichts auf der Welt würde ich diese Frage mit Nein beantworten.« Er reichte mir seinen Ehering. »Darf ich bitten?«

Lächelnd nahm ich den Ring von ihm entgegen, steckte ihm ihn an und sah zu ihm auf. »Immer wieder gerne, Mr. Harrington.«

Hunters Mundwinkel kräuselten sich. »Mrs. Harrington.« Auf die Worte des Priesters, die uns zum Kuss aufforderten, warteten wir nicht wirklich. Hunter legte seine Hände auf meine Wangen, versenkte seinen Blick in meinen Augen und küsste mich. In diesem Augenblick war mir herzlich egal, wie aus uns ein echtes Ehepaar werden konnte. Ob es nun einen Vertrag gegeben hatte oder nicht, ob wir uns auf eine falsche Hochzeit geeinigt hatten, um Hunters Erbe zu sichern, oder nicht, all das spielte nun keine Rolle mehr. Denn ich wusste aus tiefstem Herzen, dass ich diesen Mann mit jeder Faser meines Körpers liebte und es vollkommen egal war, wie wir Mr. und Mrs. Harrington geworden waren. Denn eines ist sicher: Die Liebe interessiert sich nicht für Verträge und selbst wenn es eine entsprechende Klausel gäbe, die Liebe schert sich nicht darum und nimmt jede noch so schwere Hürde mit Leichtigkeit, wenn zwei Menschen unter allen Umständen zusammenfinden sollen. So wie bei uns.

Epilog

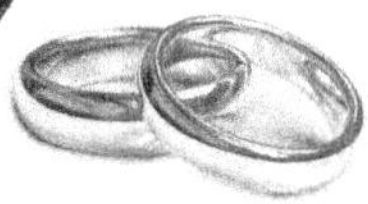

LACEY

Warmes Wasser umspülte meinen Körper in sanften Wellen. Ich schwebte in einem riesigen Schaumbad in der luxuriösesten Suite, die ich je von innen gesehen hatte. Das Hochzeitskleid ruhte auf einer Ablage in Sichtweite, wo ich es immer wieder verzückt betrachtete. Mein Mann – mein Innerstes kräuselte sich begeistert zusammen – hatte mich vor ein paar Minuten daraus befreit und mich anschließend in ein Schaumbad gesteckt, mit einem Telefon.

Angestrengt verzog ich das Gesicht, während Tillys Begeisterungsrufe mir das Trommelfell perforierten. Ich war mir ziemlich sicher, dass Hunter genau das Gleiche empfand, während er Carter und Onkel Roger informierte.

»Du hast was getan!? Ihr?! In Vegas?! OHNE MICH?! Ich hasse dich, ehrlich. Du bist die mieseste beste Freundin dieses Planeten.« Schuldbewusst nickte ich.

»Ich weiß. Es tut mir wahnsinnig leid, aber ... wir wollten es unbedingt. Hunter wollte nicht auf einen neuen Termin warten und ich ... nun ja, das Kleid ist ja schon gekauft und ...«

»Ich versteh schon. Madame hat Angst, in zwei Monaten nicht mehr reinzupassen, weil der superreiche und unwiderstehlich heiße Mr. Harrington ihr einen Thronfolger in den Bauch gepflanzt hat.«

Entsetzt weiteten sich meine Augen. Schwanger? Ich? Von Hunter? Im Leben nicht. »Bist du wahnsinnig? Ich werde mir ganz bestimmt keinen Braten in die …« Meine Worte verstummten, als Hunter das Badezimmer betrat und mich genüsslich mit Blicken auszog. Nicht, dass ich unter den Schaummassen nicht vollkommen unbekleidet war.

»Was tue ich nicht?«

»Gar nichts«, stammelte ich. Sein Blick übte eine unwiderstehliche Wirkung auf mich aus. Ich könnte zehn Schichten Winterkleidung inklusive einem Keuschheitsgürtel tragen, ein Blick aus diesen stahlblauen Augen genügte und ich fühlte mich nackt.

»Habe ich da etwas von Braten gehört? Thronfolger?« Anzüglich wackelte er mit den Augenbrauen, während er sich die Ärmel hochkrempelte.

»Was tust du da?«, stammelte ich, vollkommen vergessend, dass ich Tilly am anderen Ende der Leitung hatte.

»Lace, was tut ihr da?«

Ich erstarrte, als er sich auf dem Wannenrand niederließ und eine Hand ins Wasser tauchte. Langsam durchpflügte er den Schaum und betrachtete mich hungrig. Seine Fingerknöchel streiften wie zufällig meinen Oberschenkel. Ich erschauerte. Hunters Finger glitten zwischen meine Knie. Er warf mir einen auffordernden Blick zu und ich spreizte die Beine.

»Tilly, ich glaube, wir hören jetzt besser auf. Ich weiß nicht, wie lange ich …« Meine Stimme versagte, als seine Fingerspitzen meine intimste Stelle streiften. Ich warf den Kopf in den Nacken und seufzte entrückt. Das Telefon wurde mir abgenommen, während mein Verstand sich ganz langsam unter Hunters geschickten Fingern auflöste.

»Tilly?«, hörte ich die tiefe Stimme meines Ehemannes. »Sie ruft dich später zurück. Ich muss für einen Thronfolger sorgen.«

Entsetzt weiteten sich meine Augen. »Musst du gar nicht«, keuchte ich, als Hunters Mittelfinger in mich eintauchte, sich geschickt krümmte und gegen meinen empfindlichsten Punkt drückte, während sein Daumen feste Kreise um meine Klitoris zog.

»Oh, doch, muss ich. Und zwar so oft ich möchte. Denk an deine ehelichen Pflichten, Mrs. Harrington.« Der Klang seiner Worte schickte genüssliche Schauer über mein Rückgrat. Mein Körper gab sich ihm hin und ich hatte alle Hände voll damit zu tun, nicht in den Wassermassen unterzugehen. Doch so leicht würde ich mich nicht geschlagen geben. Kurz bevor ich explodierte, ertastete ich Hunters Krawatte, klammerte mich daran fest und zog ihn zu mir herunter.

»Ich glaube, darüber müssen wir noch einmal reden, Mr. Harrington.« Und dann zerrte ich so fest an dem Stück Stoff, bis Hunter den Halt verlor und zu mir in die Wassermassen rutschte – vollständig bekleidet. Ich hoffte für ihn, dass er bereits die Schuhe ausgezogen hatte. Doch darüber dachte ich nicht länger nach. Hastig schlang ich meine Arme um seinen Hals und küsste ihn, als gäbe es kein Morgen.

ENDE

Griechischer Kitharaki-Auflauf

Nach dem leckeren Essen bei Laceys Eltern wollte meine Lektorin unbedingt das Rezept des Nudelauflaufs. Bei uns gibt es ihn schon seit Jahren und ich weiß, wie enorm lecker er schmeckt. Ich kann euch also nur raten, das Rezept auszuprobieren.

Also hier ist es, extra für Bianca. :)

Zutaten:

500 g	Hackfleisch, gemischt
1	Zwiebel(n), gewürfelt
2 Zehe/n	Knoblauch, gehackt
1 Dose	Tomate(n), stückig
1 EL	Tomatenmark
250 g	Nudeln (Kritharaki)
700 ml	Gemüsebrühe
2 EL	Crème fraîche
100 ml	Milch
	Salz und Pfeffer
	Paprikapulver
	Cayennepfeffer
1 Msp.	Zimt
	Thymian
200 g	Feta-Käse, gewürfelt
	Olivenöl

Kritharaki-Nudeln sind kleine Nudeln, die aussehen wie große Reiskörner.

Zwiebeln und Hackfleisch in Olivenöl anbraten. Tomatenmark mit anschwitzen. Mit Salz, Pfeffer und Paprikapulver würzen. Die Tomaten und Knoblauch zugeben. Mit Cayennepfeffer, Zimt und Thymian würzen. Die Milch und Creme fraiche unterrühren und mit der Brühe angießen.

Die Nudeln roh zugeben und unterrühren.

Alles in eine Auflaufform geben und den Fetakäse darüber verteilen. Bei 200℃ ca. 30 min backen.

Dazu schmeckt gut ein schöner Bauernsalat. Und den schön unter die Nudeln mischen auf dem Teller, ne? *g*

Eine Bitte

Als Selfpublisherin bin ich nicht nur Autorin, sondern auch Unternehmerin. Jeder neue Roman birgt Risiken in der Veröffentlichung. Daher bin ich immer auf die Unterstützung meiner Leser angewiesen.

Falls dir mein Roman gefallen hat und du mehr von mir lesen möchtest, würde ich mich freuen, wenn du mich unterstützt. Falls du jetzt nickst, kannst du eine der folgenden Möglichkeiten (oder alle ;)) nutzen. So hilfst du mir mit ganz einfachen Mitteln.

Folge mir auf Buchhandelsportalen oder in den sozialen Netzwerken:

Facebook: https://www.facebook.com/Kitty.Harper.Autor

Instagram: https://www.instagram.com/kitty.harper666/

Oder abonniere meinen Newsletter unter: https://www.kitty-harper.de/newsletter/

Du kannst auch eine Rezension auf einem Buchhandelsportal oder auf Lovelybooks verfassen.

Auch auf meiner Internetseite unter https://www.kitty-harper.de/ kannst du einen Kommentar hinterlassen. Ein simpler Satz und die Vergabe von Sternen genügen für deine Lesermeinung. Jede Rezension ist wichtig. :)

Ebenso kannst du meine Bücher weiterempfehlen, egal ob online oder an deine Freunde und Freundinnen. :)

Ich danke dir von Herzen für deine Unterstützung. <3

Deine Kitty

WEITERE ROMANE VON KITTY HARPER

Die Boston Celebrities-Reihe

Der Deal – Ein unmoralisches Angebot
Der Chauffeur – Ein indiskreter Auftrag

Die Mondsüchtig-Reihe

Im Bann der Füchsin
Die Nachtwandlerin
Die Sündenfresserin
Der Sukkubus
Die Vollstreckerin
Die Schwestern des Todes
Die Armee der Finsternis
Engelsschwingen

Black Orchid

Sensual Dreams
Be My Master
Broken Limits
Forbidden Feelings

Princess Unchained

Not a Fairy Tale
Winter‘s Choice